U0458809

周伟洲

学术经典文集

ZHOUWEIZHOUXUESHUJINGDIANWENJI

周伟洲 著

中国现代史学家学术经典文库

ZHONGGUOXIANDAISHIXUEJIA
XUESHUJINGDIANWENKU

山西出版传媒集团

山西人民出版社

图书在版编目（CIP）数据

周伟洲学术经典文集／周伟洲著．—太原：山西人民
出版社，2013.2
（中国现代史学家学术经典文库）
ISBN 978－7－203－08079－4

Ⅰ.①周… Ⅱ.①周… Ⅲ.①中国历史－古代史－
文集 Ⅳ.① K 220.7－53

中国版本图书馆 CIP 数据核字（2013）第 024107 号

周伟洲学术经典文集

著　　者：周伟洲
责任编辑：李　鑫
装帧设计：柏学玲

出 版 者：山西出版传媒集团·山西人民出版社
地　　址：太原市建设南路 21 号
邮　　编：030012
发行营销：0351－4922220　4955996　4956039
　　　　　0351－4922127（传真）　4956038（邮购）
E－mail：sxskcb@163.com　发行部
　　　　　sxskcb@126.com　总编室
网　　址：www.sxskcb.com

经 销 者：山西出版传媒集团·山西人民出版社
承 印 者：山西出版传媒集团·山西新华印业有限公司

开　　本：890mm×1240mm　　1/32
印　　张：14.5
字　　数：280 千字
印　　数：1－4 000 册
版　　次：2013 年 3 月第 1 版
印　　次：2013 年 3 月第 1 次印刷
书　　号：ISBN 978－7－203－08079－4
定　　价：29.00 元

如有印装质量问题请与本社联系调换

《中国现代史学家学术经典文库》出版前言

自梁启超先生推出《中国近三百年学术史》之后，又一个百年过去了。这一个百年里，中国的学术环境和研究条件发生了巨大变化，学术成就超过了以往任何一个世纪，同时学术腐败大量产生、学术垃圾层出不穷，给学术界造成了一定程度的混乱，需要及时地盘点、甄选、梳理和整合。这对于我国学术成果的总结和传承，对青年学者的学习和研究，对促进我国科学研究的发展与交流都是十分必要的。

为了总结中国现代百年史学研究的优秀成果，传承史学大家的学术经典，促进史学研究的科学发展，山西人民出版社决定与全国史学界广泛合作，编辑出版《中国现代史学家学术经典文库》，建设一项具有传世之功的学术公益工程。我们坚信，这是一件具有重大社会意义和学术意义的出版工程，将会师范后学，推动我国历史科学的进步。

　　学术论文是学者发表学科研究成果的一种基本方式，最能代表一个学者的学术水平和学术思想，反映一个学者的研究方法和学术境界。该文库是中国现代历史学学术精华的大盘点、大集成和大展示，我们将在全国史学界的支持和帮助下，以严肃认真的态度，陆续收录1912年以来中国大陆和港澳台地区著名史学家代表性的学术论文（不收录学术著作），结集成书，铸造百年史学经典，希冀惠及当今，传之久远。

　　为了方便广大读者使用，我们在每个史学家的学术经典文集的前面设有学者学术小传，书后附有学者著述目录。同时，在山西人民出版社的网站上设有《中国现代史学家学术经典文库》数据库，读者可凭借每册图书中书签所提供的密码，登录网站，使用其电子版。

　　我们在以往的出版工作中，曾得益于历史学界的信任、支持和帮助，谨此致敬、致谢！今后我们将不懈努力，继续为史学领域的学者和读者提供更好的服务。

山西人民出版社

作者学术小传

1940年2月，我出生于云南的曲靖，那正是抗日战争最为艰巨的时期。我的祖父本是一个生活在广东开平县的一般平民，与当地许多人家一样，青年时他远赴日本，艰苦创业，成为一位颇为富有的华侨商人，往来于日本和中国东北经商，最后落脚在东北。我的父母就是在东北营口、哈尔滨长大、读书和工作的。九一八事变后，日本侵占东北，父母不愿做亡国奴，进入关内，先后在重庆、云南等地谋生，我因之出生于云南曲靖。我出生几个月后，全家又迁至四川内江。抗战胜利后，全家又迁到重庆。在重庆，我先后在上清寺小学和人民路小学读书。

在十八岁之前，我从未想到自己今后会与史学结下不解之缘。记得1951年在重庆人民路小学上五年级，一次上历史课，老师提了一个问题，全班同学几乎都答不上，教室里站满了困惑的同学们。老师最后叫我回答，我一口气答得很完整、圆满，得到老师的夸奖。也许这件记忆深刻的小事，就是预兆着我以后一生将从事史学的研究吧。然而，当时我对历史并没有什么特别的兴趣，我的主要爱好和兴趣是文学，是从小养成的读书癖好。

我的父亲是一个普通的小职员，有七个子女，我排行三，有两个姐姐和四个妹妹，家境贫寒，买书和藏书是根本不可能的。我只有在重庆上清寺一家书店里，蹲在店里角落，津津有味地看书，有时一蹲就是一个下午。1952 年父亲因工作调动，全家迁到成都，我有幸进入四川省重点中学成都第七中学（原国立成都县中学）。

在中学的六年中，对我一生产生了巨大的影响。这所中学有一座藏书丰富、管理严密的图书馆，有很好的师资力量，使我得益匪浅。我从学校图书馆、四川省图书馆及有藏书的同学家中搜罗书籍，如饥似渴地阅读。在初中，我主要阅读中国二三十年代至当今作家的作品，以及中外文学史、语法修辞之类的书籍。到高中，则转向了世界文学的宝库。当时，学校图书馆所有的外国文学名著，几乎我都读过。这些书籍给我影响最深的是美国杰克·伦敦的坚强意志和个人奋斗的精神；英国狄更斯对下层人民的深切同情和朴素无华的文风；法国巴尔扎克、佐拉的宏大构思和对历史的深邃理解；俄国普希金、别林斯基等的革命民主主义思想和批判精神等。法国的梅里美、巴尔扎克、佐拉，英国的司各特、狄更斯等作家的历史小说，似乎对我的影响更为巨大。

当时，我简直着了迷，在与同学闲谈中说过"如果能到巴黎去看一看，死了也值得"之类的蠢话。为此，我付出了代价，高中一年级时，团支部组织全班同学对我深受资产阶级思想影响而加以批判和帮助。本来我是准备学理工的，功课门门都是五分，但是因为太喜爱文学和历史，在一些学文同学鼓动之下，最终决定专攻史学。因此，到高中最后一学年，我置其他课程而不顾，狂热地阅读有关历史著作，甚至半夜起来在路灯下或锅炉房里苦读。我当时认为，中国历史上下几千年，史籍浩如烟海，考古文物层出不穷，是可以大有作为的。特别是考古学，对我更是富有吸引力，而且文史不分家，研究历史可以兼搞文学，我想当一个历史小说家。这些想法的确有些天真，正如后来在大学一年级时历史系一位老师批判我的"白专道路"时说，这些想法简直是"莫明其妙"。

1958年，我带着这些天真想法考入西北大学历史系。选中这所大学是因为它位于古都西安，而且有考古专业。至于对史学的认识，可以说是一张白纸，所知甚少。入校后，我依然故我，拼命读书。然而，这种情况却与当时"大跃进"的气氛极不调和。结果是可以预料的，我先后几次遭到全班同学的批判，罪名是走资产阶级的"白专道路"。虽然我几次产生放弃学业回成都老家的念头，但是舍不得学校丰富的藏书，不愿放弃我的理想，所以，我只有避开同学的眼光，躲在书丛之中。每天中午，当同学们休息时，我躲在阅览室书架间读书。一个借书证不够，我又借了几个同学的借书证，到校图书馆借书。

在大学四年中，我把阅读的范围从文学、历史转向了哲学、经济学等领域。特别是开始对马克思主义唯物史观和辩证唯物主义发生了极大的兴趣。我在自己的读书笔记中这样写道："读，加倍地读，读历史著作，向哲学那虚玄的堡垒进攻，用顽强的毅力，从烦琐的经济学中打开一条通道，并要用千倍的时间和力量钻入语言的宝库，要使小小的脑子容纳整个知识的海洋。"到三、四年级时，我试着写电影剧本、小说、评论、杂文及历史、哲学论文，这些习作虽然均未正式发表，但锻炼了我的写作和思考的能力。同时，我也认真学习开设的各门基础课、考古专门课和各类选修课。系里一些著名的教授和老师对我也有很大的影响。四年的学习、读书和思考，使我在历史、考古、哲学、经济学、文学等方面具备了一定的基础，并开始对马克思主义辩证唯物论和唯物史观有系统的了解。

1962 年，我以全部课程优秀的成绩毕业了。按我当时的想法，是要从事考古或中国哲学史的研究工作。然而，当时全国并没有公开招收研究生，只有我系著名民族史专家马长寿教授招收三名民族史专业研究生。最后我考上了民族史专业研究生，专业方向是藏族史。这一选择决定了我的史学研究方向。我特别感激我的恩师马长寿教授，是他真正引导我进入到史学研究的园地。

在研究生三年多的学习时间里，虽然因当时形势，我先后参加了西安市郊、延安青化砭和青海冈察藏族牧区的"社会主义教育运动"，前后约用去了两年多时间，真正学习专业时间才一年多。但是，马长寿先生对我们研究生抓得很紧，一个星期要我们交一篇读书札记或论文，亲自批改，耳提面命，受益颇多。

我本应在1965年研究生毕业，因"文化大革命"，最后分配到陕西省博物馆工作。从1971年起，全国的文物考古工作十分活跃，我也开始从事文物考古的研究，先后在《文物》、《考古》杂志上发表论文，并有幸得到著名的考古学家宿白、陈直等先生的指点。这些论文锻炼了我严谨、简洁的文风和传统考据学的功底，受益匪浅。其间，我的恩师马长寿先生不幸于1971年在南京病逝，我那时在博物馆，知道这一消息，已是先生逝世几周之后。当时，心情十分沉痛，回忆先生的教育和厚爱，永生难忘，无以释怀！

1973年，国家交给西北大学及西北几所高等院校一项任务，即编写《沙俄侵略中国西北边疆史》一书，西北大学先借调我参加编写组，1975年正式调入西北大学。1979年该书由人民出版社正式出版。其间，我在《历史研究》等杂志上，发表了几篇关于中俄关系方面的论文。随后，西北大学正式将编写组改名为"西北历史研究室"。从此，我正式从事研究生学习的专业中国民族史，并先后出版几部民族史专著。1986年11月，因研究成果突出，被破格由讲师提升为教授；并先后任西北历史研究室主任、文博学院院长（1993 年至 1998 年），1993 年由国务院学位委员会批准为博士生导师；先后兼任中国魏晋南北朝史学会会长（后改任顾问、名誉会长）、中国中外关系史学会副会长（后改任学术委员）、中国民族史学会副会长（后改任顾问）、中国中亚文化学会副理事长等。

2001 年 7 月，我因种种原因调至陕西师范大学。学校专门成立"西北民族研究中心"，由我任主任（2007 年改任名誉主任）。在学校的支持和帮助下，我的教学科研工作环境大为改善，焕发出新的活力，取得了一点成绩：先后出版了七部专著和数十篇论文，并获得全国高等院校人文社会科学优秀成果一等奖一次、陕西省哲学社会科学优秀成果一等奖两次；培养博士研究生十余名；并任教育部社会科学委员会政治学、社会学、民族学学部委员。但是，随着已过古稀之年，我的精力大不如前，唯有不断进取，不断追求，在史学和民族学领域内继续探索，不断前进，把自己最后一点微薄之力，献给祖国和人民。

目　录

黄帝与中华民族

中国自秦汉以来就形成为一个多民族统一的国家，中华民族则是经过长期历史发展而来的一个民族集合体，它包含着多元的统一，即包括五十多个民族在内的统一的民族实体。在一般的中国人头脑中，大都认为中国人或中华民族都是"炎黄子孙"，即都是黄帝的子孙。黄帝陵在陕西黄陵县，从两千多年的西汉高祖刘邦开始，历代君主和百姓都到黄帝陵去祭祀，一直到今天。1935 年国共合作，国民党与边区的共产党亦共同祭祀黄帝陵。毛泽东还曾亲自撰写过祭文。就是今天，每年清明节，陕西省政府和中央派来的大员（一般是人大副委员长）和各省、自治区代表、海外侨胞等公祭黄帝陵，也有民间的祭祀。可见共奉黄帝为始祖，是中华民族的共识。

这种看法或提法是否正确？即是说在中华民族这一民族实体内，是否存在一个大家认同的始祖——黄帝呢？这个问题看似简单，却又很难说清楚：它既是一个现实的政治问题，又是一个严肃的学术问题。因此，有必要对之进行认真的研究和阐释。

一、中华民族多元一体论与黄帝

20 世纪 50 年代以来，随着中国考古学、历史学、民族学等社会学科的发展，关于中国远古人类社会、原始民族和古代文明形成等问题，在学术界已逐渐取得一些共识。其中就包括中国古代民族的起源问题，过去那种认为中国民族起源的"一元论"，已遭到扬弃，"多元论"则得到学界普遍的认同。20 世纪 80 年代末，中国著名的社会学家费孝通先生提出"多元一体格局"的理论，即是"多元论"的代表。费先生认为，中华民族的多元一体指"它所包含的五十多个民族单位是多元，中华民族是一体，它们虽则都称'民族'，但层次不同"。"它的主流是由许许多多分散孤立存在的民族单位，经过接触、混杂、联结和融合，同时也有分裂和消亡，形成一个你来我去，我来你去，我中有你，你中有我，而又各具个性的多元统一体"。① 而中华民族起源的"多元论"最有力的证据，则是近数十年来中国考古发掘的

_____

① 费孝通：《中华民族多元一体格局》，中央民族大学出版社 1989年版，第 1 页。

新成果。早在四五千年前，遍布于中国各地的新石器时代遗址，有黄河中下游的仰韶、龙山文化，长江流域的河姆渡文化、马家浜文化、良渚文化，江汉平原的大溪文化、屈家岭文化，在新疆、青海、东北、内蒙古等地具有自己本地区特色的新石器时代文化系列等。这些地区多种文化区，分别聚居着不同的集团，它们虽然有一定的相互交流的关系，但却反映出新石器时代的多元性，即以后发展为原始民族的多元性。①

到距今三千年左右，首先在黄河中下游地区形成了华夏民族（以夏朝而得名），而传说的黄帝即华夏族的始祖之一。此后，华夏又逐渐融合了四周的夷狄蛮苗等族，发展、壮大。到春秋战国时，华夏族原视之为"蛮夷"的商人（东夷）、周人（西戎）、秦人（戎狄）、巴、蜀（西南夷）、楚人、吴越（南蛮）等先后融入华夏族，成为华夏族的组成部分。到汉代，华夏族正式形成为汉族（由汉朝而得名）。② 因此，从汉族本身的起源和形成过程来看，它也不是一元的，而是多元的，是融合了多种民族而形成的。

其次，从现今中华民族这一多元一体的实体看，仍然包括五十多个民族，而它们各有自己的族源，有自己传说的祖先。如蒙古族族源是室韦等部（蒙兀室韦），传说是苍狼与

---

① 费孝通：《中华民族多元一体格局》，中央民族大学出版社 1989 年版，第 1—4 页。
② 参见拙著《周人、秦人、汉人和汉族》，《中国史研究》1995 年第 2 期。

女鹿相配后的子孙；藏族传说自己最早是一神猴与罗刹女所生的子孙；南方各族称自己的祖先是"盘瓠"或"廪君"。

总之，无论从中国古代民族的族源或传说，抑或现今中华民族包括的五十多个民族的族源或传说来分析，均证明中华民族的起源是多元的，故说黄帝是中华民族共同的始祖，从严格的科学上的意义来讲，是不能成立的，也是与客观历史事实背离的。更何况，黄帝其人，是历史上真正存在的人物，或是传说中的人物，国内学界仍有争议。

尽管如此，问题远非如此简单，因为中华民族不仅是"多元"的，而且也是"一体"的。黄帝是中华民族的始祖的说法，还不能单纯从科学意义上加以否定，因为它在中国长期的历史发展中，仍然有其广泛的社会基础和思想根源。

二、黄帝是如何成为中华民族共同始祖的

在中国历史上，有一种中外学者称之为"四裔华夏起源说"和"民族一元论"的理论，它起源于春秋战国，形成于秦汉时代。春秋时，黄河中下游华夏族的政治家们因四周戎狄的"交侵"而提出"尊王攘夷"的口号，并开始设计了一种理想的政治模式，即中央是华夏族的王畿，外围是华夏族的诸侯方国，再外则是蛮、夷、狄、戎的"四夷"。这就是所谓的"服事制"（五服或七服）。

最早记载服事制的是《尚书·益稷》，提出"弼成五

服"之说，《禹贡》、《周礼·司马职方》等先秦典籍也都提到五服或九服。服，即服事天子也。然而，对服事制阐述得最清楚、完整的，还是在《国语·周语》中祭公谋父谏穆王时所说的一段话："夫先王之制，邦内甸服，邦外侯服，侯卫宾服，夷蛮要服，戎狄荒服。甸服者祭，侯服者祀，宾服者享，要服者贡，荒服者王……先王之训也。有不祭则修意，有不祀则修言，有不享则修文，有不贡则修名，有不王则修德，序成而有不至则修刑。"按此，以华夏族的周天子京畿为中心，四周为各华夏诸侯国，再外即是"要服"的蛮夷和"荒服"的戎狄。要服者必须向天子朝贡，荒服者要承认天子的统治地位；如有不贡、不王，则先"修名"、"修德"，即要明尊卑，动之以"德"；若再不贡不王，则将"修刑"，动用"刑罚之辟"、"攻伐之兵"了。服事制既是华夏儒家政治思想，也是他们处理民族关系的理想模式。

由服事制又产生了虚构的四裔（四夷）起源说，即认为四夷原是惰民、罪犯，故被放逐到边裔，形成蛮夷狄戎四方之民。正如《国语·周语》所说："……犹有散迁、懈慢而著在刑辟，流在裔土，于是乎有蛮夷之国，有斧钺刀墨之民。"《大戴礼记》也有"舜流四凶"，化为夷狄之说。这可能就是所谓"四裔华夏起源说"的雏形，反映了当时华夏思想家们民族歧视和民族压迫的思想。

到战国时，人民要求统一的愿望日增，先进的华夏思想家们越来越倾向于以华夏族为中心，把四夷兼容并包的思想。孟子曾说："舜……东夷之人也；文王……西夷之人也。""先圣后圣，其揆一也。"① 又说"吾闻用夏变夷者，未闻变于夷者"。② "用夏变夷"，实际上成为"四裔华夏起源说"的理论根据之一。

不仅如此，就是在春秋战国时逐渐融入华夏族的内地各族的起源，也逐渐"一元化"。战国时，由于各地区所建之国相互战争，相互兼并，最后形成"战国七雄"（即燕、赵、韩、魏、齐、楚、秦七国）。七国之间经济、文化交流日益频繁，均逐渐成为"诸夏"国，于是各国的上层贵族、士人先后制造了自己祖先的谱系，均将传说中华夏族祖先黄帝作为自己的始祖。这正如中国著名史学家顾颉刚先生所说："到了战国时，许多小国并吞的结果，形成了几个极大的国，后来秦始皇又完成了统一的事业。但各民族之间的种族观念向来极深的，只有黄河下游的民族唤做华夏，其余的都唤做蛮夷。疆域的统一虽可使用武力，而消弭民族间的恶感，使其能安居于一国之中，则武力便无所施其技。于是有几个聪明人起来，把祖先和神灵的'横的系统'改成了'纵的系统'，把甲国的祖算做了乙国的祖的父亲，又把丙国的祖算做了甲国的祖的父亲。他们起来喊道：'咱们都是黄帝的子孙，分散得远了，所以情谊疏了，风俗也不同了。

---

① 《孟子·离娄下》。
② 《孟子·滕文公上》。

如今又合为一国，咱们应当化除畛域的成见！'这种谎话，却很可以匡济时艰，使各民族间发生了同气连枝的信仰……但这种说法传到了后世，便成了历史上不易消释的'三皇五帝'的症瘕，永远做真史实的障碍。"①

这种以黄帝为始祖的"一元论"，到西汉时得到了进一步的发展，对后世影响极大的司马迁的《史记》中，司马迁依儒者所传之孔子《宰予问五帝德》、《帝系姓》，以及周游全国各地民族"皆各往往称黄帝、尧、舜之处"，于是进一步将黄帝称作了中国境内各族的始祖，编造了他们与黄帝相接的谱系。② 其中不仅包括已渐融入华夏族的原春秋战国时的非华夏诸族，甚至也包括华夏族四周的"四夷"。如居于大漠南北的游牧民族匈奴，司马迁也认为"其先祖夏后氏之苗裔也，曰淳维"。③ 又如西汉淮安王刘安主持编纂的《淮南子》卷五《时则训》中，提出"五位"一体说，而每一位均由黄帝一系"所司"的模式；卷二《淑真训》中，也说当时北方、南方民族（"肝胆胡越"），皆"同者视之"，"万物一圈也"。此后，中国的典籍均沿用民族"一元论"的说法，以黄帝为中国境内各族的始祖。

特别是汉代以后，被汉族视为蛮夷的其他少数民族祖

---

① 罗根泽：《古史辨》第四册"顾颉刚序"，上海古籍出版社1982年版，第6页。

② 《史记》卷一《五帝本纪》。

③ 《史记》卷一一〇《匈奴列传》。

先，也归入了黄帝的谱系之中。如五胡十六国时建立的诸燕
国的鲜卑族慕容氏，《晋书·慕容廆载记》称其为"有熊氏
（即黄帝）之苗裔"。十六国时建立前秦的氐族苻氏，被说
成是"有扈之苗裔"。① 有扈氏，与夏王室同族，夏时封于
甘（今陕西户县）。建立北魏的鲜卑拓跋氏，也成了黄帝子
昌意少子的子孙，因"受封北土"而成为鲜卑族。②

　　以上从战国、秦汉以来的"一体"、"一圈"思想，以
及中国境内各族祖先黄帝谱系的形成，是当时政治上要求统
一和巩固发展统一的"大一统"的思想基础，是为"大一
统"的政治服务的。而"大一统"思想在汉代《春秋公羊
传》中，得到正式的肯定和阐释。这一思想两千多年来一
直浸润着中华民族的思想感情。中华民族在形成和发展过程
中，"一体"、"大一统"的思想起了一种任何东西都代替不
了的凝聚作用，广泛地深入人心。从这个意义上讲，中华民
族的一体思想反映在传说的祖先黄帝上，并非完全虚构，而
是有一定根据的。

三、黄帝为中华民族始祖的象征意义

　　始祖黄帝的传说，两千多年来一直深入人心，这实际上

---

① 《晋书》卷一一二《苻洪载记》。
② 《魏书》卷一《序纪》。

也是一种长期历史发展过程中形成的一种社会心态，是"大一统"思想的反映；同时，也是一种文化，一种共同文化的认同。中华民族各个分散孤立存在的民族单位，经过接触、混杂、联合和融合，"形成一个你来我去，我来你去，我中有你，你中有我，而又各具个性的多元统一体"。而作为中华民族核心和主体的汉族本身，也是在长期的历史发展过程中，不断融合了国内的其他民族，像滚雪球那样，越滚越大，从而使汉族与国内其他各民族的关系越来越紧密，越来越形成一个牢不可破的整体。特别是到了近代，当中华民族遭到外国列强侵侮时，中华民族奋起反抗，共御外侮的感情就更加强烈，黄帝是中华民族始祖的心态，就更加深入人心。

实际上，黄帝仅是汉族的始祖也好，是中华民族共同的始祖也好，从严格的科学的意义上讲，都是难以成立的。但是，无论从历史还是从现实来看，黄帝作为汉族和中华民族始祖的象征，这种深入人心的社会心态，则确实是存在的。从这个意义上讲，黄帝是中华民族的共同始祖的认同，也是历史发展的必然结果。

（原载于《黄帝与中国传统文化学术讨论会论文集》，陕西人民出版社2001年版）

周人、秦人、汉人与汉族

一、周人的兴起及融入华夏族

中国汉族的前身是华夏族。而华夏族作为一个"民族"（指国家建立后狭义的民族）的共同体，到底形成于何时？国内学术界主要有两种意见：一是认为中国历史上第一个国家夏朝建立后，华夏族就开始形成；一是认为经过夏商周三代，至西周时才形成华夏族之雏形，夏、商、周是华夏族的三支主要来源。此两种看法各自都有充分的理由，但如果我们从现在一般使用的"民族"（即古代民族或称狭义民族）这一概念来分析，则上述两种看法，前者较胜。因为古代民族的产生是伴随着阶级、国家的产生而出现的。恩格斯说：

"从部落发展成了民族和国家。"[1] 国家用各种政治、经济和文化措施，使原始社会氏族、部落或部落联盟程度不一地解体，在国家统一的地域内，逐渐使用同一语言和文字，过着共同的经济生活，并由此产生共同的文化和认同，最后形成为狭义的民族。我们研究中国古代历史上的民族，就是指此。

根据上述对民族的理解，我们认为，事实上黄河中下游的氏族、部落或部落联盟，或称之为"酋邦"，发展到国家阶段时，即中国第一个政权——夏朝诞生后，华夏族也随之形成。所谓"华夏"或"夏"族名称之来源，也就是因夏朝而来。"夏，大也"。[2]《尚书正义》注华夏一词说："冕服华章曰华，大国曰夏。"夏自禹开国，至桀灭亡，共传14世，17王，历时四百多年。其中心地区，在今山西南部和河南西部，称为"王畿"。在王畿的周围，还有臣属于夏的、与之有亲疏不同的方国（诸侯国）或部落、部落联盟。经过夏国长期的统治，这些方国或部落，特别是与夏王室通婚或有亲属关系的方国经济、文化，逐渐接近夏王畿，其人民则成为华夏族的一部分。如最后灭亡夏朝、兴起于黄河下游原系"东夷"的"商人"即是。

据《尚书·甘誓》、《史记·夏本纪》等记载，夏禹死

---

① 恩格斯：《劳动在从猿到人转变过程中的作用》，《马克思恩格斯全集》第20卷，人民出版社1983年版，第516页。
② 《尔雅·释诂》。

后，其子启即立，"与有扈氏战于甘（今户县南），作甘誓"。① 有扈氏与夏王室同姓，其地历代注疏均说在今陕西户县。即是说，当时夏国统治的范围，西边至少已达今陕西关中户县以东，陕西关中东部原氏族、部落（方国）已成为华夏族的一个组成部分。这一结论也为考古学的资料所印证。考古工作者近年来在河南偃师等地，发现了一种早于商代的文化遗存，命名为"二里头文化"，并认为这种文化即夏文化。而在陕西东部，考古工作者为探索夏文化遗存做了大量工作，发掘和发现了一批商代遗址，其中也有一些与"二里头文化"相近，估计为夏文化的遗址，如华县南沙村遗址下层即是。②

　　大约到公元前 16 世纪，夏朝最后一个君主桀在位时，夏东边原称之为"东夷"的方国"商"，逐渐强大，先后兼并了周围一些小方国或部落，其王汤最后灭亡夏朝，建立商朝。由于商代甲骨文的发现，从此中国的历史进入真正有文字记载的历史。商代统治的地域比夏国更为扩大，其政治、经济和文化均承袭于夏朝。文献中有时称商朝统治地区的人为"商人"或"殷人"，也称其为华夏、夏，即华夏族。即是说，商灭夏后，商人成为华夏的主体，而华夏族也就日益

---

① 《尚书正义》卷一《甘誓》；《史记》卷二《夏本纪》。
② 北京大学考古教研室考古报告编写组：《华县、渭南古代遗址及发掘》，《考古学报》1980 年 3 期。

壮大，分布益广。而在华夏族四周的一些民族，也开始见于文献记载和甲骨文中。兴起于陕西西部的周人，最早也是作为商的一个方国，即区别于以商人为主体的华夏族当中的一个族的共同体。

中国古史中记载了周人起源的传说：早在尧舜禹时期，黄帝曾孙帝喾（高辛氏）元妃姜原履巨人迹，而生子弃。及弃长大，好耕农，舜封其于邰（今武功西南），号曰后稷，姓姬氏。后稷死，子不窋立。时当夏末，国内乱，不窋弃官奔"戎狄"之间。到其孙公刘时，复兴农作，其子庆节迁于豳（今陕西彬县北）。① 由此，可知周人原是在陕西泾渭流域的一个部落，传说他的祖先是黄帝的后裔及不窋奔于"戎狄"之间等等，则是令人怀疑的。这一切很可能是西周时，周人融入华夏族，共奉黄帝为始祖而附会的。

其实，周人最早也是后世所称之"戎狄"，即非华夏族，区别于商人，只是后来讳言自己原也是戎狄，才有什么奔于戎狄之类的传说。这一点，正如先秦典籍中记载华夏族四周的蛮夷戎狄等民族的来源，是统治者将华夏族的惰民、罪犯放逐到边裔而形成的一样。例如《国语·周语上》说："……犹有散迁、懈慢而著在刑辟，流在裔土，于是乎有蛮夷之国，有斧钺刀墨之民。"《大戴礼记》也有"舜流四凶"，化为夷狄之说。战国时，孟子曾说："舜生于诸冯，

---

① 《史记》卷四《周本纪》。

迁于负夏，卒于鸣条，东夷之人也；文王（周文王），生于岐周，卒于毕郢，西夷之人也。" "先圣后圣，其揆一也。"① 这也就再确切不过地表述了周人原非华夏族的事实。

那么周人何时开始与华夏族接触，并融合于华夏族的呢？据史载，公刘八世至古公亶父时，遭到邻近的戎狄的攻击，给其珠玉财物，不得免，欲要周人土地和人民。古公亶父于是率民渡漆、沮，逾梁山，止于岐下（今陕西岐山南），② 即后世所谓的"周原"。此后，"古公乃贬戎狄之俗，而营城郭室屋，而邑别居之。作五官（司徒、司马、司空、司士、司寇，殷制）有司。"③ 可以说，周人自此才开始接受华夏族（商人）的文化而逐渐与之融合。

据文献记载，周人至古公亶父子季历时，曾娶商畿内有挚氏之女，生子昌（周文王），④ 则两族有通婚的关系。《竹书纪年》说：商王武乙三十四年，"周王季历来朝，武乙赐地三十里，玉十珏，马八疋"。⑤ 《后汉书·西羌传》还记："周人克余无之戎，于是太丁命季历为牧师。"然而，季历时周人日益强大，威胁到商朝的统治。因此，商朝又企

---

① 《孟子·离娄下》。
② 《史记》卷四《周本纪》；《孟子》卷二《梁惠王下》。
③ 《史记》卷四《周本纪》。
④ 《诗经·大雅·大明》。
⑤ 《太平御览》卷八三《皇王部八》注引《竹书纪年》，中华书局1985年影印本，第392—393页。

图削弱周人的力量，多次"伐周"。商武丁时的甲骨文中，有"璞（即寇）周"的记录。《竹书纪年》也记："帝乙处殷，二年周人伐商"，①说明双方时有争战。到商王文丁，则杀季历。②季历死后，其子昌立，是为西伯，即周文王。至此之后，文王及其子发（武王）长期与商斗争，并兼并周围殷方国和戎狄。如文王曾灭崇国（崇侯虎），作丰邑（今陕西西安西），并迁都于此。③武王则最后灭亡了商朝。

周人与作为华夏族主体的商人通婚及政治、经济和文化等方面关系日益密切，也即是周人华夏化的过程。在商代，周人作为商西边一个诸侯国，其文化内涵上仍然与作为华夏族文化代表的商文化是有差别的。不过，这种差别日益在缩小，而共同性却日渐增多。这一结论也和陕西地区商代考古发现与研究结果是一致的。

据中国考古工作者的研究，陕西地区商代遗存主要可分为五大文化类型：

（1）商代文化遗存类型：主要以华县南沙村、西安老牛坡、蓝田怀珍坊，耀县北村等遗址为代表。出土的青铜礼器、人殉的墓葬、车马坑等与商文化相同，分别相当于二里头时期或殷墟一二期，也有晚至殷墟文化三四期的。由此可

----

① 《太平御览》卷八三《皇王部八》注引《竹书纪年》，中华书局1985年影印本，第392—393页。
② 《晋书》卷五一《束皙传》。
③ 《史记》卷四《周本纪》。

知，在商代，今陕西东部的西安、蓝田、铜川、耀县等地，是商人活动的地区，即是说主要是华夏族的居地。

（2）光社文化（也称"李家崖文化"）遗存类型：以陕北清涧、绥德，关中的淳化，山西的石楼等遗址为代表。此文化的特点是出土一批带有北方游牧民族特色的所谓"斯基泰文化"（或称"鄂尔多斯文化"）的青铜兵器，如马头刀、铃首剑、蛇首匕等。同时还出土了一批商代形制的青铜礼器等。这类文化在关中以北，估计与商代北方的游牧民族，如鬼方、犬戎等有关。

（3）姜戎文化（或称为"刘家文化"）遗存类型：以扶风刘家村发掘的二十座姜戎墓及宝鸡市郊石嘴头、晁峪等遗址为代表。其墓葬形制不同于其他商代遗址，墓系长方形竖井，在井一侧坑壁掏一洞室作为墓室；出土陶器有特色，主要是鬲和罐，每件陶器出土时都有一块扁平的石块盖住陶器的口部。① 这种文化面貌与甘肃辛店文化最为相似，在陕西则集中在扶风、宝鸡一带。有的研究者认为，此种文化与商代西北的羌戎族有关，与甘肃寺洼文化有一定的渊源关系。

（4）蜀文化遗址类型：主要以汉水流域的城固商代遗址为代表。出土的青铜礼器与商代同，也有蜀文化相似的

① 陕西周原考古队：《扶风刘家姜戎墓发掘简报》，《文物》1984年第7期。

戈、钺、戣等青铜兵器和铜人面具。① 研究者认为，汉水中上游商文化当与四川蜀文化为同一类型，系蜀人的居地。在汉水北的陕西凤县龙口村郭家湾遗址出土的青铜器、陶器也明显带有蜀文化的影响。

（5）先周文化遗存类型：以宝鸡斗鸡台瓦鬲墓初期、扶风北吕、凤翔西村、武功黄家河、岐山贺家、长安张家坡、客省庄、长武碾子坡、武功郑家坡、岸底等为代表。这种文化类型在关中西部分布最广，出土陶器常见的器形为高领袋足鬲，圆肩、折肩罐等；青铜器则有簋（方格乳钉、夔纹）、鼎（饕餮纹）、铜戈（后背作鸟形）等。陶器地方色彩较浓，多带辛店文化特点；铜器则又与商文化相似。关于这种文化的渊源，目前考古学界虽有不同的看法，即认为源于齐家文化、客省庄二期文化（陕西龙山文化）、辛店文化、光社文化或商文化等多种意见；然而，却普遍认为其文化内涵与周文化相同，且直接与西周文化相衔接，而以上诸种文化对之均有影响和交汇。②

从对陕西商代主要的五种文化类型的简约分析中，知分

① 《陕西省城固县出土殷商铜器整理简报》，《考古》1980 年第 3 期。

② 以上所论请参阅：张长寿等《关中先周青铜文化的类型与周文化的渊源》，《考古学报》1989 年第 1 期；尹盛平等《先周文化的初步研究》，《文物》1984 年第 7 期；邹衡：《论先周文化》，《夏商周考古学论文集》，文物出版社 1980 年版。

布于关中西部最广的先周文化遗址类型的地区，与文献记载周人早期活动地区是一致的，由这种文化直接发展为西周文化。因此，可以肯定关中的先周文化遗址即是周人克商以前居住的地区，其文化内涵有与商文化相同的因素，也有自己的特点，这恰好反映了当时周人正处于与华夏族融合的过程之中。

特别值得一提的是，在周文王姬昌时，周人作为商国家的一个诸侯国，在礼制等文化方面与华夏的商人差别已经很微小了。据周原发现的周人甲骨文，其最早的是周文王时，从甲骨文字体看，与殷墟卜辞有继承的关系，相当于卜辞的末期。即是说，周人的文字是吸收了商人的文字而来。但是，周人早期甲骨文在字体（细小）、钻凿和卜法、体例、内容等方面又有自己的特点。[①] 这正说明，在周文王时，周人文化已接近于商人，基本上摆脱了戎狄的身份，接近或成为华夏族的一部分了。

周人不仅自身逐渐华夏化，而且其征服或结盟的邻近各族也渐与周人融合，使周人不断发展壮大。最典型的例子莫过于史载之羌人。据文献记载，在周人以西，殷商时还有西戎中最重要的一支羌族。商代甲骨文中有许多关于商征伐羌人的记载，羌字作 ⅍、⅋ 等，卜辞中有关征伐、俘获羌人和

──────────

① 陈全方：《周原与周文化》，上海人民出版社1988年版，第151—153页。

以羌人为祭品的，武丁六十多件、廪辛四件、康丁六件、武乙一件、乙辛一件。① 周人的兴起与羌族的关系甚大，有的学者认为，传说周始祖后稷母姜原、太王（古公亶父）之妃太姜，武王元妃邑姜，均为羌人。姜、羌古音一致，互通互用。邑姜即姜太公女，则太公一族原很可能为羌族。即是说，早在殷商时，与周人联姻、关系密切的姜氏部落，原系西戎中的羌族。② 前述陕西西部与先周文化内涵极为相似的姜戎文化，则很可能即是关中羌人的文化遗存。

周武王克商后，周人的含义扩大了，即凡周朝统治的人均称周人，也就是周朝之人。其内自然是以夏、商时的华夏族及已融入华夏、并自认为是华夏代表的原周人为主干，包括西周统治下的一些诸侯方国。由于周人成为华夏族的主干和越来越多的诸侯、方国的华夏化，使华夏族及其居地大为扩展，几乎包括了黄河中下游的广大地区。而周承殷礼，并有所发展，使华夏族的礼仪等文化日趋成熟，故有周公作礼乐，形成一整套制度，对后世影响甚巨。正因为如此，有的学者认为华夏族正式形成于西周时，自然也有其正确的一面。

然而，以西周王畿为中心，包括四周的诸侯、方国，形成华夏族聚居之地，在华夏族四周还存在着许多非华夏族。

---

① 翁独健主编：《中国民族关系史纲要》，中国社会科学出版社1990年版，第63页。

② 马长寿：《氐与羌》，上海人民出版社1984年版，第92—93页。

就拿陕西地区来说，关中及其四周还有一些见于金文及文献的民族，如周人西北的"犬戎"（一作"混夷"、"畎夷"等），北边的"猃狁"，西边的各种戎族（包括羌戎）、陕南汉水流域的蜀人、巴人；就是在关中，也有大荔、陆浑等戎族。在西周时，华夏族与非华夏族戎狄的区分不是十分严格的；只是到了西周末期周王室衰弱，周围的戎狄纷纷进入中原内地，而内地的诸侯方国势力增强，积极向四周的戎狄启土开疆，于是形成"戎狄交侵，不绝如线"的局面，华夷之辨才严格起来。西周王朝也最终在犬戎为首的侵逼之下，东迁洛邑，从此中国历史进入春秋战国（又总称"东周"）时期。

二、秦人与秦始皇统一六国

春秋时，在洛邑的周天子只成为名义上的"天下共主"，各诸侯国的势力相继强大，相互争伐，五霸迭起，混战不已，"弑君三十六，亡国五十二，诸侯奔走不得保其社稷者不可胜数"。[1] 在这些诸侯方国中，有一个崛起于今甘肃东部、陕西西部的秦国，其人则称之为秦人。自周平王东迁洛邑后，关中等地为犬戎为首的诸戎所据有。此时，原在甘肃东部的秦人势力向东发展，不久即在陕西关中一带崛起。

---

① 《史记》卷一三〇《太史公自序》。

秦人，据古史传说，系黄帝孙颛顼裔女女修吞食玄鸟卵而生子大业，以后代代相传，舜时赐姓嬴氏。商末，嬴姓一支首领中潏迁于西戎，保西垂。① 因此，国内学者大都认为，秦人远祖与商人同起东方，后西迁入戎狄之中，兴起于甘肃、陕西。尽管学者们作了许多考证，但这些传说，与春秋战国时先后融入华夏族的商人、周人等一样，都共奉黄帝为始祖，托言自己是华夏族的正宗后裔，故其可信程度均值得考虑。因此，秦人始祖出于黄帝一族，玄鸟卵生的传说，由东向西迁入戎狄等，很可能与周人一样是以后附会的。但是，无论对秦人祖先传说如何看待，秦人的兴起是在殷末周初，其居地在周人之西，今甘肃东部一带是无疑的。

到周孝王时，因秦人部落为周室放牧牲畜有功，孝王"邑之秦"（今甘肃清水县境内），此乃"秦"人得名之由来。宣王时，周以秦人首领秦仲为周大夫，仲助周攻西戎，战死，其长子庄公助周攻破西戎，周封之为"西垂大夫"，时与犬戎争战。

犬戎杀周幽王于骊山下，秦庄公子襄公率兵救周，平王东迁洛邑，封襄公为诸侯，"赐之岐以西之地"，并说犬戎等侵夺丰镐，秦如能逐戎，则即有其地。于是，秦人乘机东进，但收效不大。直到秦文公十六年（公元前 750 年），秦人击败戎人，"收周余民有之，地至岐"。秦宁公二年（公

---

① 《史记》卷五《秦本纪》。以下所引皆《秦本纪》文，不再出注。

元前714年），秦徙都平阳（今岐山西），东攻西戎荡社（在今陕西三原一带），其戎亳王奔逃，遂灭荡社。至武公元年（公元前697年），又灭戎彭戏氏于华山下；十年，又灭邽（今甘肃天水）、冀（天水西）戎；十一年，灭小虢（戎之一种，在今陕西宝鸡）。至此，秦的领地西起甘肃天水西，东到陕西华县，关中大部为秦所有。然而，这一地区的戎族势力仍然十分强大。此后，秦国一方面与建国于山西的晋国争战，一方面继续扫清境内的戎族势力。

秦德公元年（公元前677年），秦由平阳迁都到雍（今陕西凤翔），势力更东至黄河边，但对戎族的斗争，并没有取得多大的进展。直到秦穆公任好时，秦国才加快了对诸戎的征服步伐。穆公元年（公元前659年），秦大举进攻与晋交界处的茅津（今河南三门峡）之戎；二十年（公元前640年）又灭东边的梁、芮两小方国（均在今大荔境内）；二十二年，又向南进逼瓜州（在今陕西终南山北）陆浑之戎（亦称允姓之戎或姜戎），迫使其向东迁徙，晋国则利诱他们居于伊川（今河南伊、洛水上游一带），强迫他们开垦荒地，服役纳贡。① 这样，秦国向东、向南驱逐或征服戎族，势力大为扩展。然而，秦四周戎族势力仍然很强大，史称西

---

① 历代注释此"瓜州"在今甘肃敦煌，此据顾颉刚先生考证，见其所著《史林杂识》中华书局1963年版，第46—53页。关于陆浑之戎迁徙情况，见《左传》僖公二十二年及襄公十四年。

戎有国十二或十四，其大者有"八国"，即緜诸、绲戎（犬戎）、翟、豲、义渠、大荔、乌氏、朐衍等。据学者们考证，除义渠、大荔戎在今陕西境内外，其余皆在甘肃东部及宁夏一带。①

到穆公三十四年（公元前626年），西戎戎王遣使臣由余至秦。由余原为晋人，亡入戎；入秦后，穆公与他交谈，知道他很有能力，是戎国的贤臣。于是，穆公与内史廖定离间之计，先以女乐送戎王，使他迷于声色，不理政事，又故意延缓由余的归期，派人离间戎王与由余的关系。由余在戎中无法待下去，就投降了秦国。穆公问由余伐戎的策略。经过两年的准备之后，穆公用由余之策，"伐戎王，益国十二，开地千里，遂霸西戎"。② 西戎八国不同程度服属于秦国。

总之，自秦穆公后，陕西及其附近的诸戎（即以犬戎为首的西戎），有的为秦并灭（如荡社、彭戏氏、小虢等），有的被秦所逐（如陆浑之戎），有的则服属于秦（如义渠、大荔等）。从此，以犬戎为首的诸戎见于记载的则不多，犬戎在春秋时，仅出现在渭汭（渭水入黄河处），③ 后可能为秦所灭。秦国称霸西戎的过程，是其开疆拓土、日益强盛的过程，也是秦人及其所并诸戎逐渐融入华夏族的过程。关于

① 王宗维：《西戎八国考述》，《西北历史研究》1986年号，三秦出版社1988年版。
② 《史记》卷五《秦本纪》。
③ 《左传》闵公二年："虢公败犬戎于渭汭"。

后者，可以西戎八国之一的义渠为例。

义渠，其名最早见于商代，《竹书纪年》曾记："武乙三十年，周师伐义渠，乃获其君以归。"此后很长时间不见有关义渠的记载。到春秋战国时，义渠作为西戎八国之一登上了历史舞台，与秦国展开了长达百余年的斗争，最终为秦所灭。

关于义渠的族属，历来有两种说法：一种认为他是西戎中羌之一种；① 一种则以为他是狄，即赤狄、白狄之后裔。② 笔者以为，将义渠称为"西戎"之一种较为合宜，不必一定说其为羌或狄。因为"羌"在先秦时也有广、狭义之分，与西戎同；然义渠居地原为白狄所居，其部内有原白狄部落似无可疑。据《史记·匈奴传》、《后汉书·西羌传》等载，义渠居地在秦之北，即今泾、洛水北，包括秦灭义渠后所置之陇西、北地、上郡三郡之地。大约在秦惠公时（公元前500—前490年），在陕西的义渠、大荔戎最强盛，"筑城数十，皆自称王"。③

义渠的兴起，威胁着秦国，故秦国于厉共公二十三年（公元前444年），始伐义渠，俘虏其王。后十四年，义渠

---

① 马长寿：《氐与羌》第96—97页；李绍明：《羌族史》，四川人民出版社1984年版，第43—44页。

② 李白凤：《东夷杂考》附《义渠考》，齐鲁书社1981年版；上引王宗维《西戎八国考》等。

③ 《后汉书》卷八七《西羌传》。

又伐秦至渭水北。过了百余年，义渠又败秦军于洛水。后四年，义渠内乱，臣属于秦。后又反离，为秦军所攻。此后，双方争战各有胜负，秦曾攻取义渠徒泾二十五城。到秦昭王立（公元前306年），义渠王与秦昭王母宣太后私通，生二子。后宣太后诱杀义渠王于甘泉宫，并灭义渠，始置陇西、北地、上郡。① 此后，义渠人在秦、汉的长期统治之下，逐渐华夏化，余众也多有迁于今甘肃者。如西汉时有"义渠王骑士"的记载；② 汉初，北地、安定郡也有"义渠"。③汉武帝手下还有一批义渠将领，如公孙浑邪、公孙贺父子等；④ 还有西汉时光禄大夫义渠安国，原也为义渠人，以族名为姓。义渠人到西汉后期则先后融入华夏族之中，但其华夏化的进程是在秦国灭其国之后而加速的，可以说是与秦人一起逐渐融入华夏族之中。

事实也是如此，秦人在西周时，还被华夏族（周人）视为"夷狄"，即非华夏族。如《春秋·公羊传》、《谷梁传》均称秦人为"狄夷"；秦商鞅也说："始秦戎翟之教"。⑤ 但在春秋以后，秦人已经完全接受了华夏族的文化及礼仪，参与大国争霸，逐渐成为华夏族的一部分。而由秦

---

① 《后汉书》卷八七《西羌传》。
② 《汉书》卷九四上《匈奴传》。
③ 《汉书》卷四九《晁错传》。
④ 《史记》卷一一一《骠骑将军列传附公孙贺、公孙敖传》。
⑤ 《史记》卷六八《商君列传》。

人兼并的诸戎也随秦人一起融入到华夏族之中，如上述的义渠人。当然，这一进程是长期的、缓慢的，而且有先有后。

秦国经过自身的改革（商鞅变法）和发展，终于在战国末秦王嬴政在位时，先后灭亡六国，统一全国，建立了中央集权制的封建国家，结束了战国分裂割据的局面。秦王二十六年（公元前221年），嬴政灭亡六国中最后一个国家齐国后，改称"始皇帝"，废除分封制，分天下为三十六郡，统一度量衡，"车同轨，书同文字"，徙天下豪富于京师咸阳十二万户。又取闽越地，置闽中郡（今福建）。秦始皇三十三年（公元前214年），又略取南越地，置桂林、南海、象郡；西北逐匈奴，自榆中（今陕北与河套地区）并河以东属之阴山为四十四县。这样，秦始皇在西到甘肃，北抵内蒙古，东至海，东北及辽河以东，南达两广的广大地区，实现了政治上的统一；采取了一系列统一的措施，使先秦以来以华夏族为主体，包括四周各民族在内的多民族，统于一个国家之内，中国历史上统一的多民族国家正式形成。

华夏族是先秦时中国的主体民族。战国七雄，均属华夏族，故又称之为"诸夏"。同时，各国人又以国名或地区名称之，如秦人、燕人、赵人、鲁人、齐人、宋人、魏人等。但作为民族的称谓，则统称之为"华夏"或"诸夏"。秦始皇统一六国后，诸夏、华夏作为族名仍然使用，以与匈奴、氐、羌、越、夷等族相区别。同时，华夏或诸夏，又统称为"秦人"。这一名称主要的含义是指秦朝的人，但实际上也成为诸夏、华夏族在秦统一后的别称。由秦朝直接或间接统治的一些非华夏族，或以此族之名称之，如匈奴、氐、羌、西南夷等。可是在某种场合下，凡归秦朝统治的各族都可称之为秦人。

因为秦朝是中国第一个统一的多民族中央集权的封建国家，国力强盛，声威远播，故统一的秦朝虽然立国时间很短，但"秦人"的称谓仍在国外有一定的影响。印度及西方国家称中国为"支那"、"脂那"、"至那"等，便是今天西方各国犹称中国"China"的语源。China（支那）的本源，即来自"秦"字。①

"秦人"这一称谓含义的演变，与"周人"十分相似：在秦统一六国前，它主要是战国秦国人，其主体已成为战国诸夏的一个组成部分，其余边远地区还有一些民族则正处于与华夏族融合的过程之中。到秦统一六国后，秦人则是指统一多民族国家秦朝的人，包括华夏族（原六国之民均包括在内），也包括秦朝统治地区内其他的民族，而后者往往是在对外关系中才包含在内的。

---

① "支那"一词，源于拉丁文 Sina，最早见于公元 80—89 年间完成的《爱利脱利亚海周航记》。最早提出支那为秦之译音者为卫匡国（Martin Martini），其于 1655 年刊印之《中华新图》中提出，后为伯希和、白鸟库吉等国外汉学家所赞同，并加以论证。国内学者一般也从此说。

三、汉人和汉族

汉朝继秦朝统一全国后，汉朝人在很长时期内，犹被称为"秦人"。如《史记·大宛列传》记汉贰师将军的话说，"闻宛城中新得秦人，知穿井……"《汉书·匈奴传》记："于是卫律为单于谋'穿井筑城，治楼以藏谷，与秦人守之……'"《汉书·西域传》武帝诏内有云："匈奴缚马前后足置城下，驰言秦人，我匄若马"。今新疆拜城有东汉永寿四年（158年）"刘平国治关亭诵"刻石，内记："龟兹左将军刘平国以七月廿九日发家，从秦人孟伯山、狄虎贲、赵当卑、万口羌、石当卑、程阿羌等六人……"① 以上"秦人"，意为汉朝人。可见汉代仍称华夏族为秦人。

尽管如此，汉朝建立后，"汉"、"汉民"、"汉军"、"汉人"等称谓也开始流行起来。"汉"的来源，是刘邦入关后，项羽封他于汉中，为汉王。后刘邦灭项羽，统一诸夏，建立汉朝，"汉"这个名称使用则逐渐广泛。汉武帝之后，正式出现了"汉人"、"汉民"之称。如《汉书·张骞传》记武帝时，贰师将军伐大宛，宛贵人杀其王，遣人与贰师相约："汉无攻我，我尽出善马，恣所取，而给汉军

① 王炳华：《"刘平国刻石"及有关新疆历史的几个问题》，《新疆大学学报》1980年3期。

食。"贰师"闻宛城中新得汉人（《史记·大宛列传》作"秦人"）知穿井，而其内食尚多"。汉元帝时，郎中侯应说："……近西羌保塞，与汉人交通……"① 到东汉时，"汉人"、"汉民"的称呼更加普遍。如《后汉书·西羌传》引司徒椽班彪上言："今凉州部皆有降羌，羌胡被发左衽，而与汉人杂处，习俗既异，言语不通。"如果说，"汉人"称谓在西汉时更多地表示以朝代名为称的话（即"汉朝之人"意），那么，在东汉时，汉人已有表示一个族的共同体的族称之意，以与"羌胡"等其他民族相区别。即是说，我们今天所称的"汉族"的"汉"，是源于汉朝的"汉"。这是华夏、诸夏族发展到汉代时才正式形成的族名。

汉代以后，汉人、汉民，即汉族的称谓开始广泛使用。特别是到了魏晋南北朝时，由于外族大批内徙，民族矛盾尖锐，区分"夷夏"更为严格，故"汉人"的称谓更加固定和明确。隋唐以后，除了继续使用华夏、夏、华、诸夏等族名，以及以朝代名称之而外，"汉人"（汉族）的称谓使用更为广泛，以致使用至今。这就是汉族名称长期发展、演变的历史。②

由此看来，华夏族与汉族在质的方面没有根本的变化，

———————————

① 《汉书》卷九四《匈奴传下》。
② 贾敬颜：《"汉人"考》，《中国社会科学》1985 年第 6 期；前引《中国民族关系史纲要》，第 101—108 页。

但是，华夏族仅是汉族的前身，经过秦汉两代数百年中央集权制封建国家的统治，无论在名称及其他各方面都有所发展和变化。从这个意义上讲，汉代可以说是中国汉族正式形成的时期。春秋战国时的华夏族分裂为各个诸侯国，各国有大致相同，但又有区别的文字、度量衡和风俗，并未完全统一，甚至包括了许多不同的族体。然而，经过秦和汉的统一，诸夏族又进一步融合、同化，基本上具有共同地域（即处于统一的国家之内），有相同的文字，共同的经济生活及表现在共同文化上的认同，成为较为巩固的族的共同体，有了共同的族称，正式形成为一个强大的民族。

总之，通过对周人、秦人、汉人和汉族名称发展、演变的初步研究，可以帮助我们进一步探索汉民族形成的轨迹，了解汉族的形成，并非由单一民族发展而来，而是不断吸收、融合了周围的其他民族之后，最终于汉代形成的。即是说，汉族的形成是多元的，而非单一的。在这一过程中，夏人、周人、秦人、汉人则起了主导的作用。

（原载于《中国史研究》1995 年第 2 期）

魏晋十六国时期鲜卑族向西北地区的迁徙及其分布

　　在中国中古史上，鲜卑族的迁徙是一个十分重要而且复杂的问题。特别是魏晋十六国时期，鲜卑族迁徙的规模之大，路途之遥，影响之巨，在中国历史上都是很引人注目的。这种迁徙的主流，是居于今蒙古草原、东北地区的鲜卑族一批一批向南、向西南迁入内地；东起山东，西至新疆，南到淮河、长江，到处都有他们活动的踪迹。由于鲜卑族大量的内迁，在五胡十六国时期，鲜卑族先后在北方建立了代、前燕、西燕、后燕、南燕、西秦、南凉、吐谷浑等八个政权。"五胡"之中，鲜卑是建立政权最多的一个民族。也正是由于大量的内徙和建立政权，使鲜卑族与北方汉民族的融合最为迅速、彻底。到隋唐之后，鲜卑族已基本融合到汉族或其他民族之中。但鲜卑族向西北地区的迁徙及分布，则鲜为人们所注意。这里所说的"西北地区"，指的是今天陕、甘、宁、青、新五个省（区）。为了叙述方便，将这一地区分成四个部分加以叙述。

一、陕西关中地区

关中地区是中国文化的发源地之一，很早以来就是以汉族为主聚居的地区。可是，自汉魏以来，已有大批的氐、羌和匈奴族入居该地。[①] 大批鲜卑进入关中，最早见于《晋书》卷四《惠帝纪》，内云惠帝光熙元年（306年）五月，东海王司马越遣其将祁弘等攻长安，以迎惠帝，"弘等所部鲜卑大掠长安，杀二万余人"。接着，祁弘等奉惠帝东还洛阳，所部鲜卑大致也随之东返。又同书卷一〇一《刘元海载记》云：匈奴族首领刘元海反晋，攻掠河东后，与羯胡石勒等一起降元海的有"上郡四部鲜卑陆逐延"。《资治通鉴》卷八六系此事于晋怀帝永嘉二年（308年）。东汉上郡治肤施（今陕西榆林南），汉末此郡废，西晋末复置，治夏阳（今陕西韩城），在三辅之内。[②] 上郡四部鲜卑何时迁此，已不可考。

---

① 《晋书》卷五六《江统传》记江统《徙戎论》曰："且关中之人百余万口，率其少多，戎狄居半。"戎，主要是指西戎（氐、羌等）；狄，指北狄，当时主要是匈奴。
② 洪亮吉：《十六国疆域志》卷一，国学基本丛书本，商务印书馆1936年版，第34页。

鲜卑族大批入居关中长安、咸阳等地，大致是在前赵刘聪遣赵染、刘雅、刘曜等攻据关中之时（约在 311 年）。接着，刘曜被署为雍州牧，改封中山王，镇长安，留守的军队中有很多鲜卑官兵。晋明帝太宁三年（325 年），前赵刘曜迁都长安后，"置单于台于渭城（今陕西咸阳），拜大单于，置左右贤王，已下皆以胡、羯、鲜卑、氐、羌豪杰为之"。① 单于台是十六国时一种较为特殊的制度，前赵（包括汉）、后赵均置有此制，一般设于都城附近。除置大单于外，下设左右贤王，"各主六夷十万落，万落置一都尉"。② 六夷之中，鲜卑为其一。六夷十万落，说明单于台的编制不仅是军事组织，而且也是带有家属、财产的部落组织。

至晋成帝咸和三年（328 年），刘曜在洛西（今河南洛阳西）为后赵石勒所破，军队大部分转属石勒，其中当有一些鲜卑。次年，后赵石虎（季龙）进据关陇，此后，镇守关中的后赵军队中，鲜卑官兵占了很大数量。从下面史实可看出：咸和八年（333 年）石勒死后，勒将石生坐镇关中，起兵反石虎。石虎进攻长安，"（石）生遣将军郭权率鲜卑涉璝部众二万为前锋距之"。③ 此云郭权所率鲜卑涉璝

---

① 《晋书》卷一〇三《刘曜载记》；《资治通鉴》卷九三，晋明帝太宁三年六月条。
② 《晋书》卷一〇二《刘聪载记》。
③ 《晋书》卷一〇五《石勒载记》；《资治通鉴》卷九五，晋成帝咸和八年十月条。

一部就有二万，可见当时关中鲜卑是很多的。

过了五年（338年），石虎伐辽西鲜卑段辽后，"乃迁其户二万余于雍、司、兖、豫四州之地"。① 雍州即关中之地，这是鲜卑中一支——段氏鲜卑入居关中之始。

至前秦建元六年（370年），苻坚灭前燕，曾"徙关东豪杰及诸杂夷十万户于关中"，② 内鲜卑人数，据《资治通鉴》卷一〇二记："迁慕容晔及燕后妃、王公、百官并鲜卑四万余户于长安。"以后，居长安的鲜卑生殖繁衍，至前秦苻登太初元年（386年）慕容颛退出长安时，竟"帅鲜卑男女四十余万口去长安而东"，致使"长安空虚"。③ 至此之后，关中地区鲜卑人数大大减少。可是，后来铁弗匈奴赫连氏在陕北建立的夏国，南北朝时拓跋鲜卑所建的北魏，都统治过关中地区。赫连氏的夏国内鲜卑族很多，北魏是鲜卑族所建，所以，关中地区自十六国起到南北朝止，一直是鲜卑族居住较多的区域。

二、关中以北、六盘山、陇山以东地区

1. 朔方鲜卑。十六国时期，朔方治今内蒙古乌拉特旗

---

① 《晋书》卷一〇六《石季龙载记》等。
② 《晋书》卷一一三《苻坚载记上》。
③ 《资治通鉴》卷一〇六，晋孝武帝太元十一年条。

南、河套南岸，此地北接漠南阴山，鲜卑、匈奴（铁弗匈奴）特多。鲜卑见于记载的主要有以下几部：

晋元帝大兴二年（319 年），"河西鲜卑日六延叛于（石）勒，石季龙讨之，败延于朔方，斩首二万级，俘三万余人，获牛马十余万"。① 此云"河西鲜卑"，季龙又败之于朔方，则此部鲜卑居朔方（即河套之西）。斩获共五万，可见其部众之盛。晋成帝咸康四年（338 年），后赵石虎"使石宣率步骑二万击朔方鲜卑斛摩头，破之，斩首四万余级"。晋康帝建元元年（343 年），石虎又"使石宣讨鲜卑斛谷提，大破之，斩首三万级"。② 此斛谷提与上引之"朔方鲜卑斛摩头"可能系一部，从斩首的数字看，人口也是众多的。

晋安帝义熙三年（407 年），赫连勃勃降于后秦姚兴，兴"以勃勃为持节、安北将军、五原公，配以三交五部鲜卑及杂虏二万余落，镇朔方"。③ 三交，《太平寰宇记》卷三六灵州条云："渌莲池，赫连勃勃每畋于三交渌莲池。"同书卷三七夏州宁朔县（今陕西榆林南）条云："三交城，按赫连勃勃夏录云：龙升五年（411 年）秋九月……因筑此

---

① 《晋书》卷一〇四《石勒载记上》；《资治通鉴》卷九一，晋元帝太兴二年四月条。
② 《晋书》卷一〇六《石季龙载记》；《资治通鉴》卷九六，晋成帝咸康四年五月条；卷九七，晋康帝建元元年八月条。
③ 《晋书》卷一三〇《赫连勃勃载记》。

城。"《读史方舆纪要》卷三四云："三交城在榆林卫夏州（今陕西横山西）西。"考其方位，上述三种说法，以夏州西之地较确，则"三交五部鲜卑"大致居今横山以西，属朔方鲜卑之一。

朔方一带在前秦时，是鲜卑、匈奴游牧居住之地。《资治通鉴》卷一〇三晋简文帝咸安二年（372 年）记："秦都督北蕃诸军事、镇北大将军、开府仪同三司、朔方桓侯梁平老卒。平老在镇十余年（359 年—372 年），鲜卑、匈奴惮而爱之。"可见朔方之地主要居住的是鲜卑和匈奴。

2. 以三城（今陕西延安东延水南）为中心的薛干等部。薛干，史书又作叱干，有时又讹为薛于、薛千，"常屯聚于三城之间"，① 系鲜卑部落。② 北魏登国六年（391 年），魏击铁弗匈奴刘卫辰，薛干部帅太悉伏（又作他斗伏）降魏。后因卫辰子（赫连）勃勃逃奔薛干部，魏屡索不给，魏太祖亲讨之。太悉伏南逃，降后秦姚兴。不久，又返回"岭北"，③ "上郡以西诸鲜卑闻而皆应之"。④ 北魏天赐四年（407 年），赫连勃勃"讨鲜卑薛于（干）等三部，破之，

---

① 《魏书》卷一〇三《高车传附薛干传》。
② 《晋书》卷一三〇《赫连勃勃载记》云：勃勃"讨鲜卑薛干（于）等三部……"此明言薛干为鲜卑。
③ 岭北，《资治通鉴》卷一〇八，晋孝武帝太元二十年（395 年）条胡注云："岭北，谓九嵕岭（今陕西礼泉九嵕山）北。"
④ 《晋书》卷一三〇《赫连勃勃载记》。

降众万数千"。① 至此，薛干部臣属于夏。直到魏神䴥元年（428年），魏平夏统万（今陕西靖边白城子），薛干部人又尽为魏之编户。②

3. 以高平（今宁夏固原）为中心的破多罗部（又作破多兰部）。《魏书》卷一○三《高车传》后云："……而率（牵）屯山（在高平西）鲜卑别种破多兰部世传主部落，至木易于（又作木弈于、没弈干）有武力壮勇，劫掠左右，西及金城（治今甘肃兰州西），东侵安定（治今甘肃泾川北），数年间诸种患之。"北魏天兴四年（401年），为魏讨灭，一部分被徙入平城（今山西大同）。余部在木易于率领下仍据高平，臣属后秦。北魏天赐四年（407年），木易于为其所收留的赫连勃勃所袭杀，其部并入夏。破多罗部何时迁入高平地区无考，唯其在十六国时先后与魏、后秦、夏、西秦等发生过关系，最后同薛干部一样尽并入北魏。其部人原以破多罗氏为姓，入魏后改姓潘氏。③

此外，《魏书·高车传》后附薛干、破多兰部之次所记之"黜弗、素古延两部"（居河曲一带），以及在跋那山（今内蒙古包头西）一带的越勤部等，均有可能是鲜卑部落。

---

① 《晋书》卷一三○《赫连勃勃载记》。
② 《魏书》卷一○三《高车传附薛干传》。
③ 《魏书》卷一一三《官氏志》云："西方破多罗氏，后改为潘氏。"

三、陇西地区

迁入陇西地区的鲜卑，最著名的首推乞伏鲜卑（又称陇西鲜卑）。据《晋书》卷一二五《乞伏国仁载记》云："在昔有如弗（与）斯（引）、出连、叱卢三部，[1] 自漠北南出大阴山"，四部共推一幼主乞伏可汗，此即为乞伏鲜卑之始祖。如弗，即乞伏之异译。斯引、出连、叱卢、乞伏四部原大部为鲜卑，其中也有一部分高车在内，[2] 最后融合为乞伏鲜卑。晋泰始初（265 年左右），乞伏鲜卑首领佑邻，"率户五千迁于夏（应指河套南），缘部众稍盛"。[3] 后又迁于高平川（今宁夏清水河）。过了四代，又由高平西之牵屯山迁到苑川（今甘肃兰州东苑川）。至晋孝武太元十年（385 年），首领乞伏国仁始建政权，史称西秦，于宋文帝元嘉八年（431 年）为夏赫连定所灭。

值得注意的是，在乞伏鲜卑迁入陇西、建立西秦的前后，先后征服了许多原居于陇西的其他鲜卑部落。这些鲜卑部落大都是先于乞伏部迁入陇西，尔后也大部分融人乞伏鲜

---

[1] 原书此句有脱字，详细考证见中华书局 1974 年版标点本《晋书》卷一二五《校勘记》。

[2] 马长寿：《乌桓与鲜卑》，上海人民出版社 1962 年版，第 32—33 页。

[3] 《晋书》卷一二五《乞伏国仁载记》。

卑之中。现据史籍，简述如下：

泰始初，乞伏部由夏迁到高平川（今宁夏清水河），时有鲜卑鹿结七万余落屯于此川。佑邻与鹿结势均力敌，"迭相攻击"。最后鹿结败走略阳（治今甘肃天水），佑邻"尽并其众，因居高平川"。①

佑邻死，子结权立，徙于高平西之牵屯山。结权死，子利那立，"击鲜卑吐赖于乌树山，讨尉迟渴权于大非川，收众三万余落"。吐赖所居乌树山不详。尉迟渴权，据姚薇元《北朝胡姓考》内篇第四云：尉迟氏"本西部鲜卑族"，所居之大非川，"即今青海布哈河"。按唐代大非川在今青海惠渠南，② 根据当时乞伏鲜卑迁徙及势力看，均不可能达惠渠一带。故此大非川与上述乌树山均当在陇西或今宁夏一带。

利那死，弟祁埋立。祁埋死，利那子述延立，"讨鲜卑莫侯于苑川，大破之，降其众二万余落，因居苑川"。原居苑川的鲜卑莫侯部，降述延者达二万余落，可见此部也是迁入陇西的鲜卑中较大的一部。

述延二传至孙司繁，乞伏鲜卑即由麦田（今甘肃靖远北）之元孤山迁至度坚山（靖远西），时在"秦皇始中"（351年—355年）。③ 前秦建元七年（371年），苻坚将王统

---

① 《晋书》卷一二五《乞伏国仁载记》。下引文未注者皆引此书。
② 佐藤长：《唐代青海拉萨间的道路》，《东洋史研究》第24卷第1号。
③ 《十六国春秋辑补》卷八五《西秦录一》。

击败司繁，乞伏部降前秦。时有"鲜卑勃寒侵斥陇右"，苻坚命司繁讨之，"勃寒惧而请降，司繁遂镇勇士川（在苑川东）"。勃寒所部鲜卑不知原居何地，但其侵斥陇右，则知其在陇西或其附近。

司繁死后，乞伏国仁代领部众，苻坚淝水败后，国仁独立，建西秦政权。史称其于"孝武太元十年（385年）自称大都督、大将军、大单于，领秦、河二州牧"。时有"鲜卑匹兰率众五千降"。《资治通鉴》卷一〇六晋武帝太元十一年记有"陇西鲜卑匹兰"，知此部居陇西。次年，"国仁率骑三万袭鲜卑大人密贵、裕苟、提伦等三部于六泉"。六泉，《资治通鉴》卷一〇七胡注云："六泉在高平（今宁夏固原）。"又《元和郡县图志》卷三九秦州襄武县（今甘肃陇西）条云："六泉水在县东北原上，泉源有六，因以为名。"按当时国仁正与高平破多兰部木易于大战，木易于败归。以上三部鲜卑震惧，降国仁。根据这一形势，六泉当在襄武东北高平境内。国仁"署密贵建义将军、六泉侯，裕苟建忠将军、兰泉侯，提伦建节将军、鸣泉侯"。次年，国仁又"讨鲜卑越质叱黎于平襄，大破之，获其子诘归、弟子复半及部落五千余人而还"。《资治通鉴》卷一〇七，胡注云："平襄县，汉属天水郡，晋属略阳郡。越质，鲜卑部落之号，后以为氏。"以后越质部降西秦，首领诘归曾为西秦陇西太守。

晋孝武帝太元十五年（390年），又有"鲜卑豆留鞬、叱豆浑及南丘鹿结并休官曷呼奴、卢水尉地跋并率众降于乾归（国仁弟）"。① 鲜卑豆留鞯、叱豆浑居地不详；南丘鹿结，疑即前述初居高平川后迁略阳之鲜卑鹿结，则南丘当在略阳郡内。休官，系以氐族为主的杂虏；卢水即卢水胡。次年，高平破多罗部木弈（或作"易"）于以两子质于乾归，请共击"鲜卑大兜国"。"乾归乃与没奕于攻大兜于安阳城，大兜退固鸣蝉堡，乾归攻陷之"，② "收其部众而还"。③ 大兜国所居之安阳城，据《资治通鉴》卷一〇七胡注云："安阳城在唐秦州陇城县（今甘肃张家川回族自治县西）界；鸣蝉堡亦当在其地。"

至晋安帝隆安三年（399 年），有"鲜卑叠掘河内率户五千，自魏降乾归"。④ 河内自魏来降，时魏西界仅达河套一带，则此部原居河套朔方一带。又《晋书》卷一二六《秃发乌孤载记》云："乌孤讨乙弗、折掘二部，"折掘即叠掘，折、叠系一音之转。如此，则叠掘部早有一部分迁入河西，留在朔方一带的河内仅是其中的一部分。

乾归子炽磐于晋安帝义熙五年（409 年）"攻克枹罕（今甘肃临夏附近），遣使告之，乾归奔还苑川。鲜卑悦大

① 《晋书》卷一二五《乞伏乾归载记》。
② 《晋书》卷一二五《乞伏乾归载记》。
③ 《资治通鉴》卷一〇七，晋孝武帝太元十六年七月条。
④ 《晋书》卷一二五《乞伏乾归载记》。

坚有众五千，自龙马苑降乾归。乾归遂如枹罕"。① 按《元和郡县图志》卷三九秦州郇县（今甘肃郇县）条云："龙马山在县西四十里"，疑鲜卑悦大坚所居之龙马苑即在此龙马山一带。

《资治通鉴》卷一一五晋安帝义熙六年（410 年），还记载了一个鲜卑部落——仆浑部。内云："鲜卑仆浑、羌句岂、输报、邓若等帅户二万降于西秦。"下胡注云："鲜卑有仆浑部。"次年，西秦将仆浑部徙于度坚城（在度坚山）。仆浑部原居地无考。

迁入陇西的鲜卑，还有一支较为重要，即属东北辽东慕容鲜卑的吐谷浑。《晋书》卷九七《吐谷浑传》云："吐谷浑，慕容廆之庶长兄也，其父涉归分部落一千七百家（《魏书》作"七百户"）以隶之。及涉归卒，廆嗣位，而二部马斗……于是遂行……乃西附阴山。属永嘉之乱，始度陇而西，其后子孙据有西零已西甘松之界，极乎白兰数千里。"吐谷浑原属辽东慕容鲜卑，后因与弟慕容廆发生了争执，率部西徙阴山（今内蒙古阴山山脉），晋永嘉末（312 年—313 年）向西南经陇山迁至陇西枹罕原（今甘肃临夏西北）。②

---

① 《晋书》卷一二五《乞伏乾归载记》。
② 关于吐谷浑最初迁至枹罕一事，见《魏书》卷一〇一《吐谷浑传》；《通典》卷一九〇等。最有力的证据是《水经注》卷二《河水》注引《十三州志》云："广大阪在枹罕西北，罕开在焉。昔慕容吐谷浑自燕历阴山西驰，而创居于此。"

不久又向南、向西扩展，统治了今甘南、四川西北、青海等地氐、羌等族。至吐谷浑孙叶延时，"以王父字为氏"，即以祖父吐谷浑名为姓氏、部落名，亦为国号，正式建立政权。其最初疆域，如上引《晋书》所云，东起甘松（今甘肃临夏东南甘松岭），据有西零（应指汉时居青海一带的"先零"羌及其所居之青海一带地区），西极于白兰（今青海柴达木盆地都兰一带）。① 吐谷浑政权存在约三百多年，至唐龙朔三年（663 年）为吐蕃所灭。

四、河西地区

河西地区主要指兰州黄河以西，包括青海以北地区。鲜卑人居此地甚早，史籍称居于此地的鲜卑为"河西鲜卑"。其中迁入最早、势力最大的是建立南凉的秃发鲜卑。秃发即拓跋之异译，即是说秃发鲜卑与建立北魏的拓跋鲜卑同源，其意有鲜卑父胡（匈奴）母所生子的含义。② 《晋书》卷一二六《秃发乌孤载记》记其先世及迁徙情况很简约："秃发乌孤，河西鲜卑人也。其先与后魏同出。八世祖匹孤率其部自塞北迁于河西。"《新唐书》卷七五上《宰相世系表》源

---

① 周伟洲、黄颢：《白兰考》，《青海民族学院学报》1983 年第 2 期。

② 马长寿：《乌桓与鲜卑》，上海人民出版社1962年版，第30页。

氏及《元和姓纂》等，均记源氏出自魏圣武帝诘汾长子疋孤（匹孤）。按源氏即秃发氏，因其所建南凉被西秦灭后，秃发傉檀子归北魏，太武帝以其与魏室同源，赐姓源氏。[①]秃发鲜卑是何时由何地迁入河西的呢？《元和姓纂》卷一〇记："圣武帝诘汾长子疋孤，神元时率其部众徙河西。"拓跋鲜卑神元帝力微，系诘汾子，匹孤弟，死于晋武帝咸宁三年（277 年），《魏书》卷一《序纪》云其"年一百四岁"，则神元生于 174 年。时拓跋鲜卑已由东北大兴安岭北之大鲜卑山，经呼伦池，迁到塞北匈奴故地（阴山一带）。如此秃发匹孤约在 2 世纪末 3 世纪初，从塞北阴山一带迁入河西。至晋泰始中（265 年—274 年），匹孤孙树机能曾经攻据凉州，后为晋马隆所败，树机能被杀。

到晋永宁初（301 年），张轨出为凉州刺史、护羌校尉，史称其时，"鲜卑反叛，寇盗从横，轨到官，即讨破之，斩首万余级，遂威著西州，化行河右"。[②]内云之鲜卑，应指秃发鲜卑等。《晋书》卷八六《张轨传》记："永兴中（304年—306 年），鲜卑若罗拔能为寇，轨遣司马宋配击之，斩拔能，俘十余万口，威名大震。"若罗拔能，据《资治通鉴》卷八〇晋武帝咸宁四年（278 年）条云，系"树机能之党"，则其属秃发鲜卑可知。"俘十余万口"，可见当时在

---

① 《魏书》卷四一《源贺传》。
② 《晋书》卷八六《张轨传》。

河西的秃发鲜卑等势力仍然很强大，这与以后他能建立南凉不无关系。

辽东的慕容鲜卑也有一小部分迁入河西。《晋书》卷一二七《慕容德载记》云：苻坚灭前燕，慕容德也被徙于长安，"苻坚以为张掖太守，数岁免归"。德虽又从张掖返长安，但仍留下家属在张掖。德兄纳一家亦仍居张掖（见《晋书》卷一二八《慕容超载记》）。

又《晋书》等史籍记述在河西地区建立后凉、北凉、南凉等政权，先后征服了一些迁入河西的其他鲜卑部落，主要有：

1. 乙弗、折掘鲜卑。《晋书·秃发乌孤载记》云："乌孤讨乙弗、折掘二部，大破之，遣其将石亦干筑廉川堡以都之"。《资治通鉴》卷一〇八记此事于晋孝武帝太元二十年（395年）七月，下胡注云："乙弗、折掘二部，皆在秃发氏之西。廉川在湟中（今青海乐都东）。"

按乙弗系鲜卑部落，《晋书·乞伏炽磐载记》有云"乙弗鲜卑乌地延者"；又《通鉴》卷一一一，胡注亦云："乙弗，亦鲜卑种，居西海（今青海）。"《北史》卷九六《吐谷浑传》后附有"乙弗勿敌国"（即乙弗鲜卑），云在"吐谷浑北"，"国有屈海（今青海），海周回千余里，众有万落。风俗与吐谷浑同"。乙弗鲜卑何时迁入青海一带无考，唯其部确系由塞北迁入。《魏书》卷二《太祖纪》云：登国元年（386年）五月，"护佛侯部帅侯辰、乙弗部帅代题叛走"。七月，"代题复以部落来降，旬有数日，亡奔刘显"。乙弗部代题当原与居青海之乙弗鲜卑为同一部。代题可能是留于塞北而未迁青海的乙弗之一部。居青海一带的乙弗鲜卑可能征服了原来居此的羌族，故其众有万落之多。后为南凉秃发氏征服，又叛去。晋安帝义熙十年（414 年）秃发傉檀西征乙弗，西秦乘机攻占乐都，南凉亡。最后乙弗部大部并入吐谷浑中，一部分投北魏。① 又《晋书·秃发傉檀载记》、《北史·吐谷浑传》等还记乙弗附近有"契汗"一部。契汗，史籍又作"契翰"或"唾契汗"，风俗同吐谷浑，可能亦为鲜卑部落。

2. 折掘即叠掘，亦鲜卑族部落。乌孤击乙弗、折掘二部后，始能筑廉川堡，胡三省注云：二部在秃发之西，乙弗既然居青海，则折掘必在廉川堡一带，即在今青海湟水流域。

3. 意云鲜卑。《晋书·秃发乌孤载记》云：乌孤"又讨意云鲜卑，大破之"。时在后凉吕光拜乌孤征南大将军、益州牧、左贤王之时，即晋孝武帝太元二十一年（396 年）。意云鲜卑原居地无考。

4. 河南鲜卑。《通鉴》卷一〇九晋孝武帝隆安元年（397 年）记："河南鲜卑吐秖等十二部大人，皆附于秃发乌孤。"下胡注："此金城河南也。"则此河南鲜卑非指吐谷

---

① 《北史》卷一三《后妃上·文帝皇后乙弗氏传》，内云乙弗氏"先世为吐谷浑渠帅，居青海，号青海王"。妃高祖"莫瓌"。

浑，而是指在金城黄河以南的十二部鲜卑。

5. 北山鲜卑。《晋书》卷八七《李玄盛传》云："初玄盛之西也，留女敬爱养于外祖尹文。文即东迁，玄盛从姑梁褒之母养之。其后秃发傉檀假道于北山鲜卑，遣褒送敬爱于酒泉，并通和好。"此事《十六国春秋辑补》卷九三《西凉录》系于西凉建初二年（406 年），时傉檀已据有姑臧（今甘肃武威）。则傉檀送玄盛女敬爱应由姑臧至酒泉，经北山（鲜卑的北山），即今张掖至酒泉以北之合黎山及此山东之北大山。这条资料说明，当时在今合黎山、北大山一带有许多鲜卑部落，名"北山鲜卑"。

6. 鲜卑思盘部。《晋书》卷一二二《吕纂载记》云："纂番禾太守吕超伐鲜卑思盘，思盘遣弟乞珍诉超于纂，纂召超将盘入朝。"又同书卷一二九《沮渠蒙逊载记》亦云："蒙逊率骑二万东征，次于丹岭，北虏大人思盘率部落三千降之。"内云"北虏大人思盘"，应即鲜卑思盘。考其居地，在丹岭（今甘肃山丹县南燕支山）一带，即武威与张掖之间。

7. 车盖鲜卑。《晋书·秃发傉檀载记》云："……蒙逊大怒，率骑五千至于显美方亭，破车盖鲜卑而还。"则车盖鲜卑居于显美方亭一带，显美属南凉武威郡，在今武威西北。

8. 麦田鲜卑。同上书云："蒙逊进围姑臧……叠掘、麦田、车盖诸部尽降于蒙逊。"麦田系地名，在今甘肃靖远县北，麦田鲜卑即指居于麦田的鲜卑部落，以居地命名。

9. 卑和、乌啼部。《晋书·沮渠蒙逊载记》云："蒙逊西如苕藋，遣冠军伏恩率骑一万袭卑和、乌啼二虏，大破之，俘二千余落而还。"《资治通鉴》卷一一六系此事于晋安帝义熙九年（413年），下胡注云："汉有卑和羌，居鲜水海（今青海）。"同书卷一一六义熙十三年（417年）又记："河西王蒙逊遣其将袭乌啼部，大破之；又击卑和部，降之。"此事上引《沮渠蒙逊载记》亦有记载，云："蒙逊西祀金山（在今甘肃山丹县），① 遣沮渠广宗率骑一万袭乌啼虏，大捷而还。蒙逊西至苕藋，遣前将军沮渠成都将骑五千袭卑和虏，蒙逊率中军三万继之，卑和虏率众迎降。遂循海而西，至盐池（今青海茶卡盐池），祀西王母寺。"按苕藋地名，在汉张掖郡番禾县（今甘肃永昌）。② 青海又名卑和羌海、鲜水海、西海等。此称"卑和虏"，不称汉以来之"卑和羌"，故知卑和虏非羌部。按上述青海一带当时是乙弗鲜卑所居之地，故所谓"卑和虏"应即乙弗鲜卑之异称，以居地命名。乌啼虏居地，据《通鉴》卷一一八胡注："乌啼虏居张掖删丹县金山之西。"南北朝史籍一般称鲜卑为"虏"或"白虏"，故疑乌啼部也为鲜卑部落。

此外，在河西敦煌之西、今新疆吐鲁番以东还有一些鲜卑部落。《晋书》卷三《武帝纪》记："咸宁二年（276年）

---

① 《资治通鉴》卷一〇九，晋安帝隆安元年，胡注："《五代史志》：张掖删丹县有金山。"
② 《资治通鉴》卷一〇九，晋安帝隆安元年，胡注。

秋七月，鲜卑阿罗多等寇边，西域戊己校尉马循讨之，斩首四千余级，获生九千余人，于是来降。”按西晋西域戊己校尉治高昌（今新疆吐鲁番东高昌故城），则阿罗多部鲜卑当离高昌不远。此地鲜卑由来已久，早在东汉桓帝时（147—167年），漠北鲜卑首领檀石槐曾建立一个草原部落军事大联盟，其西达乌孙（今巴尔喀什湖东南），“尽据匈奴故地”。檀石槐分其地为中东西三部，“从上谷（治今河北怀来东南）以西至敦煌，西接乌孙为西部，二十余邑”。① 上述西晋时“鲜卑阿罗多”部，原可能即檀石槐军事大联盟西部之一。

综上所述，自魏晋以来，内迁至西北地区的鲜卑种类繁多，分布很广，势力强大。除著名的慕容（吐谷浑）、段氏、拓跋（秃发）、乞伏，以及南北朝时建立北周的宇文等鲜卑外，还有许多不同种类的鲜卑部落迁至西北地区。他们的分布：东起陕西潼关，西至新疆吐鲁番，北从河套，南到四川西北。到南北朝时，随着北魏、柔然和吐谷浑等政权的势力向西扩展，新疆的东部（伊吾、高昌、鄯善、焉耆、若羌、于阗等地）也成了鲜卑人统治的地区之一。在这些鲜卑部落之中，乞伏、秃发、吐谷浑势力最强，他们先后在十六国时期征服了原居于西北的汉、氐、羌、卢水胡、丁零

---

① 《三国志·魏志》卷三〇《乌丸鲜卑东夷传》，注引王沈《魏书》。

等族，建立了西秦、南凉和吐谷浑三个政权，对中国西北地区的历史发生了巨大的影响。鲜卑族大量迁入西北，对于开发和建设西北作出了巨大的贡献，而且对于中西陆路交通的昌盛，有过不可磨灭的功绩。古代民族的迁徙又是民族融合、同化的先决条件；大量迁入西北的鲜卑族，最后经过不同的途径，大都融合到汉族之中。

（原载于《民族研究》1983 年第 5 期）

关于柔然社会经济和
政治制度的初步研究

　　柔然是中国历史上北方一个古老的民族，活动在东晋十六国、南北朝分裂时期。继匈奴、鲜卑之后，崛起于蒙古草原，而后又被其奴役的突厥所灭，存在时间约有一百五十多年，对中国内地、西北的新疆，甚至中亚都发生过重大的影响。其盛时，统治的地区北达贝加尔湖，西至新疆北部，东到朝鲜之西，南隔戈壁与北朝相接。其历史是中国历史的一部分。长期以来，由于资料缺乏，国内对柔然史的研究十分薄弱。① 本文拟就柔然社会经济和政治制度作一初步的探讨。

---

① 据我所知，除 1949 年前冯家升先生写有《蠕蠕国号考》(《禹贡》第 7 卷，8、9 合期) 和 1949 年后中国科学院历史研究所史料编纂组编《柔然资料辑录》(中华书局 1962 年版) 外，有关柔然的专题论著很少。

一、柔然的社会经济

柔然，中国史籍又记作蠕蠕、蝚蠕、芮芮、茹茹等。《魏书》卷一〇三《蠕蠕传》说："蠕蠕，东胡之苗裔也。"[①] 根据其他许多资料及中外学者的研究，上述结论基本上是正确的。换言之，柔然源于东胡鲜卑，与拓跋鲜卑同源，属阿尔泰语系蒙古语族。[②] 4 世纪初，当柔然始祖木骨闾从拓跋鲜卑的部落联盟中分离出来时，他仅是一个以木骨闾为中心的氏族部落。木骨闾子车鹿会自号柔然后，成为拓跋鲜卑部落联盟中一个"部帅"。那时，柔然与拓跋鲜卑的情况基本相同，也是处于以游牧经济为主的部落联盟阶段。他游牧的地区大致在拓跋鲜卑的北部和西北部，包括漠北和漠南的广大地区。所以，《魏书·蠕蠕传》说，车鹿会时，柔然"冬则徙度漠南，夏则还居漠北"。

至北魏天兴五年（402 年），柔然社崙摆脱了拓跋鲜卑

① 按《魏书·蠕蠕传》原已佚，现存此传是宋人据《北史·蠕蠕传》所补成。虽然《北史·蠕蠕传》无此句，但根据其他资料，证明这一结论基本正确。

② 伯希和著，冯承钧译：《汉语突厥名称之起源》，《西域南海史地考证译丛续编》，商务印书馆 1934 年版；白鸟库吉著，方壮猷译：《东胡民族考》下编，商务印书馆 1934 年版，第 65—84 页；冯承钧：《高昌之西徙与车师鄯善国人之分散》，载《辅仁学志》第 11、12 期等。

（北魏）的控制，先后征服了在蒙古草原上游牧的其他民族的部落，统一漠北，形成了一个以柔然、高车、匈奴等族组成的政权。这个政权与进入中原、建立北魏的拓跋鲜卑走上了不同发展道路。拓跋鲜卑自4世纪末进入中原，逐渐向早期封建制转化。[1] 而柔然仍据大漠南北，保存了原有以牧畜为主的经济结构。

柔然的社会经济与以前在蒙古草原建国的匈奴十分相似。中国史籍多次提到，柔然是"随水草畜牧"；[2] "所居为穹庐毡帐……马畜丁肥，种众殷盛"；[3] "无城郭，逐水草畜牧，以毡帐为居，随所迁徙"。[4] 水草丰美的大漠南北，自古是游牧的地方，那里"深山则当夏积雪，平地则极望数千里，野无青草，地气寒凉，马牛龁枯噉雪，自然肥健"。[5] 柔然的畜牧业是十分发达的，牲畜的数量很惊人。如早在东晋太元十年（385年），铁弗匈奴刘头眷袭击在意辛山（今内蒙古锡拉木伦河北）游牧的柔然别部肺渥时，一次就"获牛羊数十万头"。[6] 北魏太平真君十年（449

---

① 关于拓跋魏早期封建化问题，请参见马长寿：《乌桓与鲜卑》，1962年上海人民出版社出版，第262—318页；唐长孺：《魏晋南北朝史论丛》，三联书店1955年版，第193—284页等。

② 《魏书》卷一〇三《蠕蠕传》。

③ 《南齐书》卷五九《芮芮虏传》。

④ 《宋书》卷九五《索虏传》芮芮条。

⑤ 《宋书》卷九五《索虏传》芮芮条。

⑥ 《魏书》卷二三《刘库仁传》。

年），北魏军队深入漠北击柔然，仅略阳王羯儿一支部队，就"尽收其人户畜产百余万"。①

柔然饲养的牲畜中，马是很重要的。中国史籍每次提到柔然向北魏发动袭击，动辄就是十万骑或三十万骑。正因为柔然使用骑兵，"风驰鸟赴，儵来忽往"，② 形成了一支威震漠北的力量。马匹还是柔然向内地其他政权贡献的礼品和贸易的物品。如北魏天赐四年（407年），柔然社崙为了结好后秦，共抗北魏，"献马八千匹于姚兴"。③ 北魏永兴三年（411年），柔然斛律求与北燕冯跋和亲，"献马三千匹"。④ 柔然阿那瑰长女嫁与西魏文帝时，携"马万匹"。⑤ 可见柔然养马的数量是很多的。此外，牛、羊也是柔然饲养的主要牲畜。北魏多次进攻漠北，由柔然人那里俘掠的牛、羊数目动辄几十万只，可谓"马畜丁肥"。骆驼也是柔然饲养的牲畜之一。《北史》卷一三《后妃列传上》记，阿那瑰长女嫁与西魏文帝时，还随带有"馲（骆驼）千头"。

5世纪以后的柔然游牧的情况，大致还是"冬则徙度漠南，夏则还居漠北"。主要原因是冬季漠北严寒，饲料缺

---

① 《魏书》卷一〇三《蠕蠕传》。
② 《北史》卷九八《蠕蠕传》。
③ 《晋书》卷一三〇《赫连勃勃载记》；《魏书》卷二八《贺狄干传》。
④ 《晋书》卷一二五《冯跋载记》。
⑤ 《北史》卷一三《后妃列传上·文帝悼皇后传》。

乏，牲畜容易大批死亡，其次，还有与北魏进行贸易或掠夺边地的目的在内。北魏神䴥二年（429 年），崔浩劝魏太武帝拓跋焘伐柔然时曾说，柔然"夏则散众放畜，秋肥乃聚；背寒向温，南来寇抄"。① 中国史籍所载柔然袭击北魏边境的时间，也大都在秋、冬两季。

对游牧民族来说，狩猎是游牧经济的一种重要补充，是游牧民的衣食来源之一。匈奴、柔然及以后兴起于蒙古草原的突厥、蒙古都是如此。狩猎还能训练青年，使之迅速成长为"战士"。尽管中国史籍中，很少有关柔然从事狩猎的记载。② 但据《魏书·蠕蠕传》，早在车鹿会时，柔然向拓跋魏"岁贡马畜、貂豽皮"。《南齐书》、《梁书》等也多次提到，柔然向齐、梁政权贡献"貂皮杂物"，"遣使献乌貂裘"，"献师子皮袴褶"等。③ 这些贡品，大部分就是通过狩猎获得的野兽皮毛。又北魏凉州刺史袁翻在上表论安置柔然婆罗门于西海（今内蒙古居延海西）时也说："且西海北垂，即是大碛，野兽所聚，千百为群，正是蠕蠕射猎之处。殖田以自供，籍兽以自给，彼此相资，足以自固。"④ 可见

---

① 《魏书》卷三五《崔浩传》。
② 仅见于《南齐书·芮芮虏传》，内云："建元元年（479 年）八月，芮芮主发三十万骑南侵，去平城（今山西大同）七百里，魏虏拒守不敢战，芮芮主于燕然山下纵猎而归。"
③ 《南齐书·芮芮虏传》；《梁书》卷五四《西北诸戎传》芮芮条。
④ 《魏书》卷六九《袁翻传》。

狩猎在柔然经济中占有一定的地位。

柔然同匈奴一样，基本上是随水草游牧，居穹庐毡帐。但在后期也修建城郭。关于匈奴在漠北修建城郭，见于中国史籍和考古发掘资料。① 据《梁书》卷五四《西北诸戎传》内芮芮条的记载："天监中（约510年），始破丁零。复其旧土。始筑城郭，名曰木末城。"此言自梁天监中，柔然开始建筑城郭。所建之木末城在何处？目前还没有资料来说明，大约柔然筑此城是为了控制丁零（即"高车国"），故可能在鄂尔浑河畔柔然王庭的西南。考木末城之名源于北魏。《南齐书》卷五七《魏虏传》记，北魏道武帝拓跋珪（字涉圭）子名木末（即拓跋嗣），"什翼珪（即拓跋珪）始都平城，犹逐水草，无城郭，木末始土著居处"。木末即北魏明元帝拓跋嗣。木末或其字。《南齐书》说木末时，拓跋鲜卑"始土著居处"是不够确切的。据《魏书》卷一〇五《天象志三》，在北魏天赐三年（406年），拓跋珪曾"发八部人，自五百里内缮修都城，魏于是始有邑居之制度"。可见拓跋魏自都平城后，已有邑居、筑城之举，而非

---

① 见《史记》卷一一〇《匈奴列传》；卷一一一《卫将军骠骑列传》；[苏] C. B. 吉谢列夫：《蒙古的古代城市》，载《苏联考古学》1957年第2期；[蒙] 和·普尔赉：《匈奴三城的遗址》（新蒙文），乌兰巴托科学委员会1957年版。

始自木末。拓跋珪所筑之平城，是以中原都邑为蓝本的。①
到了木末时，扩大了对平城的修建，于北魏泰常七年（422
年）九月，"辛亥，筑平城外郭，周回三十二里"；十月，
"广西宫，起外垣墙，周回二十里"。正因为木末继承其父
扩大修筑平城外郭、宫室，促使拓跋鲜卑逐渐由游牧转向定
居。所以，《南齐书》有上述不够确切的记载。而木末扩大
修筑平城的事传到了漠北，柔然人仿照北魏所筑平城，也开
始修建城郭，并命名为木末城。从这一命名，可以想见柔然
所筑的木末城大概是以平城为蓝本的。尽管柔然在后期开始
修建城郭，但以游牧为主的经济决定了他们的生活方式，城
郭不过是柔然王族冬季或夏季的居住地而已。

柔然在后期，也有了农业。同匈奴一样，柔然的农业可
能也主要是由掳掠来的汉族奴隶从事的。北魏正光三年
（522 年），阿那瓌投降了北魏，被安置在怀朔镇（今内蒙古
大青山后固阳县白灵淖城）北后，曾"上表乞粟，以为田
种，诏给万石"。② 上引袁翻奏请安置柔然婆罗门部于西海
时，也说婆罗门在西海可以"殖田以自供"。此外，北魏曾
多次赠给阿那瓌"新干饭"、"麻子干饭"、"麦麨"、"榛
麨"、"粟"，可见柔然并非完全不知"粒食"，而是渐知

---

① 《魏书》卷二三《莫含附孙题传》云："后太祖（拓跋珪）欲广
宫室，规度平城四方数十里，将模邺、洛、长安之制，运材数百
万根。以题机巧，征令监之。"
② 《魏书》卷一〇三《蠕蠕传》。

"粒食"。但农业在柔然经济中并没有占一定的地位，其发展的程度，可能比匈奴还略逊一筹。这正如北魏遣至阿那瓌处赈恤的元孚所说："皮服之人，未尝粒食，宜从俗因利，拯其所无……乞以牸牛产羊餬其口命。且畜牧繁息是其所便，毛血之利惠兼衣食。"①

柔然的手工业主要有冶铁、造车、制铠、制造穹庐、毡帐、毛毡等类别。

蒙古草原进入铁器时代，大约是在公元前 3 世纪匈奴时期，这已为在漠北发掘的数百个匈奴墓葬出土的大量铁工具、武器所证明。比匈奴晚得多的柔然，自然早已使用铁器。苏联早期考古学家波罗夫卡（Г. Ж. Боровка）曾在 1925 年于蒙古土拉河畔的诺颜歹·斯穆发掘了一座属公元 4—5 世纪的贵族墓葬。一般外国学者们认为，此墓可能属于柔然贵族墓葬。这恐怕是目前我们所知有关柔然的唯一一处考古遗迹。出土的器物中，就有铁制的刀、箭镞、马嚼、马镫等物。② 又《魏书》卷二《太祖纪》记载北魏材官将

---

① 《魏书》卷一八《临淮王谭附孚传》。
② ［苏］波罗夫卡：《土拉河流域的考古探查》，载科兹洛夫编辑的《蒙古西藏考察队北蒙古调查探险预报》第 2 卷，1927 年列宁格勒出版。原书未查到，此系转引自日本《东洋文化史大系》第 2 卷汉魏六朝时代，1938 年出版，第 278—279 页；日本《世界历史事典》第 23 卷《史料篇·东洋》，平凡社 1955 年版，第 49 页；马长寿：《突厥人和突厥汗国》，上海人民出版社 1957 年版，第 9—10 页。

军和突破柔然社崙于山南河曲，"获铠马二千余匹"。这种装备马的"铠"，可能也为铁制。中国史籍还记载：柔然奴役下的突厥部是其"铁工"。^① 那么，突厥所在的金山（今阿尔泰山）之阳，自然就成为柔然一个巨大的冶铁手工业基地。这里生产的铁器主要供给柔然王庭，是自不待言的。

柔然同匈奴一样，也会制造车，并用车作交通运输工具。上引阿那瓌长女嫁至西魏时，随行有"车七百乘"。北魏神䴥二年（429年），北魏军队深入漠北，"凡所俘虏及获畜产、车、庐，弥漫山泽，盖数百万"。^② 可见柔然的车很多，应用也广。他们制造和使用的车是什么形式呢？据《魏书》卷一八《临淮王谭附孚传》，元孚幡劳阿那瓌，被拘留，"载以辒车，日给酪一升，肉一段"。辒车即匈奴使用的车名。^③ 可见柔然制造和使用的车至少有一部分与匈奴的辒车相同。匈奴的车子曾在蒙古诺颜乌拉匈奴墓葬中发现。^④ 车的制造是木器、铁器等手工业的综合应用。柔然人能生产大批的车，说明他们的木器、铁器等手工业还是较发达的。

游牧经济另一个特点是它本身带有商品交换性质，柔然

---

① 《周书》卷五〇《异域下·突厥传》等。
② 《魏书》卷三五《崔浩传》。
③ 《汉书》卷八七下《扬雄传》附《长杨赋》及应劭注。
④ ［苏］鲁金科：《匈奴的文化和诺颜乌拉的墓葬》，莫斯科—列宁格勒1962年版，第48—51页。

周伟洲学术经典文集

经济也不例外。据我们所知，柔然同中亚及中原汉族地区有着广泛的商业交往。他们用牲畜、畜产品来换取这些地区的丝绸、粮食、铁器及一些日用品。上述土拉河畔柔然贵族墓葬中还出土了一些汉式铜镜残片和汉式丝绸，以及中亚波斯萨珊王朝式的丝织品。显然，前者是柔然人从内地的中原地区输入的；而后者是从公元3世纪以来建国于中亚的波斯萨珊王朝境内输入的。柔然与中原内地的贸易十分频繁，这是自古以来蒙古草原游牧民族与内地经济联系的强有力的纽带。北魏正光四年（523年）元孚关于赈济阿那瓌表中说："又贸迁起于上古，交易行于中世。汉与胡通，亦立关市。今北人（柔然）阻饥，命悬沟壑，公给之外，必求市易。彼若愿求，宜见听许。"① 元孚这番话，道出了自古以来蒙古草原与内地贸易的重大意义。

此外，柔然与中原、中亚等地交易频繁，还可以从当时这些地区流行的佛教传入柔然得到证明，这种情况就如同后来唐代漠北的回鹘因与中亚粟特人贸易，而信摩尼教一样。柔然统治阶级信奉和传播佛教的资料很多，如现存大同云冈石窟第十八窟窟门壁上，留有柔然（茹茹）可敦崇佛的题铭等。② 佛教文化之传入柔然，是与当时频繁的商业交往分

① 《魏书》卷一八《临淮王谭附孚传》。
② 关于柔然流行佛教及云冈石窟茹茹题铭，见拙著《关于云冈石窟的"柔然题铭"》，《西北历史资料》第1期（内刊）。

不开的。

从以上柔然社会经济情况看，柔然同匈奴一样，是以游牧为主，其次是狩猎和农业，各种手工业也较发达，并与中原和中亚等地有着广泛的商业贸易关系。但是，从现有资料看，柔然整个经济发展水平并没有超过匈奴。

二、柔然国家政权的建立及其政治制度

公元 4 世纪末，当柔然作为拓跋鲜卑部落联盟的成员时，他已经开始不断地兼并邻近的其他氏族和部落。① 在一系列的兼并、掠夺战争中，柔然部落的首领和酋长们积聚了大量的奴隶和财富，出现了世袭的贵族权力。恩格斯在其名著《家庭、私有制和国家的起源》中写道："掠夺战争加强了最高军事首长以及下级军事首长的权利；习惯地由同一家庭选出他们的后继者的办法，特别是从父权制确立以来，就逐渐转变为世袭制，人们最初是容忍，后来是要求，最后便僭取这种世袭制了；世袭王权和世袭贵族的基础奠定下来了。"② 柔然的贵族世袭制大约形成于 4 世纪末车鹿会时，

---

① 《魏书·蠕蠕传》云，木骨闾从拓跋部分离后，"收合逋逃，得百余人，依纯（纯）突邻部"；到其子车鹿会时，"始有部众，自号柔然"。

② 恩格斯：《家庭、私有制和国家的起源》，《马克思恩格斯选集》第 4 卷，人民出版社 1972 年版，第 160 页。

其中王的世袭权力基本上摆脱了"兄终弟及"的较为原始的承继制，而是由父子相袭。从车鹿会以下均为子传，一直到柔然灭亡基本上均是如此。①

在车鹿会至社崙共约五代的时期内，柔然的氏族、部落逐渐发生了变化。在不断的掠夺战争中，许多新的氏族、部落并入了柔然联盟;② 而柔然原有的氏族、部落也因在强大的拓跋鲜卑的进攻下，逐渐瓦解或重新组合。《魏书·蠕蠕传》记，北魏登国六年（391 年），魏军大破柔然于南床山（今蒙古国南席勒山），"虏其半部"。以后，柔然西部缊纥提部几乎全被北魏所俘获，迁入云中，"分配诸部"。至北魏登国九年（394 年），社崙与数百人逃回漠北，并柔然东部，又先后征服漠北的高车、匈奴余部拔也稽部等。这样，柔然原氏族、部落所赖以维持的血缘关系遭到破坏。于是，产生了"按地区来划分它的国民"的必要性，这是"国家和旧的氏族组织不同的地方"。③ 这里必须指出：尽管柔然原有的氏族、部落血缘关系遭到破坏，但由于游牧民必须结

---

① 见《北史·蠕蠕传》。只有在特殊的情况下，柔然可汗的承继才由原可汗之兄或叔继承。

② 如木骨闾所依附的纯（纥）突邻部，其中有一部分后并入柔然。与纯突邻同在意辛山一带游牧的纥奚部也有一部分并入柔然。《魏书·蠕蠕传》就记载柔然曾遣使纥奚勿六跋向魏朝贡。此人原为纥奚部人。

③ 恩格斯：《家庭、私有制和国家的起源》，《马克思恩格斯选集》第 4 卷，人民出版社 1972 年版，第 166 页。

合在一起，发展生产，防御外敌，否则就不能生存下去。所以，尽管旧的以血缘关系为基础的氏族、部落遭到破坏，但新的氏族、部落又重新集结和发展起来。这种新的氏族、部落实质上已不再是完全建立在血缘关系基础上的氏族单位，而是一种按地域和经济关系组成的军事行政单位，即我们下面将要谈到的"军、幢"组织。

同时，在柔然内部，世袭的可汗和酋长、大人等以及一部分平民，通过掠夺战争获得了大量的财富和奴隶；而有的平民因日益穷困，逐渐依附于贵族，有的甚至沦为奴隶。这样，就逐渐形成了统治阶级和被统治阶级。列宁指出："历史告诉我们，国家这种强制人的特殊机构，只是在社会分为阶级，即分为两种集团，其中一种集团能够经常占有另一种集团的劳动的时候和地方，只是在人剥削人的地方才产生出来的"。[1]北魏天兴五年(402年)，柔然社崙统一漠北，立军法，建立军队，学中原内地立法，初步具有早期国家的特点。

柔然早期国家的政治制度是怎样的呢？《宋书》卷九五《索虏传》说，柔然的"国政疎简"。据现有的资料，柔然最高统治者称"可汗"，他是整个柔然至高无上的君主，[2]相当于匈奴的单于。其下又设许多大臣，辅佐可汗管理内外

---

[1] 列宁：《论国家》，《列宁选集》第4卷，人民出版社出版1972年，第45页。

[2] 可汗一词，可能源于鲜卑语。关于此词来源及意义，请参见上引白鸟库吉：《东胡民族考》上编，汉译本，第64—72页。

事务。① 按柔然的风俗，"君及大臣因其行能即为称号，若中国立谥；既死之后，不复追称"。柔然每一个可汗基本上都有自己的"号"，如社崘号"丘豆伐"（《北史》作"豆代"），即驾驭开张之意。因社崘为柔然开国之主，故按其行能为此称号。以后每一可汗大率如此。② 至于大臣立号，可考的则有莫弗（莫何或莫贺弗等）、莫缘等。莫弗之意为勇健者，或酋长之意。③ 莫弗最初可能是原始部落中对勇健人的称呼，后来这些勇健者大都成了酋长、首领。因此莫弗一词遂变为对酋长、首领的专称。柔然大臣或别部帅名前，往往冠以莫弗或莫弗去汾之称号。可能此号既为官职名，也有名号勇健者之意在内。又《魏书》卷九《肃宗纪》云：神龟二年（519 年）十一月，有"蠕蠕莫缘梁贺侯豆率男女七百人来降"。按《隋书》卷八四《突厥传》记：突厥"启明（可汗）上表陈谢曰……大隋圣人莫缘可汗怜养百姓……"则"莫缘"当为一种名号，或也为柔然之官号，④

----

① 如《魏书·蠕蠕传》云，柔然可汗斛律手下有大臣树黎、勿地延等。
② 《魏书》卷一〇三《蠕蠕传》。
③ 《通典》卷一九七《突厥》云："其勇健者，呼英（莫）贺弗。"《隋书》卷八四《室韦传》云："每部置莫何弗以贰之。"又《辽史》卷一一六《国语解》："莫弗纪诸部首长称，又云莫弗贺。"
④ 此说见《柔然资料辑录》（中华书局1962年版）第202页。按莫缘也有为姓氏者。《魏书·蠕蠕传》记有阿那瓌"遣使侯利、莫何莫缘、游大力等朝贡"。因同书后记游大力仅为"侯利、莫何"，故知此莫缘当为人名。

其意可能即"圣人"。①

关于柔然的大臣，也有名号和等级，试析如下：

国相 《南齐书·芮芮虏传》记有柔然国相希利垔、邢基祗罗迴。此职相当内地政权的丞相，主要掌管行政、外交，是文官之首。

国师 《大藏经·高僧传》第八《释法瑗传》云，法瑗"第二兄法爱亦为沙门，解经论兼数术，为芮芮国师，俸以三千户"。此职由僧人担任，可能主要掌佛教事务。

俟力发（俟匿伐） 《魏书·蠕蠕传》记，阿那瓌立为可汗后十日，"其族兄俟力发示发率众数万以伐阿拉瓌"。后阿那瓌"从父兄俟力发婆罗门率数万人人讨示发"。同书还记有："蠕蠕后主俟匿伐来奔怀朔镇，阿拉瓌兄也。"显然，俟力发或俟匿伐乃柔然官号，也有以此号为姓者。上述柔然后主俟匿伐即是。②此位极崇，掌一方之军政，以上三例均阿那瓌兄任之。又此官名也为突厥所继承。《通典》卷一九七《突厥》等记，突厥可汗之号，"犹古之单于也，号其妻为可贺敦，亦犹古之阏氏也。其子弟谓之特勒（勤），

---

① 上引《隋书·突厥传》启民上表中还云："圣人可汗"、"圣人先帝莫缘可汗"、"圣人先帝"等。据此，即疑莫缘乃圣人之意。中国史籍译写少数民族词意，也有将音译与意译联在一起书写的。
② 又《魏书》卷一一三《官氏志》云："俟力伐氏后改为鲍氏。"北魏俟力伐氏当为柔然俟力发氏投魏者，以官号为氏（见姚薇元：《北朝胡姓考》，中华书局1962年版，第94—95页）。

别部领兵者谓之设，其大官屈律啜，次阿波，次颉利发，（次）吐屯，次俟斤"；"其后，大官有叶护，次设，（次）特勒（勤），次俟利发，次吐屯发，余小官凡二十八等，皆代袭焉"。其中颉利发、俟利发，即柔然之俟力发。按蒙古鄂尔浑河畔出土之著名突厥文阙特勤碑上，俟力发音为eltäbir。① 又吐鲁番发现之《北魏折冲将军薪兴令造寺碑》上有高昌王号，内就有"希利发"之名号，希利发即俟利发。此碑立于北魏太延元年（435 年）。②

吐豆发 《魏书·蠕蠕传》记：东魏武定四年（546年），"阿拉瓖遣其吐豆发（《北史》殿本作"登"）郁久闾汗拔、姻姬等送女于晋阳"。又《北齐书》卷四《文宣帝纪》亦有柔然"吐头发郁久闾状延"；《魏书》卷五八《杨播附传》记有阿那瓖从祖吐豆发。吐豆发，应即上引《通典》文中仅次于俟利发之吐屯发。上引三例均为柔然王族郁久闾氏，可见此位也较崇。上引《高昌宁朔将军麹斌造寺碑》后，又有"波多旱谕屯发高昌令麹乾固"的题名。据伯希和考订，"谕屯发"，即"吐屯（tudun）发"的

---

① 岑仲勉：《突厥集史》下册，中华书局 1958 年版，第 885、902、904 页等。
② 王树枏：《新疆图志》卷八九《金石二》，民国聚珍仿宋印书局线装本，第 26 页；黄文弼：《吐鲁番考古记》，科学出版社 1954 年版，第 54 页。

异译。①

俟利　柔然又有官号俟利，如《魏书》、《北史》的《蠕蠕传》记有，俟利、莫何莫缘，俟利折豆浑侯烦，俟利阿夷、弃之伏、普掘蒲提。俟利、莫何游大力，阿那瓌从弟登注俟利等。②《北齐书·文宣帝纪》还记有，俟利蔼焉力娄阿帝，俟利郁久闾李家提等。正如前人所指出：上述俟利发、吐屯发，是俟利、吐屯加词尾 put 组成。其职均次于加词尾 put 者，何意已不可考。③ 又《姓氏书辨证》二二云："其官者俟利，犹中国方伯也。"

吐豆登（吐屯）　《北史·蠕蠕传》记，东魏兴和四年（542 年），阿那瓌遣吐豆登郁久闾瞽掘送女于晋阳。又记有"吐豆登郁久闾瞽浑"、"吐豆登郁久闾匿伏"等。或云吐豆登为吐豆发之讹，登、发形近，致误的可能是存在的。④ 但如果柔然确有此官号，则显然为上引突厥之吐屯，此职在俟利发、吐豆发和俟利之下。《太平广记》卷二五〇

① ［法］伯希和撰，冯承钧译：《中亚史地译丛》，《辅仁学志》第 3 卷第 1 期。

② 《北齐书·文宣帝纪》云："瓌从弟登注俟利发，注子库提并拥众来奔。"《北史·蠕蠕传》记"发"为"登"，如此，则应断为"登注俟利、登注子库提……"今从《北史》。

③ 上引伯希和《中亚史地译丛》；又见白鸟库吉：《东胡民族考》下编，汉译本，商务印书馆 1934 年版，第 45 页。按，"发"字在突厥文碑中作 put 或 bor、bir，学者一般译作"匐"或"伯克"。

④ 如上引《北史》的"吐豆登郁久闾瞽浑"，《魏书》就作"吐豆发都久闾瞽浑"，两者当有一误。

谓，突厥之吐屯即相当于内地汉族政权中的御史一职。

俟斤 《魏书·蠕蠕传》记，柔然于北魏延昌四年（515年）遣"俟斤尉比建"朝贡。《资治通鉴》卷一四八梁武帝天监十六年（517年）十二月记为"俟斤尉比建"。下胡注云："俟斤，柔然大臣之号。俟，渠希翻。"知上引"俟斤"为"俟斤"之误。又《魏书·蠕蠕传》还记有"俟斤丘升头"；同书卷四四《费于附传》记有"俟斤十代"等。《魏书·官氏志》云："奇斤氏改为奇氏。"按俟斤即奇斤。俟、奇同音。① 奇斤氏即《魏书·高车传》中高车六氏中的"异奇斤氏"。俟斤原为官号，后转为姓。② 疑柔然此官号来自高车，以后突厥又袭自柔然，其位在吐屯之下。

莫弗、莫何去汾 上已言之，莫弗意为勇健者，后转为酋长之称。在柔然那里，此号又是官号，有别部帅之意。③ 莫何去汾，应为莫弗后加词尾"去汾"，其意不明。文献记载柔然此号者甚多，如"莫何去汾比拔"、"莫何去汾李具列"、"莫何去（汾）折豆浑十升"等。④ 按莫弗一名，早在蒙古草原其他游牧民族中流行，如东胡乌桓在慕容后燕

---

① 陈毅：《魏书官氏志疏证》，清光绪二十三年刻本。
② 姚薇元：《北朝胡姓考》，科学出版社1958年版，第144—146页。
③ 《魏书·蠕蠕传》记，北魏太安四年（458年）有柔然"莫弗乌朱贺颓率众数千落来降"。同样记事又见同书卷五《高宗纪》，内"莫弗"译作"别帅"。
④ 《魏书》卷一〇三《蠕蠕传》。

时，"有乌桓渠帅莫贺咄科勃"。① 其他如室韦、高车、乌洛侯、契丹等部均有此号。

以上为目前可考的柔然大臣官号及等级，除国相、国师主要是掌行政、外交和宗教事务外，其余官职皆主典军事、民政。柔然同匈奴一样，是一个游牧的军事政权，从可汗、大臣一直到基层都按军事编制。每个牧民平时放牧牲畜，战时人人皆拿起武器，成为战士。柔然的官制是与此相适应的。

柔然自木骨闾后，传至六代地粟衰的儿子时，其管辖地区就开始分为东西两部分："长子匹候跋继父居东边，次子缊纥提别居西边"。社崙统一漠北后，这种东西分治的措施，一直保存下来。《魏书·蠕蠕传》说，大檀未立为可汗前，"先统别部镇于西界"，即镇守西部。同书又说，北魏神䴥二年（429 年），北魏军队深入漠北，有大檀弟匹黎，"先典东落，将赴大檀……"可见柔然将其统治地区分为东西两部，由可汗及其兄弟分掌之。我们知道，匈奴在分裂为南北二部之前，也把自己统治地区分为两部，即左部和右部，以左、右贤王分统之。继柔然兴起于漠北草原的突厥同样分为东西两部，设官驻兵。其中原因，可能是"由于蒙古草原的地势辽阔，族部复杂，故统治阶级常分为东西二

---

① 《通典》卷一九六《乌桓》。

部，设官驻兵，以统治之"。①

在东西两大部之下，各又分为许多部，每部置大人管理。《魏书·蠕蠕传》记高车有叱洛侯，因引导社崙破高车诸部，故"社崙德之，以为大人"。又记北魏神䴥二年，魏军入漠北，大檀弟匹黎率东部与大檀会合，遇魏长孙翰军，"翰纵骑击之，杀其大人数百"。同书卷二六《长孙肥附翰传》记作"斩其渠帅数百人"。即是说，大人又可译作渠帅，且魏军一次攻杀柔然东部大人数百，可见柔然确系"种众殷盛"。

在各部大人所统的部众之下，还设置了统千人之军将和统百人之幢帅。军、幢的组织既是柔然军队的基础单位，又是行政基层单位。同时，这种组织又是与其氏族、部落的组织一致的。这是因为柔然同匈奴一样是一个军事游牧政权，其各级长官一般均由军事首领兼行政长官，所有成年壮丁均编为骑兵。在行军时，每个骑兵都携带着自己的牲畜、妻孥和奴隶。② 这种情况，从匈奴一直到成吉思汗的蒙古人都是如此。总之，匈奴、柔然等处于游牧经济阶段的草原民族在政治制度上仍保持着军事民主的特点。军事与行政的统一，乃是早期游牧奴隶制国家的一个重要特征。

① 马长寿：《突厥人与突厥汗国》，上海人民出版社1955年版，第23页。
② 《魏书》卷五四《高闾传》高闾上表中云：柔然"战则与家产并至，奔则与畜牧俱逃"，就是一证。

柔然军、幢基层战斗单位，是在社崙征服漠北高车各部之后建立起来的。这种建置是柔然从北魏那里继承而来。《通鉴》卷一一二晋安帝元兴元年（402 年）正月胡注云："军将、幢帅皆魏制，社崙盖效而立之"。① 此说极是。按《魏书·官氏志》云：北魏拓跋珪在登国元年（386 年）置都统长，"又置幢将及外朝大人官……幢将员六人，主三郎卫士直宿禁中者"。以后，幢将又有内外之别，内（都）幢将可能宿卫禁中，外幢将为一般军事编制。《魏书》卷三〇《豆代田传》云代田曾"领内都幢将"。又《宋书·索虏传》云："汝南城内有虏（北魏）一幢，马步可五百。"此为外幢将，且其一幢有马步五百，与柔然一幢百人不同。北魏军将之设始于何时，已不可考。但确有此制，如《魏书》卷四二《尧暄传》云："暄聪了，美容貌，为千人军将、东宫吏。"此军将也统千人，与柔然同。

"幢"的军事编制还见于内地北凉政权。近年从新疆吐鲁番哈喇和卓古墓群发掘出土的"北凉义和三年（433 年）兵曹条知治幢墼文书"、"兵曹行罚幢、校文书"等，可知

---

① 《资治通鉴》卷一二一，宋文帝元嘉七年（430 年）胡注又云："百人为幢，幢有帅，柔然之法也。"将魏军、幢建置说成袭自柔然，与上引注矛盾，应以上注为确。

北凉也有幢的建置。①

　　柔然是否同匈奴一样也存在着所谓"各部大人联席会议"？史未明言。不过，柔然与匈奴一样，设有"常所会庭"，② 还有资料说明柔然可汗的继承发生问题时，柔然的部众可以推举新可汗继位。北魏永兴二年（410 年），社崙死后，"其子度拔年少，未能御众，部落立社崙弟斛律"；又北魏太和十六年（492 年），柔然可汗豆崙数为高车阿伏至罗所败，其叔那盖累胜捷，"国人咸以那盖为天所助，欲推那盖为主，那盖不从，众强之"，后"众乃杀豆崙母子，以尸示那盖，那盖乃袭位"。③ 从以上事可推知，柔然同匈奴一样，存在着各部首领的联席会议，决定可汗继承等问题。这种带有军事民主特点的会议，自匈奴起直到蒙古（称库利台尔大会）均是如此。

　　《魏书·蠕蠕传》曾引北魏崔浩语云："今社崙学中国立法，置战陈，卒成边害。"除上述的军、幢的建置外，中国史籍未详记柔然学习北魏什么立法。仅记载了社崙所立之军法："先登者赐以虏获，退懦者以石击首杀之，或临时捶挞。"柔然最初所立之如此简约的军法，反映了以掠夺战争

① 新疆博物馆考古队：《吐鲁番哈喇和卓古墓群发掘简报》；唐长孺：《从吐鲁番出土文书中所见的高昌郡县行政制度》。二文均载于《文物》1978 年第 6 期。
② 《魏书》卷一〇三《蠕蠕传》。
③ 《魏书》卷一〇三《蠕蠕传》。

为人民正常职能的军事民主制的特点。匈奴人的法规是："其攻战，斩首虏赐一卮酒，而所得卤获因以予之。得人以为奴婢。故其战，人人自为趣利，善为诱兵以冒敌。"① 显然柔然的军法性质与匈奴相同，且是承继匈奴法规而来。至于柔然其他立法，或不见于记载，或根本再没有其他立法，具体情况已不可考。

柔然的政治制度深受中原内地政权的影响，除上述军、幢的建置外，还有两事值得一提：

一是柔然政权采用了内地政权建立"年号"的制度。《北史·蠕蠕传》一共记载了柔然可汗五个年号。

永康 柔然可汗予成所立，永康元年为公元 466 年，一共十九年。除以前吐鲁番出土的永康五年莲华经残卷可证外，② 近年在吐鲁番哈喇和卓古墓还出土了一件永康十七年的残文书。③ 永康十七年应为公元 481 年。按此时正为阚氏据高昌时，阚氏为柔然所立高昌王④，臣属柔然，故文书上用永康年号。

太平 予成死后，其子豆崙立，称太平元年，即公元

---

① 《史记》卷一一〇《匈奴列传》。
② 王树枏：《新疆访古录》卷一，民国聚珍仿宋印书局线装本，第23 页。
③ 新疆博物馆考古队：《吐鲁番哈喇和卓古墓群发掘简报》，《文物》1978 年第 6 期。
④ 《北史》卷九七《西域传》高昌条。

485 年，至 492 年，共七年。

太安 豆崙被杀后，其叔那盖立，称太安元年，即公元 492 年，至 506 年，共十四年。

始平 那盖死，其子伏图立，称始平元年，即公元 506 年，至 508 年，共二年。

建昌 伏图被高车所杀，子丑奴立，称建昌元年，即公元 508 年，至 520 年，共十二年。

以后，柔然发生内乱，年号不复见于记载。

一是公元 6 世纪 30 年代，阿那瓌复兴后，重用齐人淳于覃，封为秘书监黄门郎，掌其文墨。因阿那瓌曾在北魏洛阳住过，心慕汉族制度，因而"立官号，僭拟王者，遂有侍中、黄门之属"。[①] 这种仿照中原政权官制的做法，证明柔然后期更加受到中原传统汉族文化的影响。

总之，从以上的分析可看出，随着柔然社会经济的发展和与中原各王朝的频繁接触，他已经由部落联盟进入了早期国家的阶段。[②] 他的一整套带有军事民主特点的政治制度，主要继承了匈奴奴隶制国家的体系，是与其游牧经济相适应的。同时，也深受中原地区封建王朝政治制度的影响。

---

① 《北史》卷九八《蠕蠕传》。
② 苏联科学院主编：《世界通史》第 3 卷上册，汉译本第 9111 页；该院与蒙古科学委员会合编：《蒙古人民共和国通史》，1954 年莫斯科出版，汉译本，第 69—70 页。二书均云柔然仍是部落联盟，有过阶级分化，但未查明是否进入到国家阶段。

三、简短结语

在初步探讨了柔然的社会经济和政治制度之后，本应进一步深入研究柔然社会的生产关系及阶级结构等问题，从而揭示柔然的社会性质。但是，要真正解决这个问题，目前还十分困难，因为资料太缺乏。所以，我们只能联系柔然前后在蒙古草原建国的匈奴、突厥的社会形态，对柔然的社会性质作一些推测，以为本文的简短结语。

从上述柔然政治制度的分析，可以看到柔然社会已经进入了阶级社会，有一整套国家机器。这种国家机器乃是国内阶级矛盾的产物。那么，柔然内部生产关系及阶级结构是怎样的呢？

作为游牧社会的生产资料，主要是牧场和牲畜。柔然政权经常对邻近部落和国家进行掠夺和征服，其中也有扩大牧场的目的在内。但是，牧场并没有作为个人私有财产而确定下来，而是以氏族或部落所有的形式出现。这种情况，在匈奴、突厥人那里，也基本如此。马克思就曾指出："在游牧的放牧部落中……他们利用土地作为牧场等等，土地上面养着畜群，而放牧的人民则以畜群为生，他们对待土地，就像

周伟洲学术经典文集

对待自己的财产一样，虽然他们从未把这种财产确定下来。"① 至于牲畜，那就不同了，它事实上变成了衡量游牧社会生产资料所有的主要依据。

在柔然社会里，从可汗、国相、国师、各级大臣，以至各部大人、军将、幢帅，都是大大小小的奴隶主，他们拥有大量的牲畜、财物和奴隶。《魏书·蠕蠕传》曾说，柔然可汗丑奴一次就赐给医巫地万的丈夫屋引副升牟"牛马三千头"。上述柔然国师宗爱，被"俸以三千户"。此三千户是否即是奴隶，虽然不能完全肯定，但柔然社会中存在着大量的奴隶是可知的。如上所述，柔然游牧民平时也参加劳动，战时则是骑兵。在不断的掠夺战争中，他们先登者则得到"虏获"，虏获不仅包括牲畜、财物，也包括俘虏的人口在内。这些俘虏的人口，自然成为他们的奴隶。

早在柔然统一漠北草原前后，他就先后征服了漠北的高车、匈奴拔也稽部，以及贺术也骨国、譬历辰部。史书未明言柔然对这些被征服部落人民如何处置，只言"并其部"或"破"其部。按匈奴人的惯例，对被征服的部落人民，将其中一部分人强迫迁到漠北，为其服役，成为奴隶。② 柔然也是如此。如柔然征服高车各部后，以有功的叱洛侯为大

① 马克思:《资本主义生产以前各形态》（单行本），人民出版社1956年版，第26—27页。
② 如匈奴对东胡、西嗕部，丁零等均如此。参见《史记·匈奴列传》、《汉书·匈奴传上》等。

人，统治一部，而其余的高车人则作为战俘被奴役。所以，所谓"并"其部，即是把被征服部落的人民沦为奴隶，而其中上层则加入柔然统治阶级的行列。用这种方式获得奴隶，乃是自匈奴以来蒙古草原发展到父系家长制以后，已经存在的事实。

柔然还不断对北魏边境进行掠夺，掳掠了大量的人口、牲畜和财物。这些被掳掠的人口，一般也成为柔然人的奴隶，这也是自匈奴以来蒙古草原奴隶制政权获得奴隶的方式之一。据史书记载，柔然进攻北魏边境，目的之一是"杀掠边人"，① "杀掠吏民"，② 或"剽掠居民，驱拥畜牧"。③ 仅北魏正光四年（523 年），阿那瓌被北魏安置在怀朔镇后，一次就"驱掠良口二千，公私驿马、牛羊数十万北遁"。④ 而自匈奴以来蒙古草原所建政权都是将所掳掠的人口、牲畜和财物，按功劳大小分配给大小奴隶主和平民，作为他们的奴隶。因此存在于匈奴与突厥之间的柔然，也不会例外。

柔然同匈奴一样，还盛行着部落奴隶制。⑤ 前已言之，柔然在征服邻近部落后，除迁一部分人入漠北，分配为奴

----

① 《魏书》卷一○三《蠕蠕传》。
② 《魏书》卷四《世祖纪上》。
③ 《周书》卷二五《李贤传》。
④ 《魏书》卷一○三《蠕蠕传》。
⑤ 关于草原部落奴隶制的论述，见马长寿《论匈奴部落国家的奴隶制》，《历史研究》1954 年第 5 期。

外，其余留下来的部落则为柔然所役属。柔然统治者往往任命原部落上层为管理该部的长官，定期索取贡赋，或无限制地征发他们参加掠夺战争。这些被役属的部落大致可分为两类。一类是直接为柔然所役属的，如居于金山之阳的突厥部，就是专门为柔然统治阶级制造铁器的"锻奴"。又如高车副伏罗部，原也是柔然所"役属"的部落。这些部落主要是定期向柔然统治者缴纳贡赋，生产铁器，以及无条件参加柔然发动的掠夺战争等。另一类是距柔然中心较远的部落或小国，因"苦其寇抄，羁縻附之"。① 如在今新疆东的伊吾（哈密）、高昌（吐鲁番）等地。北魏泰常八年（423年），西凉政权的残余唐契兄弟据伊吾，臣属于柔然，柔然以唐契为"伊吾王"。② 又北魏和平元年（460年），柔然杀据高昌的北凉沮渠安周，以阚伯周为"高昌王"。③ 这些依附于柔然的小国也定期向柔然纳贡，并奉行柔然可汗的年号等。

至于柔然奴隶主阶级如何剥削和压迫奴隶或部落奴隶，中国史籍中没有明确的记述。但是，因柔然奴隶主阶级的压迫和奴役，而不断引起奴隶或部落奴隶反抗的史实，则见于记载。如北魏神䴥二年（429年），正当北魏大军攻入漠北，

---

① 《魏书》卷一○三《蠕蠕传》。
② 《魏书》卷四三《唐和传》。
③ 《魏书》卷一○三《蠕蠕传》；《北史》卷九八《高车传》等。

柔然统治者仓惶逃去时，被柔然役属的高车诸部乘机起事，他们"杀大檀种类，前后归降三十余万"（其中也包括一部分柔然人）。① 又如北魏太和十一年（487年），为柔然奴属的高车副伏罗部十万余众，因不愿被征调去参加掠夺北魏边境的战争，趁柔然衰落之机，从柔然中分离出来，西至今新疆北部建立了一个高车政权，史称"高车国"或"阿伏至罗国"。② 以后，高车国与柔然长期战争，致使柔然逐渐衰亡。最后，柔然政权就是为其奴役的锻奴突厥部灭亡的。

基于以上的分析，我们认为，柔然已具有了若干早期奴隶制国家的基本特征，是中国古代一个早期奴隶制的国家政权。

（原载于《中国史研究》1982年第2期）

---

① 《魏书》卷一〇三《蠕蠕传》。
② 《魏书》卷一〇三《蠕蠕传》。

十六国官制研究

在中国历史上,"五胡十六国"是一个较为特殊的分裂割据时期,其特点是自汉代以来,内迁至黄河流域的北方和西北的游牧民族,主要是所谓的"五胡"(即匈奴、鲜卑、羯、氐、羌五族),先后在长江、淮河以北建立了二十多个政权。其中,主要有十六国(内包括汉族所建的三国)。这些由五胡建立的政权,统治和管理着人口众多的汉族和其他少数民族,这在中国历史上是第一次。因此,五胡所建政权怎样统治、管理众多的汉族和其他民族,他们采取什么统治机构(即官制)实施其政令,维持其统治?这是一个颇耐人寻味和有意思的问题。过去,中外学者多有从十六国中某一个或几个国的官制;或从不同的角度,对十六国官制进行研究。① 本文即拟在前人研究基础上，对十六国官制作进一步探讨。不妥之处，望读者、专家指正。

一、十六国承袭魏晋官制及其特点

十六国时，内迁五胡虽然居地、习俗等有别，且内迁和建立政权时间不同，但无论怎样，他们建立的政权形式最终还是承袭秦汉魏晋以来汉族所建政权形式，其政治、经济和意识形态莫不以汉族政权为模式，其中的官制也不例外。下面为了叙述方便和系统，将十六国官制分为最高统治者名号、中枢（中央）、军事和地方官制四部分，加以考察。

1. 十六国最高统治者名号

十六国各政权的官制都有一个发展和成熟的过程。其最高统治者的名号最终也有所不同：有最后直接称"皇帝"（天子）者，如成汉国李雄，由成都王而称帝；汉赵国刘渊

---

① 早在清代以来就有学者辑录十六国将相大臣、百官，制作年表或表，如万斯同撰《伪汉将相大臣年表》、《伪成将相大臣年表》、《伪赵将相大臣年表》、《伪燕将相大臣年表》、《伪秦将相大臣年表》、《伪后秦将相大臣年表》、《伪南燕将相大臣年表》；练恕撰《西秦百官表》；缪荃孙撰《后凉百官表》、《南凉百官表》、《西凉百官表》、《北凉百官表》、《夏百官表》、《北燕百官表》；清洪亮吉撰《十六国疆域志》，对十六国地方行政官制有所叙述等。近现代以来，关于十六国官制的研究论著较多，见注释所引，此不再一一列举。

以汉王即帝位，刘聪、刘曜因之；后赵石勒由赵天王称帝，
石虎由居摄赵天王称帝；前燕慕容儁以燕王称帝，慕容暐因
之；前秦苻健由天王称帝，苻生因之，至苻坚降称大秦天
王，未称帝，其后苻丕、苻登称帝；后秦姚兴称帝，后又去
帝号称天王；后燕慕容垂以燕王称帝，慕容宝、慕容盛因
之，盛后又改称庶民天王；南燕慕容德以燕王称帝，慕容超
因之；夏国赫连勃勃由大夏天王即帝位等。①

也有一直称天王或王者，如北燕冯跋、冯弘均称天王；
南凉秃发傉檀由西平王、河西王，称凉王；西秦乞伏乾归由
河南王称秦王，乞伏炽磐因之；后凉吕光由三河王而称天
王，吕纂、吕隆因之；北凉沮渠蒙逊称河西王，沮渠牧犍
因之。

此外，还有一些汉族所建政权，一直奉晋为正朔，最高
统治者不愿名义上称帝称王者。如前凉张氏，张轨、张寔、
张骏均未称王，寔、骏称凉州牧、西平公。然而，实际上张
骏时，"所置官僚府寺拟于王者，而微异其名"。② 骏子重华
即位后，称西平公、假凉王。至张祚时，曾一度称凉公，进
而称帝，但为时很短，其后张玄靓、天锡即位后，仍称凉州

---

① 关于十六国五胡政权最高统治者称"天王"的原因和情况，请参
　见日本学者谷川道雄：《隋唐帝国形成史论》，筑摩书房1998年
　增补版，第319—331页；雷家骥：《前后秦的文化、国体、政策
　与其兴亡的关系》，《中正大学学报》第7卷第1期（1996）等。
② 《晋书》卷八六《张骏传》。

牧、西平公。又如西凉李氏，自李暠（玄盛）至李歆一直称凉公，而不称王。①

总之，十六国最高统治者名号，最终或较长时间称帝者，凡九国（成汉、汉赵、后赵、前燕、前秦、后秦、后燕、南燕、夏国）；称王或天王者，凡五国（北燕、南凉、西秦、后凉、北凉）；仅称公者，凡二国（前凉、西凉）。按魏晋之官制，帝国、王国及公国的制度有很大的区别。因此，十六国各国官制因其建号不同，而其总的职官设置也有所不同。这是在研究十六国官制应首先注意到的问题。当然，事实也不尽然，如上述前凉张骏时，虽称西平公，但其建置"拟于王者，而微异其名"。而称王诸国官制无论在职官名和数量等方面，与称帝诸国相差无几。

2. 中枢之官

丞相、相国　自秦汉至魏晋各朝均置此职，为百官之首，"皆非复寻常人臣之职"。② 而各朝丞相掌职、权力不尽相同。十六国五胡所建政权（包括鲜卑化汉人冯氏所建北燕，下同）称帝称王者，大多置有此职，有的且分左、右丞相。见于记载的，如成汉国以范长生及其子贲为丞相，李越、董皎曾为相国，尹奉曾为右丞相。汉赵国任丞相者，有

① 以上所引十六国最高统治者名号，见《晋书》有关载记及传等，不一一出注。

② 《晋书》卷二四《职官志》。

刘宣、刘粲、刘曜。后赵国石弘即位后，曾以石虎（季龙）为丞相，"（石）勒文武旧臣皆补左右丞相闲任"，又任郭殷为丞相；石虎称帝后，曾以石斌为丞相；石世即立后，曾以张豺为丞相，石遵、石鉴为左右丞相。前秦国任此职的有雷弱儿、苻雄、王堕、王猛、苻法；至苻登时，以杨宣为左丞相，窦冲为右丞相；苻丕曾以王永为左丞相，窦冲为右丞相。前燕任此职者，有封奕（国相）。后秦国曾以归降之焦纵为相国。夏国任此职的有赫连勃勃长兄右他代。西秦国任此职者，有出连乞都、翟勍、元基（炽磐子）；左相有乙旃音泥、乞伏昙达，右相有屋引出支、辛静、元基。北凉国有相宋繇。①

太宰、太傅、太保 《晋书》卷二四《职官志》："太宰、太傅、太保，周之三公官也。魏初唯置太傅，以钟繇为之，末年又置太保，以郑冲为之。晋初以景帝讳故，又采周官官名，置太宰以代太师之任，秩增三司，与太傅、太保皆为上公，论道经邦，燮理阴阳，无其人则阙。"称帝称王的五胡政权也多置以上职官，见于记载的，如成汉国先后有太傅李骧、太宰李国、太保李始、太师董皎、太保李奕，又以龚壮为太师，辞不受；汉赵国有太师刘景、刘颢、范隆、张

---

① 以上所引官名人名，均引自《晋书》有关载记、《魏书》有关传记、《资治通鉴》、《太平御览》引《十六国春秋》有关部分，不一一出注，下同此。

茂，太宰刘曜、刘欢乐、刘延年、刘易、刘雅、王祥，太保刘殷、王育、刘延年、许遐、任颛、刘旭、呼延晏、傅祗（追赠）；后赵国有太保夔安、张豺，太傅条攸；前燕有太宰慕容恪，太傅慕容评、余蔚，太师慕舆根，太保段崇；前秦有太师鱼遵、苻纂，太傅毛贵；后秦有太宰姚绍；后燕有太师库辱官伟，太保段崇，太宰苻模；西秦有太傅索棱等。

太尉、司徒、司空　《晋书》卷二四《职官志》："太尉、司徒、司空，并古官也。自汉历魏，置以为三公。及晋受命，迄江左，其官相承不替。"又《通典》卷二〇《职官》记："……周时，司徒为地官，掌邦教。秦置丞相，省司徒，汉初因之。至哀帝元寿二年（公元前 1 年）罢丞相，置大司徒。后汉大司徒主徒众，教以礼义，凡国有大疑大事与太尉同……魏黄初元年（220 年）改为司徒。晋司徒与丞相通职，更置迭废，未尝并立。至永嘉元年（307 年）始两置焉。"又记："司空，古官……秦无司空，置御史大夫，汉初因之。至成帝绥和元年（公元前 8 年）始更名御史大夫曰大司空……魏初又置司空，冠绶及郊庙之服与太尉同。"十六国五胡称帝称王诸国多置此三公。如成汉国有太尉李离、张宝，司徒李云、王达、何点、王瓌，司空李璜、赵肃、上官惇、谯献之；汉赵国有司徒或大司徒刘欢乐、刘聪、马景、刘殷、刘裕、刘乂、任颛、刘雅、刘励、游子远、崔岳（追赠）、刘绥、刘昶、刘述（以上大司徒）、郭汜（兼司徒），有太尉范隆、王彰、刘咸、刘易，有司空呼延晏、马景、刘景、刘均，大司空刘延年、呼延晏、朱纪、王育、呼延翼、靳准、曹恂（追赠）、卜泰；后赵国有太尉石虎、夔安、石韬、张举，司空郭殷、李农，司徒申钟；前燕国有太尉封裕、阳骛、皇甫真，司徒慕容评，司空阳骛；前秦国有太尉雷弱儿、毛贵、鱼遵、苻安、苻菁、苻侯、苻纂、张蚝，司徒王猛、苻融（辞不受）、王永、苻广，司空毛贵、张遇、鱼遵、苻菁、王堕、张蚝、徐义、杨璧；后秦国有太尉姚旻、索棱，司徒尹纬（追赠）；后燕国有太尉库辱官伟，司徒慕容德，司空慕容绍；南燕国有太尉封孚，司徒慕容钟、慕容惠，司空慕容鳞、慕舆拔、鞠仲；后凉有太尉吕纂，司徒吕弘；南凉有太尉秃发俱延等。

大司马　《晋书》卷二四《职官志》："大司马，古官也。汉制以冠大将军、骠骑、车骑之上，以代太尉之职，故恒与太尉迭置，不并列。及魏有太尉，而大司马、大将军各自为官，位在三司上。晋受魏禅，因其制……凡八公（即太宰、太傅、太保、太尉、司徒、司空、大司马、大将军）同时并置，唯无丞相焉。"十六国五胡称帝称王诸国有的也置大司马一职。如汉赵国沿晋制，大司马与太尉并置，任大司马的有刘景、刘聪、刘洋、刘和、刘曜、刘雅、刘丹、刘骥、张茂、石勒、刘胤；后赵有大司马石斌；前秦有大司马苻安、雷弱儿、苻融、苻纂、窦冲；后凉有大司马吕弘；北燕有大司马冯素弗等。

开府仪同三司　《晋书》卷二四《职官志》："开府仪

同三司，汉官也。殇帝延平元年（106年），邓骘为车骑将军，仪同三司；仪同之名，始自此也。及魏黄权以车骑将军、开府仪同三司，开府之名起于此也。""三司"，应即指"三公"；仪同三司，意为非三公而给予三公同等待遇。开府，指开设府署，辟置僚属。开府仪同三司，往往为加官。十六国五胡政权大多沿用汉魏以来的"开府仪同三司"加官职。如汉赵国有范隆、陈元达、卜泰、晋怀帝加仪同三司，刘曜、游子远、石勒、刘胤加开府仪同三司；后赵国石弘曾开府辟召；前秦王猛、张天锡、苻融、杨定，窦冲、王统、毛兴、杨璧、王腾、苻冲、张蚝、苻登、徐嵩（追赠）等曾加开府仪同三司；北燕加冯万泥、孙护开府仪同三司；南燕慕容超曾开府，慕容镇加开府仪同三司等。

特进 此职一般为加官，"汉官也。二汉及魏晋以加官从本官车服，无吏卒……特进品秩第二，位次诸公，在开府骠骑上……"① 十六国五胡政权中，有此加官者不多，见于记载的有：汉赵国加晋怀帝、王弥、綦毋达、台产为特进；前秦有梁平老、强汪、樊世、强德加特进。

左右光禄大夫 《晋书》卷二四《职官志》："左右光禄大夫，假金章紫绶。光禄大夫加金章紫绶者，品秩第二，禄赐、班位、冠帻、车服、佩玉、置吏卒羽林及卒，诸所赠给皆与特进同……光禄大夫假银章青绶者，品秩第三，位在

---

① 《晋书》卷二四《职官志》。

金紫将军下，诸卿上。汉时所置无定员，多以为拜假赗赠之使，及监护丧事。魏氏已来，转复优重，不复以为使命之官。"十六国五胡政权也多置有此职，如汉赵有光禄大夫范隆、朱纪、单冲、庾珉、王俊、卜珝、晋愍帝、游子远、台产、辛勉（辞不受），左光禄大夫刘景、刘雅、张寔、刘绥、卜泰，右光禄大夫陈元达、刘殷，金紫光禄大夫王延，上光禄大夫卜泰；后赵石虎时，曾"置上中光禄大夫，在左右光禄上"，另有光禄大夫郎闿、刘真，金紫光禄大夫逯明；前燕有光禄大夫皇甫真；前秦有光禄大夫赵俱、强汪、王雕（追赠），左光禄大夫强平、苻冲，右光禄大夫徐义、苻侯，金紫光禄大夫程肱、牛夷；后燕有左光禄大夫库辱官伟；北燕有左光禄大夫孙护；南燕有左光禄大夫潘聪；夏国有光禄卿党智隆；西秦有光禄大夫乞伏沃陵。

十六国五胡政权也承袭了魏晋以来中枢置尚书、中书、门下三省及御史台的职官，现分述如下：

尚书省

录尚书事　《晋书》卷二四《职官志》："录尚书，按汉武时，左右曹诸吏分平尚书奏事，知枢要者始领尚书事……尚书有录名，盖自（赵）憙、（牟）融始，亦西京领尚书之任，犹唐虞大麓之职也。和帝时，太尉邓彪为太傅，录尚书事，位上公，在三公上，汉制遂以为常……自魏晋以后，亦公卿权重者为之。"十六国五胡政权普遍有尚书省之设，故多有置录尚书事一职。如成汉有李寿、李越、李势任此职；汉赵任此职有朱纪、刘聪、刘粲、呼延晏、刘骥、靳准、刘殷、游子远、刘咸、刘胤、刘昶、刘颢；后赵有石邃、石斌、张豺；前燕有慕容恪；前秦有鱼遵、苻法、苻融、苻叡、苻方、王猛、王永；后燕有慕容宝、慕容隆（为录龙城留台尚书事）；后秦有姚弘；后凉有吕弘、吕超；北燕有冯素弗、孙护；南燕有慕容钟、慕容镇；北凉有沮渠政德；夏国有赫连琏（为录南台尚书事）；南凉有秃发傉檀、秃发武台；西秦有乞伏炽磐、乞伏元基任此职。

与录尚书事一职相当的，还有汉赵国刘聪曾以刘延年为"录尚书六条事"。《资治通鉴》卷八九胡注云："录尚书六条事始见于此……如杜佑之言，则六条盖六曹也。"如此，汉赵此职应与录尚书事职相当，后南朝刘宋也沿此职名。

尚书令 《通典》卷二二《职官四》："秦置尚书令，尚主也，汉因之……后汉众务悉归尚书，三公但受成事而已。尚书令主赞奏事，总领纪纲，无所不统。"十六国五胡政权尚书台（省）建制较为完备，尚书令一职几乎均有设置。如成汉有尚书令杨褒、阎式、王瓖、尹奉、景骞、罗恒、马尚；汉赵有范隆（守尚书令）、朱纪、刘隆、任颢、王鉴、靳明、刘欢乐；后赵有石虎（守尚书令）、夔安（守尚书令）；前燕有阴骜；前秦有梁楞、辛牢、苻柳、姜伯周、王堕、王猛、苻丕、王永、苻纂、徐义、苻冲；后秦有姚曼、姚弼；后燕有慕容德、慕容根；北燕有孙护；南燕有慕容麟、慕容镇、董锐；夏国有若门；西秦有乞伏炽磐、翟勋、昙达、魏景、木弈于等。

尚书仆射、左仆射、右仆射 《晋书》卷二四《职官志》："仆射，服秩印绶与令同。按汉本置一人，至汉献帝建安四年（199 年），以执金吾荣郃为尚书左仆射，仆射分置左右，盖自此始。经魏至晋，迄于江左，省置无恒，置二，则为左右仆射，或不两置，但曰尚书仆射。"五胡政权仆射的设置亦大致如此。如成汉有尚书仆射杨袤、李载、王誓、任颜，左仆射蔡兴，右仆射李嶷；汉赵有左仆射范隆、刘殷、马景，右仆射朱纪、王育、呼延晏；后赵有左仆射郭敖、夔安、韩曦，右仆射程遐、郭殷、张离、张良；前秦有仆射张天锡，左仆射梁安、梁楞、李威、权翼、王猛、苻冲、俱石子，右仆射董荣、王堕、段纯、赵韶、梁平老、杨辅；前燕有左仆射皇甫真，右仆射张希、悦悺、李绩；后秦有左仆射尹纬、齐难、梁喜，右仆射韦华、梁喜、尹纬；后燕有左仆射慕容楷、张通、慕容盛、慕容麟、慕容根、慕容度，右仆射慕容麟、慕容隆、卫衡、王腾；南燕有左仆射慕舆拔、封孚、封嵩、段晖，右仆射丁通、慕舆护、张华；北燕有左仆射冯丕，右仆射张兴；夏国有左仆射叱以鞬，右仆射乙斗；后凉有左仆射王祥、杨桓；南凉有左仆射赵晁，右仆射郭倖；西秦有左仆射边芮、元基、翟绍，右仆射秘宣、出连虔、王松寿等。

列曹尚书 《晋书》卷二四《职官志》："列曹尚书，按尚书本汉承秦置，及武帝游宴后庭，始用宦者主中书，以司马迁为之，中间遂罢其官，以为中书之职。至成帝建始四年（公元前29年），罢中书宦者，又置尚书五人，一人为仆射，而四人分为四曹，通掌图书秘记章奏之事，各有其任……及魏改选部为吏部，主选部事，又有左民、客曹、五兵、度支，凡五曹尚书、二仆射、一令为八座。及晋置吏部、三公、客曹、驾部、屯田、度支六曹，而无五兵……”以后列曹均有增减。五胡所建政权凡置有尚书省（台）者，均有列曹尚书，因史籍阙遗甚多，故已无法了解各国所置列曹尚书情况。史籍但云尚书吏部、五兵等为多，不一一列举。但其中有未见于魏晋诸曹尚书名称者，如刘聪曾“省吏部，置左右选曹尚书”；后燕曾置“七兵尚书”；夏国置“都官尚书”等。

尚书左右丞、尚书郎 《晋书》卷二四《职官志》：“左右丞，自汉武帝建始四年置尚书，而便置丞四人。及光武始减其二，唯置左右丞，左右丞盖自此始也。自此至晋不改。”“尚书郎，西汉旧置四人，以分掌尚书……及光武分尚书为六曹之后，合置三十四人，秩四百石，并左右丞为三十六人。”至魏“凡二十三郎”，晋“置郎二十三人”。十六国五胡政权凡置尚书省者，史籍也见有尚书左右丞、尚书郎设置，但记载不详。

中书省

中书监、中书令 《晋书》卷二四《职官志》：“中书监及令，按汉武帝游宴后庭，始宦者典事尚书，谓之中书谒者，置令、仆射。成帝改中书谒者令曰中谒者令，罢仆射。汉东京省中谒者令，而有中官谒者令，非其职也。魏武帝为魏王，置秘书令，典尚书奏事。文帝黄初（220—226 年）初，改为中书，置监、令，以秘书左丞刘放为中书监，右丞孙资为中书令。监、令自此始也。及晋因之，并置员一人。"五胡所建政权多置此职，如成汉有中书监王嘏；汉赵有中书监范隆、朱纪、崔懿之、刘均，中书令曹恂；后赵有中书令徐光、王波、孟准，中书监王波、石宁，中谒者令申扁；前秦有中书监胡文、董荣、王猛、苻融，中书令贾玄硕、王鱼、王猛、梁熙、梁谠；前燕有中书监宋治、阳哲，中书令韩恒；后秦有中书监王周，中书令韦华；后燕有中书令眭邃、常忠；后凉有中书令王祥、杨颖；西秦有中书监姚傥。

中书侍郎、黄门郎 《晋书》卷二四《职官志》："中书侍郎，魏黄初初，中书既置监、令，又置通事郎，次黄门郎。黄门郎已署，事过通事乃署名。已署，奏以入，为帝省读，书可。及晋，改曰中书侍郎，员四人。中书侍郎盖此始也。及江左初，改中书侍郎曰通事郎，寻复为中书侍郎。"五胡政权普遍置此职官，除沿晋称中书侍郎外，也有置黄门郎者。如汉赵有黄门郎傅恂、韦谀，中书侍郎刘敏元；① 后赵有黄门郎韦谀、严生，中书侍郎乐嵩；前秦有中书侍郎王

---

① 《晋书》卷九一《韦谀传》；卷八九《刘敏元传》。

猛、薛攒；后秦有黄门郎段章，中书侍郎王尚；后凉有中书侍郎杨颖、王儒；北燕有黄门郎常陋，中书侍郎褚匡、李扶（中书郎）；南燕有中书侍郎封逞、韩范；北凉有中书侍郎张穆；夏国有中书侍郎皇甫徽、胡方回；西秦有中书侍郎王恺等。

秘书监、著作郎　《晋书》卷二四《职官志》："秘书监，按汉桓帝延熹二年（159年）置秘书监，后省。魏武为魏王，置秘书令、丞。及文帝黄初初，置中书令，典尚书奏事，而秘书改令为监……及晋受命，武帝以秘书并中书省，其秘书著作之局不废。惠帝永平中，复置秘书监，其属官有丞，有郎，并统著作省。""著作郎，周左史之任也……魏明帝太和（227—233年）中，诏置著作郎，于此始有其官，隶中书省。"晋因之。五胡政权沿置此职官，见于史籍的有：后赵有秘书监徐光，石勒曾"拜太学生五人为佐著作郎"；前燕有秘书监聂熊；前秦有秘书监王飏、朱彤，著作郎梁谠、赵泉、东敬；后凉有著作郎段业；后燕有秘书监郎敷；夏国有秘书监胡义周，著作郎赵逸等。

门下省

侍中　《晋书》卷二四《职官志》："侍中……秦取古名置侍中，汉因之。秦汉俱无定员，以功高者一人为仆射。魏晋以来置四人，别加官者则非数。掌傧赞威仪，大驾出则次直侍中护驾，正直侍中负玺陪乘，不带剑，余皆骑从。御登殿，与散骑常侍对扶，侍中居左，常侍居右。备切问近对，拾遗补阙。"此职为门下省最高职官，五胡政权普遍置此。如成汉有李贲、李成、李艳、董皎、冯孚；汉赵有刘殷、王育、王弥、石勒、刘乘、卜榦、卜泰、刘岳、乔豫、和苞、杨难敌、张茂、徐邈、刘胤、卜珝（辞不受）、崔岳（追赠）；后赵有石虎、石挺、任播、石邃、夔安、申钟、石礥、韦谀、郑系、王谟、石斌、徐统；前秦有吕婆楼、鱼遵、强国、雷弱儿、苻融、苻法、王猛、张蚝、强益耳、梁畅、苻纂、梁谠、王永；前燕有慕容恪、皇甫真、兰伊；后秦有姚弼、段铿、任谦、姚绍；后燕有慕容德、慕容宝、孙勍、悦真；后凉有房晷、吕弘；南燕有慕容超、慕容统、公孙五楼；北燕有冯弘、孙护、王难、阳哲；夏国有胡俨；西秦有方弘、魏景、翟绍、姚僬、元基、出连辅政、乞伏延祚等。

给事黄门侍郎、黄门侍郎　《晋书》卷二四《职官志》："给事黄门侍郎，本秦官也。汉已后并因之，与侍中俱管门下众事，无员。及晋，置员四人。"又《通典》卷二一《职官》也记："门下侍郎，秦官有黄门侍郎，汉因之，与侍中俱管门下众事，无员。郊庙则一人执盖，临轩朝会则一人执麾，凡禁门黄闼，故号黄门。其官给事于黄闼之内，故曰黄门侍郎。初秦汉别有给事黄门之职，后汉并为一官，故有给事黄门侍郎。掌侍从左右，给事中使，关通中外，及诸王朝见于殿上，引王就座，无员。"五胡政权中，多有置给事黄门侍郎一职，有时称黄门侍郎。如汉赵有黄门侍郎陈元达、崔懿之、乔诗、乔度；前燕有黄门侍郎申胤、梁琛；前秦有给事黄门侍郎权翼，黄门侍郎李柔、程宽；后秦有给事黄门侍郎古成诜、尹冲、姚和都，黄门侍郎姚文祖；南燕有黄门侍郎张华；西秦有给事黄门郎郭恒等。

散骑常侍、中常侍　《晋书》卷二四《职官志》："散骑常侍，本秦官也。秦置散骑，又置中常侍，散骑常侍从乘舆车后，中常侍得入禁中，皆无员，亦以为加官。汉东京初，省散骑，而中常侍用宦者。魏文帝黄初初，置散骑，合之于中常侍，同掌规谏，不典事，貂珰插右，骑而散从，至晋不改。"五胡政权多置散骑常侍，也有中常侍一职。如成汉有散骑常侍王嘏、王幼、常璩，中常侍许涪、王广；汉赵有散骑常侍曹恂、王忠（追赠）、刘绥、郁鞠、董景道，中常侍王沈、宣怀、俞容；后赵有散骑常侍石宏、石邃，中常侍严震，常侍卢湛、崔豹，在石勒称赵王初，还置有左常侍，董树任之，右常侍，霍皓任之；前秦有散骑常侍张天锡、苻洛、刘兰、休密馱、吕光、王猛、苻晖、王腾、杨定、窦冲、王统、杨壁；后秦有散骑常侍席确、王帛（仅记为散骑）；后凉有散骑常侍郭黁；北燕有散骑常侍孙秀，左常侍桃鲜；南燕有散骑常侍韩诨、段封之；北凉有左常侍高猛；南凉有中散骑常侍（中常侍）张融；西秦有散骑常侍乞伏务和、郭黁、段晖、沮渠兴国等。

散骑侍郎　《晋书》卷二四《职官志》："散骑侍郎四人，魏初与散骑常侍同置。自魏至晋，散骑常侍、侍郎与侍中、黄门侍郎共平尚书奏事，江左乃罢。"由于此职官地位较低，史籍所载五胡政权内不多。仅见前燕有散骑侍郎徐尉，北凉有郭祇，南凉有阴利鹿。

魏晋门下省还置有给事中（仅见北燕有中给事中冯慧懿，南燕有给事中宗正元）、通直散骑常侍、员外散骑常侍等职官。史籍载五胡政权中以上职官很少，不具列。

在五胡政权中枢职官中，还沿魏晋旧制，设置秦汉魏晋中央的"九卿"或称"列卿"，《晋书》卷二四《职官志》记列卿中有"太常、光禄勋、卫尉、太仆、廷尉、大鸿胪、宗正、大司农、少府、将作大匠、太后三卿、大长秋，皆为列卿，各置丞、功曹、主簿、五官等员"。现据史籍，将五胡政权各国列卿所置情况大致叙述如下：

太常　《晋书》卷二四《职官志》："太常，有博士、协律校尉员，又统太学诸博士、祭酒及太史、太庙、太乐、鼓吹、陵等令，太史又别置灵台丞。"又记："晋初承魏制，置博士十九人。及咸宁四年（278年），武帝初立国子学，定置国子祭酒、博士各一人，助教十五人，以教生徒。"太常及其所属太学诸博士，在五胡政权中的设置，对于加速胡汉融合及文化交流意义重大。见于记载的五胡诸国太常及其所属职官的有：成汉设有"太官令"，应即太常属太史令，掌三辰时日祥瑞妖灾，岁终则奏新历；后又见有太史令韩豹、韩浩。汉赵有太常朱纪、靳冲、梁胥、杨柯（辞不受）；国子祭酒有刘均，博士张师，崇文祭酒董景道，博士祭酒台产，太史令宣于修之、康相、弁广明、台产、任义。后赵石勒时，曾下诏"每郡置博士祭酒二人"，又"置大小博士"；至石虎时，"下书令诸郡国立五经博士"，"至是复置国子博士、助教"，任国子祭酒有聂熊；又置"女太史"于灵台，有太史令赵揽，有太常条攸、刘奥（追赠）、王修。前秦有国子祭酒王欢，博士王寔，太史令康权、魏延、王雕。前燕慕容皝即燕王位后，曾以"裴开、阳骛、王寓、李洪、杜群、宋该、刘瞻、石琮、皇甫真、阳协、宋晃、平熙、张泓等并为列卿将帅"。后燕有博士刘详、董谧。后秦有太常权翼、索棱，太史令郭廬、任猗，博士淳于岐，灵台令张泉。后凉有太常郭廬、杨颖。北燕有太常褚睹，太常丞刘轩，太史令闵尚、张穆。南燕有太史令成公绥。北凉有太史令刘梁、张衍，又曾以刘昞、索敞、阴兴为国师助教、世子侍讲。南凉有国子祭酒田玄冲、赵诞，国纪祭酒郭韶，太史令景保。西秦有博士，见于甘肃永靖炳灵寺第一六九窟西秦壁画；夏国有太常姚广都。

又魏晋太常所属还有"都水使者"，主陂池灌溉，保守河渠，史载汉赵国有左都水使者支当，右都水使者刘摅；后赵有都水使者张渐。

光禄勋　《晋书》卷二四《职官志》："光禄勋，统武贲中郎将、羽林郎将、冗从仆射、羽林左监、五官左右中郎将、东园匠、太官、御府、守宫、黄门、掖庭、清商、华林园，暴室等令。哀帝兴宁二年（364 年），省光禄勋，并司徒。孝武宁康元年（373 年）复置。"史籍所载五胡政权设光禄勋及其属官有：汉赵有左中郎将宋始；后赵有光禄勋杜嘏，左中郎将文鸯，右中郎将卫麟；前秦有光禄勋李俨，武贲中郎将张蚝，左中郎将邓绥；前燕有左中郎将慕容筑；后凉有武贲中郎将吕纂、吕开；西秦有光禄勋王松寿等。

卫尉　《晋书》卷二四《职官志》："卫尉，统武库、公车、卫士、诸冶等令，左右都候、南北东西督冶掾。及渡江，省卫尉。"史籍所载五胡政权有此职者甚少，仅见汉赵有呼延宴、梁芬、刘锐，南凉有伊力延，北燕有冯卖等任卫尉之职。

廷尉　《晋书》卷二四《职官志》："廷尉，主刑法狱讼，属官有正、监、评，并有律博士员。"五胡政权中，见于记载有任此职者，为汉赵陈元达、乔智明；后赵续咸；前燕廷尉监袁炜等。

大鸿胪　《晋书》卷二四《职官志》："大鸿胪，统大行、典客、园池、华林园、钩盾等令，又有青宫列丞、邺玄武苑丞。及江左，有事则权置，无事则省。"五胡政权中，见于记载任此职者，为汉赵范隆、李弘、田崧；后赵毫赞（追赠）；前燕温统；前秦韩胤、郝稚；后秦梁斐等。

宗正　《晋书》卷二四《职官志》："宗正，统皇族宗人图谍，又统太医令史，又有司牧掾员。"五胡政权中，见于记载任宗正一职者，为汉赵呼延攸，前秦苻融，后秦姚绍等。

大司农　《晋书》卷二四《职官志》："大司农，统太仓、籍田、导官三令，襄国都水长，东西南北部护漕掾。"五胡政权中，见于记载任大司农一职者，为汉赵卜豫、朱诞、卜珝，后赵曹莫，后秦袁虔、窦温，南凉成公绪等。

将作大匠　《通典》卷二七《职官》九将作监条记："秦有将作少府，掌治宫室。汉景帝中元六年（公元前144年）更名将作大匠，后汉位次河南尹……章帝建初元年（76年）复置，初以任隗为之，掌修作宗庙、路寝、宫室、陵园土木之功，并树桐梓之类，列于道侧。魏晋因之。"五胡政权中，见于记载任将作大匠一职者，为汉赵靳陵、胡元，前燕平熙，夏国叱干阿利等。

少府　《晋书》卷二四《职官志》："少府，统材官校尉、中左右三尚方、中黄左右藏、左校、甄官、平准、奚官等令，左校坊、邺中黄左右藏、油官等丞。"五胡政权中，见于记载的，有汉赵少府陈休，后赵任汪及尚方令解飞等。

十六国五胡政权还承袭了魏晋以来中枢御史台及其职官，主要有：

御史中丞、御史大夫　《晋书》卷二四《职官志》："御史中丞，本秦官也。秦时，御史大夫有二丞，其一御使丞，其一为中丞。中丞外督部刺史，内领侍御史，受公卿奏事，举劾案章。汉因之，及成帝绥和元年（公元前8年），更名御史大夫为大司空，置长史，而中丞官职如故。哀帝建平二年（公元前5年），复为御史大夫……历汉东京至晋因其制，以中丞为台主。"五胡政权多置御史台，有御史中丞或御史大夫为台主。如汉赵有御史中丞诸衍（一作浩衍）、殷凯（一作段凯），御史大夫崔鸿；后赵有御史中丞李矩；前燕有御史中尉（应即御史中丞）阳约；前秦有御史中丞梁平老、李柔；夏国有御史中丞乌洛孤，御史大夫叱干阿利；西秦有御史大夫梯眷、麹景、段晖。

治书侍御史、侍御史、殿中侍御史 《晋书》卷二四《职官志》："治书侍御史，按汉宣帝幸宣室，斋居而决事，令侍御史二人治书侍侧，后因别置，谓之治书侍御史，盖其始也。及魏，又置治书执法，掌奏劾，而治书侍御史掌律令，二官俱置。及晋，唯置治书侍御史，员四人。"又记："侍御史，按二汉所掌凡有五曹：一曰令曹，掌律令；二曰印曹，掌刻印；三曰供曹，掌斋祠；四曰尉马曹，掌厩马；五曰乘曹，掌护驾。""殿中侍御史，按魏兰台遣二御史居殿中，伺察非法，即其始也。"史籍所见五胡政权中，置以上职官的仅有：后赵石勒时，置行台治书侍御史于洛阳；后燕有侍御史仇尼归，侍御郎高云；后秦有治书侍御史唐盛，兰台侍御史姜楞，侍御史廉桃生；后凉有殿中侍御史王回等。

魏晋于太子东宫还设置了一系列辅佑太子之职宫，如太子太傅、少傅、太子詹事、中庶子、中舍人、洗马、左右率等。① 在五胡政权中，史籍也记有上述职官。如汉赵有太子太傅卜泰、刘胤，太子少傅董景道，太子太师卢志，太子少师台产，詹事曹光、② 鲁繇，③ 太子洗马刘绥，东宫舍人苟裕；后赵有太子詹事孙珍，太子中庶子李颜，石虎时东宫置左右统军将军，位在四率以上；前秦有太子太傅王猛、苻融，太子詹事王猛、席宝；太子左卫率石越；前燕有中庶子李绩；后秦有太子詹事王周，中舍人梁喜，洗马范勖，太子右卫率姚和都；北凉有世子洗马宗钦，东宫侍讲程骏；西秦有太子太师焦遗，太子詹事赵（一作麴）景，太子司直焦楷。

五胡政权也承袭汉魏以来中宫（即后宫，皇后居处）一些职官，而微变其名，如汉赵置中宫仆射，由郭猗任之。

此外，五胡政权还承袭汉晋以来掌皇宫黄门之内诸伺应杂事，持兵器宿卫宫殿的职官——中黄门，此职名义上属少府，曹魏后职稍重。见于记载的五胡政权置此职者，有汉赵陵修，前秦刘晃，后燕赵济生，南燕孙进等。

十六国五胡政权均沿袭了汉魏以来实行的封王及"五等爵制"（有王、公、侯、伯、子、男等级），封王极滥。

---

① 魏晋太子东宫诸职官名及设置情况，见《晋书》卷二四《职官志》等，此不赘引。
② 《太平御览》卷二七四引《前赵录》。
③ 《水经注》卷四《沁水》。

诸王只有食邑，而无实权，只有兼职后，方有职有权。一般是称帝建号政权有封王之制，而称王者政权封王较少。由于五胡政权封王之滥举不胜举，故略。而"公、侯、伯、子、男"封爵在五胡政权中也普遍存在，公、侯封爵名目繁多，故不赘举。①

3. 军事之官

十六国五胡所建政权普遍承袭汉魏以来军事方面的职官，而史籍所载五胡政权中的军事职官最多，几乎占全部职官的70%以上。除上述汉魏以来"三公"、"八公"中的大司马、太尉等军事职官外，见于记载的主要有：

大将军 《晋书》卷二四《职官志》："大将军，古官也。汉武帝置，冠以大司马名，为崇重之职。及汉东京，大将军不常置，为之者皆擅朝权……及晋受命，犹依其制，位次三司下，后复旧，在三司上。"五胡政权普遍设此职，且有上将军或上大将军之号。石勒、姚苌、苻洪、吕光、慕容垂、秃发乌孤、乞伏国仁等，在其建国初，均曾自称大将军。各国建立后，任此职者有：成汉李寿、李越、李广；汉赵刘和、刘粲、刘敷、刘约、刘骥、靳准、刘岳、陈安、石勒、杨难敌（以上大将军）、张骏（上大将军）；后赵李农、

---

① 可参阅拙著《汉赵国史》，山西人民出版社1985年版；《南凉与西秦》，陕西人民出版社1986年版。此两书中记有汉赵、南凉、西秦三个政权封王及官爵的情况。

石邃、石遵；前秦张平、杨壁、杨定（上大将军）；后秦有姚弼、姚绍；后燕务银挺（上大将军）；夏国赫连力俟提、赫连璜；西秦乞伏乾归（上将军）等。

其次，魏晋开府从公之"骠骑、车骑、卫将军、伏波、抚军、都护、镇军、中军、四征、四镇、龙骧、典军、上军、辅国等大将军"，在五胡政权中也多有设置。如：

骠骑大将军、骠骑将军　《通典》卷三四《职官》："骠骑将军。汉武帝元狩二年（公元前 121 年）始用霍去病为骠骑将军，定令，令骠骑将军秩禄与大将军等。光武中兴；以景丹为骠骑大将军，位在三公下……魏晋齐并有之。"五胡政权中任此职者，成汉有骠骑将军尹奉；汉赵有骠骑大将军刘易、刘骥、石勒，骠骑将军王彰、刘述；后赵有骠骑大将军石宏，骠骑将军石虎；前秦有骠骑大将军苻安、张天锡、杨定、王腾，骠骑将军张蚝、窦冲；后燕有骠骑大将军慕容宝、慕容熙，骠骑将军慕容国、慕容农；北燕有骠骑大将军冯万泥、冯弘；南燕有骠骑大将军慕容超；南凉秃发利鹿孤曾先后为骠骑将军、骠骑大将军；西秦有骠骑大将军乞伏谦屯等。

车骑大将军、车骑将军、左右车骑将军　《通典》卷二九《职官》："车骑将军。汉文帝元年（公元前 179 年）始用薄昭为车骑将军。后汉章帝即位，西羌反，以舅马防行车骑将军……和帝即位，以舅窦宪为车骑将军，征匈奴，始赐金紫，次司空……魏车骑为都督，仪与四征同，若不为都督，虽持节属四征者，与前后左右杂号将军同。"五胡政权中，任车骑大将军的有：汉赵刘曜、刘聪、刘逞、游子远、靳准，后赵石宣，前燕刘宁，前秦苻雄、刘宁、苻柳、苻方、张蚝、毛兴、苻冲、窦冲，后凉吕弘，后燕慕容德，北燕冯素弗，南凉秃发傉檀，西秦乞伏木弈于；任车骑将军的有：后赵石虎，后秦没弈于，南燕慕容镇，南凉秃发傉檀；任左车骑将军的有：成汉李越、汉赵乔泰；任右车骑将军的有：汉赵王腾。

此外，卫大将军、卫将军、抚军大将军、抚军将军、都督大将军、龙骧大将军、龙骧将军、中军大将军、四征（征东、征西、征南、征北）大将军、四镇（镇东、镇南、镇西、镇北）大将军等，在五胡所建政权中均普遍设置，尤以四征、四镇大将军为多，不赘引。[1]

比以上位低的军事职官，如四平将军（平东、平南、平西、平北）、四安将军（安东、安南、安西、安北）、中领军将军、护军将军、左右前后军将军、屯骑、步兵、越骑、长水，射声等五校尉、左右卫将军，以及骁骑将军等杂号将军，在五胡所建政权中均普遍设置，且名目繁多，五花八门，不赘引。

十六国五胡所建政权也承袭了汉魏以来有关军事职官的

---

[1] 可参阅前引《汉赵国史》、《南凉与西秦》书，关于南凉、西秦、汉赵三国军事职官设置详细情况。

"持节都督"的制度。《宋书》卷三九《百官志》上记:"持节都督,无定员。前汉遣使,始有持节。光武建武初,征伐四方,始权时置督军御史,事竟罢。建安中,魏武帝为相,始遣大将军督军……魏文帝黄初二年(221年),始置都督诸州军事,或领刺史。三年,上军大将军曹真都督中外诸军事,假黄钺,则总统外内诸军矣。明帝太和四年(230年),晋宣帝征蜀,加号大都督……晋世则都督诸军为上,监诸军次之,督诸军为下。使持节为上,持节次之,假节为下。"几乎所有五胡所建政权均有持节都督制,内权最重者为"都督中外诸军事"、"大都督",见于记载的有:成汉大都督李越;汉赵使持节征讨大都督刘景;后赵都督中外诸军事石宏,使持节大都督中外诸军事石邃,都督中外军事张豺;前秦都督中外诸军事苻雄、苻菁、苻安、苻法、王猛、苻叡、苻方、苻融、王永、苻纂、杨定;后燕都督中外诸军事慕容德、慕容熙;南燕都督中外诸军事慕容钟等。此外,五胡诸国或置都督某一州军事(多兼任刺史)或数州诸军事,持节或不持节,种类名号甚多,不再列举。

最有意思的是,五胡所建诸国甚至接受了汉魏以来汉族的民族观及民族政策,似乎将自己比为华夏正统,将周围其他民族(甚至南方汉族)视为"蛮夷",沿袭汉魏以来在少数民族(蛮夷)聚居地区设置护羌、夷、蛮等校尉及护匈奴、羌、戎、蛮、夷、越中郎将,或领刺史,或持节为之。如汉赵置长水校尉,以尹车任之;置平羌校尉,以韦忠任之；置护南氐校尉，以杨难敌任之；置东夷校尉，石勒任之；置宁羌中郎将，杨难敌任之。西秦置有西胡校尉，乞伏是辰任之；置平羌校尉，乞伏信帝任之；置休官大都统，权千成任之；置叠掘都统，叠掘河内任之等。至于五胡其他政权这类职官设置情况及与传统汉族民族观之关系，可参阅日本三崎良章撰《五胡诸国的异民族统御官和东晋——以南蛮校尉、平吴校尉设置为中心》（《东方学》第82辑，平成三年）、《从异民族统御官看五胡诸国之民族观》（《东洋史研究》第57期，平成七年），不赘。

4. 地方之官

五胡所建政权在地方行政体制上，基本上全部承袭秦汉魏晋以来的州、郡、县制，于州置刺史（或曰牧，京畿地则称"内史"），郡置太守（郡守），县大者置令，小者置长。关于五胡诸国国内设置州、郡、县的具体情况，清代学者洪亮吉撰《十六国疆域志》有详细记述。虽然其中有一些问题，但基本上反映了十六国五胡诸国地方行政建制及地方职官的情况，不再赘述。①

其中，仅对自汉以来于京畿地区设置的司隶校尉，略作进一步探讨。《晋书》卷二四《职官志》记："司隶校尉，

① 上引拙著《汉赵国史》、《南凉与西秦》二书中，对汉赵，南凉、西秦三政权地方行政建置有详细记述，并对洪亮吉《十六国疆域志》有关部分存在问题，作了分析，可参阅。

按汉武初置十三州，刺史各一人，又置司隶校尉，察三辅、三河、弘农七郡，历汉东京及魏晋，其官不替。"五胡政权也多在自己的京畿之地置此职，如汉赵有王弥、刘乂；后赵有石韬、张离；前燕慕容皝时，"改司州为中州，置司隶校尉"；前秦有梁楞、赵海、吕婆楼、苻叡、苻晖、王猛、王腾；后秦有郭抚、姚显；后凉有吕弘、吕超；后燕有慕容德、张显；北燕有姚昭；南燕有慕容达、慕容超；夏国有阿利罗；南凉有敬归等。由此可见司隶校尉一职，在五胡政权中普遍设置的情况。

在五胡所建政权中，仅夏国置有幽州（治大城，今内蒙古杭锦旗东南）、南台（治长安）、朔州（治三城，今陕西延安东）、秦州（治杏城，今陕西黄陵北）、雍州（治阴密，今甘肃灵台西）、① 并州（治蒲坂，今山西永济西）、梁（或作凉）州（治安定，今甘肃镇原南）、北秦州（治陕西武功）、豫州（治李润，今陕西韩城南）、荆州（治陕城），② 而不置郡、县，以城主统民。

综上所述，十六国五胡所建政权的官制，无论是最高统治者的名号，或是中枢、军事和地方的官制，基本上是承袭汉魏以来的官制。这是毫无疑问的。为什么会产生这种情

---

① 赫连勃勃取长安后，雍州可能改治长安。

② 《晋书》卷一四《地理志》雍州条；参见洪亮吉《十六国疆域志》卷一六《夏国》，国学基本丛书本，商务印书馆1936年版，第437页。

况呢？

　　主要原因是内迁五胡所建政权的领地，特别是政治、军事和文化中心地区，是在原汉族（华夏）聚居的长江、淮河以北（包括今四川），五胡统治者要有效地统治以农耕为主的广大汉族，搬用其原有的游牧民族或较为简单的政治制度（包括官制）是不可能的。因此，只有采取原汉魏以来的官制，才能巩固自己的统治。这也是历史发展的必然。

　　同时，五胡政权袭用原魏晋官制也有可能和条件，那就是五胡大多迁入内地，与汉族杂居错处较早，他们的经济类型及社会地位逐渐发生了变化，文化习俗也渐受汉族的影响。特别是内迁五胡的统治阶层更是深受汉族传统文化之熏陶。如建立汉赵国的匈奴刘渊，史称其曾师事上党名儒崔游，对汉文典籍无不综览；其子刘聪"年十四，究通经史，兼综百家之言"。① 前秦苻坚生于坊头（今河南汲县东北），更是以华复帝王和汉族传统文化继承者而自居。此其一。又五胡政权为了管理广大汉族，而不断吸收汉族士族、儒生参加政权建设，做官为吏。有的统治者以汉族为谋主，著名的如前秦的王猛，汉赵的陈元达，后赵的张宾，后秦之尹纬，夏国的王买德等。这些汉族谋士为五胡政权的发展（包括官制的建立）和巩固起了很大的作用。此其二。

————————————

① 《晋书》卷一○二《刘聪载记》；参见上引《汉赵国史》第206—207 页。

然而，五胡政权承袭汉魏官制也有自己的一些特点：

　　第一，五胡政权在建立和发展过程中，是逐渐完善其官制，使之与魏晋官制更为相近。一般说来，五胡统治者在正式称帝或称王之前，官制多不健全，而且多杂有胡俗胡制（见后文），只是在此之后，逐渐与魏晋官制接近，即基本承袭魏晋官制。

　　第二，在五胡诸国承袭的魏晋官制中，有关军事的职官最多，也最完善，这是与当时分裂割据、相互争战的局势有关。因此，五胡诸国特别重视军事及相关的军事职官，各种名目的杂号将军及新官名出现较多。如后赵石虎时，又"置左右戎昭、曜武将军，位在左右卫上。东宫置左右统将军，位在四率上……置镇卫将军，在车骑将军上"等。

　　第三，五胡政权中，一般说来，中枢、军事和地方重要职官均为该族（统治民族）帝王子弟及本族人担任，汉族及其他民族大都只能任中下级官吏。因此，有学者认为，五胡政权是种族（民族）政权，也有认为汉族参政，五胡政权大多是胡汉联合政权。以上看法均欠妥。统治民族占其政权职官的重要地位，是历史上多民族国家，包括汉魏以来汉族所建政权必然的现象，不足为奇。有的学者对一些五胡所建政权职官民族成份作了统计：据现存史籍所载，汉赵国共有大小官员263名，其中刘渊一族官员44人，匈奴族70

人，汉族 131 人，其他民族 18 人。① 其中，汉族官员虽然占了汉赵国官员总数的一半左右，但其中中央、军事和地方的主要官员仍是匈奴刘氏一族及其他匈奴族人担任，整个国家的权力牢牢掌握在匈奴刘氏一族手中。又如前秦苻坚即位前，前秦重要将军有 22 人，其中氐族 16 人，占 72.7%，疑为氐族及汉族者各 2 人，匈奴、羌族各 1 人。在氐族 22 人中，苻氏子弟有 13 人，占 59%，若与略带姻戚身份者 2 人，合计 17 人，占总数的 77%。② 又如南凉军事之官共 24 人，其中王族秃发氏 6 人，与之联姻者 2 人，少数民族首领及汉族各 8 人，后者仅为中下级官吏。西秦情况同样如此，其军事之官约 72 人，其中乞伏氏王族 26 人，且为武官之首，与乞伏氏联盟的鲜卑官员 18 人，则鲜卑族贵族占军事之官总数的 59% 以上。③ 其他五胡政权情况亦大致相同。

二、十六国的"单于台制"及胡汉分治

十六国除主要承袭魏晋的官制外，还有一些五胡政权采取了与魏晋官制并行的胡族（主要是匈奴）官制，实行胡汉分治，即所谓的"单于台制"。这种情况，日本学者内田

---

① 《汉赵国史》，第 184 页。
② 雷家骥：《汉赵时期氐羌的东迁与返还建国》，《中正大学学报》1996 年第 1 期。
③ 《南凉与西秦》，第 85 页，第 208—209 页。

吟风称之为"胡汉二重体制",① 中国学者有的称之为"双轨制"。②

据现存史籍所载，并行单于台制的政权，有匈奴刘氏所建之汉赵国，羯胡石氏建后赵国，鲜卑族所建之后燕国，以及鲜卑化汉人高氏所建之北燕国。

汉赵国 据《晋书》卷一〇一《刘元海载记》、《太平御览》卷一一九引崔鸿《十六国春秋·前赵录》等记：刘渊（元海）称汉王后六年（310 年）临终时，曾以子刘聪"为大司马、大单于，并录尚书事，置单于台于平阳（今山西临汾）西"。此为汉国置单于台之始；也是十六国时设单于台之始。刘聪继立后，因其异母弟刘乂为渊皇后单氏所生，故聪曾说："今便欲远遵鲁隐，待乂年长，复子明辟"，并以"乂为皇太弟，领大单于、大司徒"。即是说，刘聪即位后，单于台的建置仍然存在，此时的单于台的最高长官大单于一职，由可能继承皇位的皇太弟刘乂担任。

至汉嘉平四年（314 年）初，刘聪置左右司隶的同时，又置"单于左右辅，各主六夷十万落，万落置一都尉"。此时，刘乂仍为大单于。可是，就在同年十一月，聪即以其子刘粲"为相国、大单于，总百揆"，刘乂失宠。过了三年

---

① ［日］内田吟风：《匈奴史研究》，创元社 1953 年版。
② 冯君实：《十六国官制初探》，《东北师范大学学报》1984 年第 4 期。

（317年），刘粲害父，诬其谋反，"遣（王）沈、（靳）准收氐羌酋长十余人，穷问之，皆悬首高格，烧铁灼目，乃自诬与父同造逆谋"。《资治通鉴》卷九〇记此事，胡注云："乂（父）为大单于，氐、羌酋长属焉，故皆服事东宫。"此亦可证粲之前父一直任大单于。接着，刘聪即以粲为皇太子，任相国、大单于，总摄朝政如故。

刘曜继立后，改国号为赵，迁都长安，在很长一段时间内未设单于台。直到赵光初九年（325年），曜才以子刘胤为大单于，"置单于台于渭城（今陕西咸阳渭城）"，"置左右贤王已下，皆以胡、羯、鲜卑、氐、羌豪杰为之"。

后赵国 西晋太兴二年（319年），石勒在群臣的劝进下，称"大将军、大单于，领冀州牧、赵王"。[①] "以大单于镇抚百蛮"，[②] 大单于之下设"单于元辅"，由勒从子石虎任之。[③] 后赵建平元年（330年），石勒灭前赵，正式称帝，以子石弘为太子、"持节，散骑常侍、都督中外诸军事、骠骑大将军、大单于，封秦王"。[④] 此后，后赵大单于

---

① 《太平御览》卷一二〇引崔鸿《十六国春秋·后赵录》。
② 《晋书》卷一〇四《石勒载记上》。
③ 《晋书》卷一〇六《石季龙载记上》。
④ 按《晋书》卷一〇五《石勒载记下》记，勒行帝事后，立世子弘为太子。又"署其子宏为持节、散骑常侍、都督中外诸军事、骠骑大将军、大单于，封秦王"。而《石季龙载记上》又说，勒僭号后，以大单于授其子弘。则石宏、石弘似为一人，或为两人？存疑。

一职由皇太子弘担任。此事引起石虎的不满，他"自以勋高一时，谓勒即位之后，大单于必在己，而更以授其子弘"。于是，他私下对其子邃说："主上自都襄国（今河北邢台）以来，端拱指授，而以吾躬当矢石。二十余年，南擒刘岳，北走索头（指拓跋部鲜卑），东平齐鲁，西定秦、雍，克殄十有三州。成大赵之业者，我也。大单于之望实在于我，而授黄吻婢儿，每一忆此，令人不复能寝食。待主上晏驾之后，不足复留种也。"①

果然，石勒死后，石弘即位，为石虎所逼，先拜虎"丞相、魏王、大单于，加九锡，以魏郡等十三郡为邑，总摄百揆"。接着，石虎废弘，自立为帝。至后赵建武五年（339年），石虎以太子宣"为大单于"。十四年（348年），太子宣因杀石韬，为石虎所杀。至此之后，再不见后赵有大单于之号。②

值得注意的是，石虎的养孙冉闵（汉族）起兵反，称帝，史称"冉魏"。冉闵于晋永和六年（350年）率步骑十万击襄国的石祗时，曾"署其子太原王胤为大单于、骠骑大将军，以降胡一千配为麾下"。③也即是说，冉魏继后赵之制，设大单于一职，由帝子担任。

---

① 《晋书》卷一〇六《石季龙载记上》。
② 《晋书》卷一〇五《石勒载记下》及《资治通鉴》卷九六。
③ 《晋书》卷一〇七《石季龙载记下》附闵传。

从上述记载看，后赵虽设有大单于或单于元辅等职，以管理百蛮，但并未明言设置了类似前赵单于台的机构。后赵是否置类似单于台之机构呢？据《晋书》卷一〇四《石勒载记上》记：勒称大单于、赵王后，曾"命徙洛阳晷影于襄国，列之单于庭"。也就是说，后赵的单于庭类似于汉赵单于台，主要职责同样是"镇抚百蛮"，即管理除汉族以外的其他民族。

后燕国　后燕慕容盛曾于长乐二年（400年）"立燕台，统诸部杂夷"。① 此燕台，据《通鉴》卷一一一胡注："二赵（前、后赵）以来，皆立单于台以统杂夷，盛仍此立之。"则此时后燕所立之"燕台"类似前、后赵之单于台（庭）。可是，不见有大单于之号，只是在后燕开国主慕容垂时，才见垂曾令其太子宝"领侍中、大单于、骠骑大将军、幽州牧"的记载。② 后燕建平元年（398年），兰汗杀慕容宝，"自称大都督、大将军、大单于、昌黎王"，立慕容盛为燕王。③ 慕容盛后设立之燕台的长官是否为大单于，谁任此职？因史籍阙载，不得而知。

至光始元年（401年）慕容盛死，慕容熙立，"改北燕

① 《资治通鉴》卷一一一晋安帝隆安四年条。按此条《晋书》卷一二四《慕容盛载记》失载，同书《慕容熙载记》云"燕台"为"北燕台"。
② 《晋书》卷一二三《慕容垂载记》。
③ 《晋书》卷一二四《慕容宝载记》。

台为大单于台，置左右辅，位次尚书"。① 谁任大单于一职，不明。此时，后燕的大单于台，才基本上与前后赵的单于台性质一致。

北燕国　北燕是在后燕的基础上建立起来的。后燕建始元年（407 年），冯跋杀慕容熙，立高云为燕王，史称北燕。过了两年，高云为部下所杀，冯跋平乱后，称帝。至北燕太平三年（411 年），冯跋"以其太子永领大单于，置四辅"。② 从史籍载有北燕"单于前辅万陵"、"单于右辅古泥"看，③ 所谓"四辅"，当为单于前辅、单于后辅、单于左辅、单于右辅。④ 由此可见，北燕也曾设有类似前后赵之"单于台制"。

北燕为汉族冯氏所建，为什么会采用与匈奴旧俗相关的单于台制呢？首先，冯跋一族原为长乐信都（今河北冀县）汉族，晋永嘉之乱时，跋祖父和避地上党（治今山西潞城西）。父安为西燕慕容永将军。西燕为后燕灭亡后，跋迁于和龙（今辽宁朝阳），与当地鲜卑杂处，⑤ 所谓"既家昌

---

① 《晋书》卷一二四《慕容熙载记》。
② 《晋书》卷一二五《冯跋载记》；《资治通鉴》卷一一六晋安帝义熙七年条。
③ 《晋书》卷一二五《冯跋载记》。
④ 《资治通鉴》卷一一六胡注云："太子领大单于始于刘汉，时置左右辅而已，跋增置前辅、后辅。"
⑤ 《晋书》卷一二五《冯跋载记》；《资治通鉴》卷一一六晋安帝义熙七年条。

黎，遂同夷俗"。[①] 即是说，冯跋一族已成为鲜卑化之汉人。其次，北燕建国的辽西、辽东是魏晋以来东部鲜卑之旧地，鲜卑人数众多，而冯跋又是在慕容氏鲜卑所建后燕基础上建立北燕国的，因此，北燕国内政治、经济和文化无不深受鲜卑族的影响，与十六国中鲜卑所建之诸燕国没有多大差别，北燕设置类似单于台的机构完全可能。

　　除了上述汉赵、后赵、后燕、北燕四国外，十六国中还有一些胡族所建政权，在建立前后，也往往有大单于之号。详细情况见下表：

国名	时间	称号情况	资料出处
前燕	晋永嘉三年（307年）	慕容廆自称为鲜卑大单于	《晋书·慕容廆载记》、《资治通鉴》卷八六
	晋建武元年（317年）	晋元帝以慕容廆为大单于、昌黎公	《晋书·慕容廆载记》、《资治通鉴》卷九〇
	晋咸和九年（334年）	晋成帝拜慕容皝为大单于、辽东公	《晋书·慕容皝载记》
前秦	晋永和六年（350年）	蒲洪自称大将军、大单于、三秦王，改姓苻氏	《晋书·苻洪载记》、《资治通鉴》卷九八
	晋永和八年（352年）	苻健即帝位，以大单于授其子苌	《晋书·苻健载记》、《资治通鉴》卷九九
后秦	晋永和十二年（356年）	姚襄叛晋，自称大将军、大单于	《晋书·姚襄载记》
	晋太元九年（384年）	姚苌自称大将军、大单于、万年秦王	《晋书·姚苌载记》、《资治通鉴》卷一〇五

①　《魏书》卷九七《冯跋传》。

国名	时间	称号情况	资料出处
西秦	晋太元十年（385年）	乞伏国仁自称大都督、大将军、大单于，领秦、河二州牧；以独孤匹蹄为左辅，武群勇士为右辅①	《晋书·乞伏国仁载记》、《资治通鉴》卷一〇六
	晋太元十三年（388年）	乞伏乾归继立后，众推其为大都督、大将军、大单于、河南王	《晋书·乞伏乾归载记》、《资治通鉴》卷一〇七
	晋太元十七年（392年）	乾归犹称大单于、大将军	《晋书·乞伏乾归载记》
南凉	晋隆安三年（397年）	秃发乌孤自称大都督、大将军、大单于、西平王	《晋书·秃发乌孤载记》、《资治通鉴》卷一〇九
夏国	晋义熙三年（407年）	赫连勃勃自称大夏天王、大单于	《晋书·赫连勃勃载记》、《资治通鉴》卷一一四

以上六国，在正式建立政权前后，统治者均有大单于之号，他们是否也相应设置了类似单于台的机构呢？史籍没有明确记载。不过，他们均受原匈奴政权的影响，以匈奴最高首领单于为号，是可以肯定的，其目的不外乎是以此号召诸胡。由于他们刚起兵自立，政权尚未完备，待巩固之后，大

---

① 按乞伏国仁称大单于，下有左右辅，似汉赵单于台之建制，但未见记其设单于台类似机构，故将西秦大单于归入只有大单于号一类。

单于之号再不见于史籍。因此，可以说他们不同程度地受到前赵国单于台制的影响，后来因各种原因未能正式设置单于台的机构。

单于台（庭）制是十六国时出现的一种新的官制，具有鲜明的"胡汉分治"的特征。据上述汉赵、后赵、后燕、北燕四国单于台设置情况，大致可将此制的特点归纳如下：

1. 单于台制首先由匈奴刘氏所建汉赵国创立，以后为一些胡族所建政权所继承，但略有损益。因而，汉赵名之为"单于台"，后赵称之为"单于庭"，后燕名之为"北燕台"（燕台），后改称为"大单于台"。单于台的设置，在汉赵等四国中并没有贯彻政权的始终。汉赵是在建国后六年始置，前赵刘曜继位后很长一段时间内，未设此台，直到继位后七年才恢复此制。后赵石勒称赵王后，设单于庭，一直到石宣被杀，也不见有大单于之号。至于后燕、北燕的燕台、大单于台的设置，更是在其国的后期。因此，以上四国虽设置两套统治机构，进行胡汉分治，但实际上，应以继承汉魏官制为主，单于台制为辅。

2. 单于台的职责，史籍记载甚明，是专门管理国内除汉族（"晋人"）之外其他少数民族的。

3. 单于台一般设置于国都或其附近。如汉赵刘渊、刘聪都平阳，单于台设于平阳西；刘曜都长安，单于台设于长安附近之渭城。后赵石勒时，单于庭在其国都襄国；石虎迁都于邺，因大单于石宣在邺，故知此时单于庭设在邺。后燕、北燕的情况大致如此。

4. 单于台的最高长官，无一例外名为"大单于"，一般是由储主（太子）或有权势的皇子任此职。如汉赵刘渊在位时，以其太子刘聪为大单于；刘聪即位后，先以皇太弟刘乂，后以太子刘粲为大单于；刘曜在位时，以太子胤为大单于。后赵石勒在称帝前，自称大单于，继帝位后，即以太子弘为大单于；石虎继立后，以太子石宣为大单于。后燕慕容垂时，以太子宝为大单于。北燕冯跋以太子永领大单于等。

为什么继帝位后，大单于一职要由太子或皇子担任呢？《资治通鉴》卷九九晋永和八年（352 年）正月记：秦王苻健称帝时，秦丞相苻雄等上言"单于所以统壹百蛮，非天子所宜领"，以授太子苌。这也许就是天子不领大单于而以太子领此职的原因。

大单于之下，各国所设置辅佐大单于的职官微有不同。汉赵刘聪置"单于左右辅"，刘曜曾任单于左辅，乔智明任单于右辅；① 刘曜时，前赵大单于"左右贤王已下，皆以胡、羯、鲜卑、氐、羌豪杰为之"。所谓"左右辅"应即匈奴旧制单于之下的"左右贤王"，而微变其名，刘曜则干脆以原"左右贤王"名之。后赵石勒时，勒自兼大单于，以从子石虎为"单于元辅"，由此知后赵大单于之下，仅设有"单于元辅"一人。后燕慕容熙时的燕台大单于之下，与汉

———————————

① 《晋书》卷一〇三《刘曜载记》。

国一样"置左右辅,位次尚书"。北燕冯跋时,大单于之下,置单于四辅(前后左右),辅助大单于者多达四人。

至于单于左右辅(或左右贤王、元辅、四辅)以下,还设置什么职官和相应的机构,史籍中仅有对汉赵国的情况有简约记载。《晋书》卷一〇二《刘聪载记》云:"单于左右辅,各主六夷十万落,万落置一都尉。"同书卷一〇三《刘曜载记》亦记:"左右贤王已下,皆以胡、羯、鲜卑、氐、羌豪杰为之。"据此知,汉赵国单于台左右辅之下,将六夷的部落按"万落"为单位划分,共有二十万落。左右辅各自管理十万落,而每一万落置一都尉。刘曜时,管理"万落"的都尉,可能也按匈奴旧俗改称为"万户长",均由少数民族首领担任。都尉一职,是秦汉以来内地政权的职官,匈奴也有在西域所置"僮仆都尉",可能是汉朝人的译名。汉朝有"属国都尉"一职,曹魏、西晋于内迁匈奴五部,每部置都尉等。汉赵刘聪于万落置一都尉,可能系仿西晋匈奴五部都尉而置。其余设单于台的五胡政权情况是否同汉赵国,因史籍阙载,不得而知。

5. 单于台统治的人民,是除了汉族之外的其他民族,即所谓"六夷"、"百蛮",而且是以游牧为生,以部落为组织的少数民族。由于自东汉末年以来,东北、北方、西北的少数民族大量内迁,几乎遍于淮水、长江以北,主要有"六夷"。这也就是十六国单于台之所以能存在的基础。六夷中的"胡",具体指匈奴及其相关的诸杂胡(卢水胡、铁

弗、独孤、赀虏等），分布很广，大致从今甘肃的河西一直
到今陕西、山西、河北、内蒙古等地均有，而尤以关中和山
西为多。"羯"，指羯胡，其主要成份为西域胡人，石勒一
族即羯胡。其人高鼻深目，多须髯，分布地区主要在陕西渭
北、山西上党及河北等地。"鲜卑"，原居地在东北，东汉
末年以来大量内迁，人口众多，故十六国时逐鹿中原，建立
政权亦最多。其中也有部分仍以部落为社会组织形式。氐、
羌是六夷中人口较多的两个民族，分布极广。除以上"五
胡"外，巴氐也是六夷之一（一说是乌桓），除了李特兄弟
所率一支入四川，建立成汉国外，还有不少巴氐（其实为
"巴人"）入居陕西关中、渭北一带。《晋书》卷一〇三
《刘曜载记》云：曜曾滥杀巴酋，引起关中"巴氐尽叛，推
巴归善王句渠知为主，四山羌、氐、巴、羯应之者三十余
万，关中大乱，城门昼闭"。

从上述六夷的情况看，十六国内都存在着各种不同的民
族，其中汉族人口最多，他们与六夷虽然大都杂居错处，但
在经济、文化和生活习俗等方面仍然存在差别。这也就是十
六国时出现两种官制和胡汉分治的基础。

6. 从以上整个单于台制的特点看，这一制度基本上是
沿匈奴官制而来。因此，按其性质来讲，单于台不仅是一个
政治行政组织，而且也是一个带有军事性质的组织和带家
属、财产（主要是牲畜）的部落组织。正因为如此，十六
国设置单于台的政权，其军事力量基本上握在单于台的大单

于手中。这就是大单于一职一般由继承帝位的太子担任的原因，由此亦可见大单于地位之重要。①

总之，十六国时一些政权采取两套官制，实行胡汉分治的原因，不外乎是这些政权统治的地区内既有人数众多、以农业为主的汉族，又有从东汉以来大量内迁的六夷，他们既有保持旧俗的一面，又有因汉化而接受汉族传统文化的一面。因此，五胡所建立的一些政权对国内经济、文化和习俗相异的胡汉人民采取两种不同的官制，加以管理，这是时代的产物。

可是，国内有些学者却认为："大单于及单于台的设置，是胡族落后国家机构在中原的残留，反映了民族压迫的存在。"② 还有的学者说：单于台制"是一个人为的胡汉分治的落后政策，阻碍了民族融合的进程"；③"总的精神是突出民族界限，实行分而治之"。④"这是一种制造民族对立而不利于民族融合的落后政策。"⑤ 这些看法似可商榷。

_____

① 以上关于对单于台的论述，作者曾参考了前人的论著，不一一列举（可见注释中所引论著）。

② 冯君实：《十六国官制初探》，《东北师范大学学报》1984 年第 4 期。

③ 万绳楠：《魏晋南北朝史论稿》，安徽教育出版社 1983 年版，第 13 页。

④ 王俊杰：《西秦史钩沉》，《甘肃师范大学学报》1981 年第 3 期。

⑤ 高尚志等：《秦汉魏晋南北朝史》，辽宁人民出版社 1984 年版，第 262 页。

事实上，十六国时单于台的设置是汉赵等国改造原匈奴的旧制，以适应新的历史时代要求的产物。在中国封建政治制度史上可以说是一个创造。在当时民族关系复杂的特定历史条件下，汉赵等政权的单于台制有它出现的必然性和合理性，反映了当时各民族尚未融合的历史事实，不能简单加以否定。

当然，这一制度所形成的胡汉分治又有极大的局限性，随着内迁六夷与汉族的进一步融合，胡汉逐渐融为一体，差别逐渐缩小，两套官制亦就失去了它存在的基础，单于台制也就为历史所淘汰。十六国的历史恰好证明了这一点。

三、十六国地方官制的特点——护军制及其他

十六国政权在地方行政机构及官员设置上，如前所述，皆承袭了汉魏以来的州、郡、县制及相应的州刺史（牧）、郡太守、县令等职官，在京畿及附近设置内史或司隶校尉等职官。大多数五胡所建政权在承袭上述地方行政体制及职官也有一个逐渐发展完善的过程。一般说来，在五胡统治者正式称帝、王之后，即有了较为完善的地方行政体制和职官。例外的是，除前述夏国只设州而不设郡县之外，那就是汉赵国在刘聪即位后的嘉平四年(314年)所设置的司隶校尉一职。

据《晋书》卷一○二《刘聪载记》记：嘉平四年"置左右司隶，各领户二十余万，万户置一内史，凡内史四十

三"。刘聪的这一措施，乃是对汉魏以来地方行政体制中司隶校尉一职的改革。其所置左右司隶，各领二十余万户，即将汉魏以来司隶校尉，分为左右二名，所领户也以万户为单位，置一内史领之，凡四十三内史，几乎包括了当时汉国实际控制的地区。以"万户"为行政单位，乃是秦汉以来北方匈奴等游牧民族以万户为行政单位的旧俗。即是说，此时匈奴汉国刘氏以汉魏以来地方行政之名（即司隶校尉、内史），恢复了其祖先以万户为单位的地方行政组织，是糅合了胡汉地方行政体制特点的新形式。

当时，汉国左右司隶能辖四十三万户，当为其不断从四周掠迁或归附的人口。其中，主要是"晋人"（汉族）。这种"复旧"，晋人自然是不习惯的，加之汉国统治者对他们的压榨、侵侮，一有机会，就采取逃亡的形式进行反抗。如汉麟嘉元年（316年），"河东大蝗……平阳饥甚，司隶部人奔冀州（治今河北冀县）二十万户"；次年，赵固、郭默攻汉国河东，"右司隶部人盗牧马负妻子奔之者三万余骑"。[1]所谓"司隶部"，可能即左右司隶的机构名，下又分左右司隶部，而史载"司隶寺"为司隶部所属之机构。原任汉国廷尉、黄门侍郎的陈元达，曾任过"左司隶"职。[2] 左右司隶的万户组织，可能到刘聪死后，刘曜即位后即废止。

———————

[1] 《晋书》卷一〇二《刘聪载记》。
[2] 《晋书》卷一〇二《刘聪载记》。

以上仅是十六国中个别政权在一段时期地方官制中的改革，实际上在十六国地方行政机构及职官中，最普遍、也最具特色的还是"护军制"。

护军制，源于自秦汉以来中央设置的武职"护军"，或称护军都尉、护军将军、中护军等，为领护军队之官，即所谓"护军前官，武士管龠，典武选，尽护诸将"是也。① 又为大司马、大将军或魏晋以后持节都督之高级属僚，系中央禁卫出征或都督诸州而设置。另有三国时形成的杂号将军（护军将军）之一，为纯粹之武官。而护军制之"护军"，则超出了上述三种军事职官之范畴，成为国家地方行政机构及职官名。即是说，成为中国古代地方行政机构州、郡、县制的一种补充和特有的制度。②

护军制形成于曹魏时，《三国志·魏志》卷三〇注引《魏略·西戎传》记：东汉建安十九年（214年）曹操破马超，仇池氏酋阿贵为夏侯渊攻灭，其部众被曹操"分徙其前后两端者，置扶风、美阳，今之安夷、抚夷二部护军所典是也"。所谓"今"，当指曹魏之时。安夷、抚夷二护军设置的具体时间，据《元和郡县图志》卷一云阳县条记："本汉旧县，属左冯翊，魏司马宣王抚慰关中，罢县，置抚夷护

① 《北堂书钞》卷六四，"护军将军"条。
② 详细论述见拙著《魏晋南北朝时期的护军制》，《燕京学报》1999年第6期。

军，及赵王伦镇长安，复罢护军。刘、石、苻、姚因之。魏罢护军，更于今理，别置云阳县。隋因之。"抚夷护军治汉云阳县（今陕西泾阳西北三十里），系司马宣王（司马懿）抚慰关中时（231—236年）所置。安夷抚军或也置于此时。抚夷护军是"罢县"而置，则其相当于县一级，且是军政合一的行政体制，与上述护军将军职官不同。

安夷、抚夷护军兼理民政，还可以从以下史实得到证明。史载曹魏正光二年（255年），魏雍州刺史王经与蜀姜维大战于洮西（今甘肃洮水西），魏军大败。十月，魏诏书称："洮西之战，至取负败，将士死亡，计以千数……其令所在郡典农及安、抚二护军各部大吏慰恤其门户，无差赋役一年。"① 可见，安、抚二护军也征调兵民参战，护军所辖民户是有赋役的。

西晋建立后，由于全国统一，军事征战较少，地方动乱也少，军政合一的护军制也没有存在的必要，故护军制没有得到推广和发展。但是，到十六国时，由于分裂割据，战争不断，内迁民族与汉族杂居错处，在这种形势下，十六国统治者，无论是汉族或是五胡，在地方行政体制上，除沿袭汉魏以来的州郡县制外，大多还采用了军政合一的护军制。具体情况如下表：

---

① 《三国志·魏志》卷四《少帝纪》。

国名	护军名称	任职官员名	设置和废置时间	资料出处
汉赵	抚夷护军			《元和郡县图志》卷一
后赵	抚夷护军			同上
前凉	武街护军（今甘肃成县西北）	曹权、胡宣	置于东晋咸和四年（329年）	《晋书》卷八六《张骏传》、《资治通鉴》卷九七
	候和护军（今甘肃临潭）		同上	同上
	石门护军（今甘肃迭部北）		同上	同上
	漒川护军（今甘肃洮水中上游地区）		同上	同上
	甘松护军（今甘肃临夏南）		同上	同上
	炮罕护军（今甘肃临夏）	李逵	同上	《晋书》卷八六《张重华传》
	宁羌护军（今甘肃庆阳）	阴鉴		《资治通鉴》卷九二
前秦	抚夷护军	杨佛狗		《宋书》卷八九《氐胡传》、《元和郡县图志》卷一
	中田护军（今甘肃张掖南）	沮渠法弘		《宋书》卷八九《氐胡传》
	冯翊护军（今陕西洛水西）	郑能邀（进）、苟辅		《邓太尉祠碑》、《广武将军□产碑》

国名	护军名称	任职官员名	设置和废置时间	资料出处
前秦	宜君护军（今陕西耀县东北）		置于前秦苻坚时，魏太武帝改为宜君县	《元和郡县图志》卷三
	铜官护军（今陕西铜川）		后魏太武帝改为铜官县	《元和郡县图志》卷二
	三原护军（今陕西泾阳西北）		后魏太武帝七年（430年）罢，改置三原县	《元和郡图志》卷一
	云中护军（今内蒙古托克托东北）	贾雍		《晋书》卷一一三《苻坚载记》
	勇士护军（今甘肃榆中东北）	吐雷		《晋书》卷一二五《乞伏国仁载记》
	甘松护军	仇腾		《晋书》卷一一三《苻坚载记》
	土门护军（今陕西富平）			《太平寰宇记》卷三一
后秦	抚夷护军		沿前秦置	《元和郡县图志》卷一
	土门护军		同上	《太平寰宇记》卷三一
	铜官护军		同上	《元和郡县图志》卷二
	三原护军		同上	《元和郡县图志》卷一
	宜君护军		同上	《元和郡县图志》卷三

国名	护军名称	任职官员名	设置和废置时间	资料出处
后秦	安夷护军	姚墨蠡	始置于曹魏，后秦沿之	《晋书》卷一一九《姚泓载记》
	安定护军（今甘肃镇原西北）	孙瓒		《北史》卷九二《孙小传》
后凉	中田护军	马邃		《晋书》卷一二二《吕光载记》（《宋书》卷九八《氐胡传》作"临松护军"误）
	北部护军（今甘肃合黎山北）	吕隆		《晋书》卷一二二《吕光载记》
南凉	邯川护军（今青海化隆一带）	孟恺		《晋书》卷一二六《秃发傉檀载记》
西秦	弱水护军（今甘肃张掖南）	吐谷浑觅地	东晋元熙元年（419年）置	《晋书》卷一二五《乞伏炽磐载记》
	长城护军（今甘肃平凉西北）	焦亮		《资治通鉴》卷一二一
	苑川护军（今甘肃兰州东苑川）			《秦汉南北朝官印征存》卷九
北凉	中田护军	沮渠亲信		《资治通鉴》卷一一三
西凉	抚夷护军	刘延明		《北史》卷三四《刘延明传》
夏国	长城护军			《资治通鉴》卷一二二
	吐京护军（今山西石楼）			《魏书》卷三《太宗纪》、《魏书》卷三〇《楼伏连传》

国名	护军名称	任职官员名	设置和废置时间	资料出处
仇池国	二十部护军		东晋太元十九年（394年）置	《魏书》卷一〇一《氐传》

表内未列明确记有护军与太守、县令并置，或为军事职官方面的护军。如前凉的大夏护军，① 西凉的敦煌护军、骑马护军，② 前凉的平虏护军、宣威护军，③ 前秦的平羌护军，④ 后凉的宁戎护军，⑤ 前燕的辽东护军等。⑥ 又由于十六国史籍散佚颇多，上表所列诸国以军统民的护军（即护军制的护军）肯定是不完全的，而且因史料的阙如，所记护军个别可能为其他类型之护军（领护、杂号等）。这也是必须说明的。

不过，从上表看，十六国中，至少有十一个国实行了护军制，占十六国的70%，而且基本是在西北立国或管辖到西北的诸国。其中，以建国于陕西关中的前、后秦设置较多和较为完备。有相当郡一级和县一级的护军，每一护军有一

① 《晋书》卷八六《张重华传》。
② 《晋书》卷八七《李玄盛传》。
③ 《晋书》卷八六《张茂传》；《太平御览》卷三一引《前凉录》。
④ 《资治通鉴》卷一〇〇晋升平三年条。
⑤ 《晋书》卷一二二《吕光载记》。
⑥ 罗振玉：《芒洛冢墓遗文四编补遗》，民国刻本，录《后魏石育墓志》。

定的辖地，军政合一，领护氐、羌、匈奴屠各、卢水胡、吐谷浑、鲜卑等族，或杂胡，且杂有汉族。即是说，护军多设置于各民族杂居和易发生动乱的地区。

关于护军制的建置，目前所见史籍阙载，仅可从现存的前秦建元三年（367年）立《邓太尉祠碑》（原立于陕西蒲城县东北七十里东河川）所记前秦冯翊护军的情况，窥之一二。① 据碑文记，曾任五年冯翊护军的郑能逸（进）所辖地区，"统和、宁戎、鄜城、洛川、定阳五部；领屠各，上郡夫施黑羌、白羌，高凉西羌、卢水、白虏（鲜卑）、支胡、粟特、吾水，杂户七千，夷类十二种。兼统夏阳（今陕西韩城）治"。② 至于冯翊护军的机构及属吏，碑文记有"军府吏属一百五十人"之众，有护军司马、军参事（三人）、军门下督（二人）、军主簿（十一人）、军功曹（二人）、军录事（五人）、军功曹书佐（一人）、功曹书佐（二人），以及少数民族部酋、部大等。碑文所列护军军府属吏共二十六人，肯定是不完全的，只占一百五十人总数18%左右。也即是说，护军制所设置机构为军府。如果将护

① 又现存前秦建元四年立《广武将军□产碑》提到"抚夷护军"，但非碑主□产之职，而是其父"抚夷护军、扶风太守"，碑文记□产属僚有军事和郡县两个系统官吏，故不能作为研究护军制的依据。详细考证见上引拙著《魏晋南北朝时期的护军制》。

② 参见马长寿《碑铭所见前秦至隋初的关中部族》（中华书局1985年版）对其辖地及所统各族之分析。

军制军府属吏与《晋书》卷二四《职官志》中郡县一级属吏，以及军事职官"护军将军"属吏相比较，则护军制军府与护军将军之属吏更为相近。这说明护军制军府的机构与属吏与护军将军同，而无地方郡县官吏。这正突出了一个以军治民、军政合一的特点。

护军制一直延续到北魏初，至太安三年（457年），北魏才"以诸部护军各为太守"，① 也即是废除护军制。但其残余直到魏孝文帝太和年间才彻底废止。②

除护军制外，十六国在地方行政官制上，还有一些特点，即在十六国后期后秦、夏国实行的"大营"和"以城统民"的军政合一的地方官制。

羌族所建之后秦政权，其首领姚氏原居陇右，后赵石虎时，东迁滠头（今山东临清），石虎封其首领姚弋仲为"奋武将军、西羌大都督"，后"迁持节、十郡六夷大都督"。时姚弋仲领众数万，是军政合一的组织，以都督的名义统领本族（羌）为主的军队和六夷。后赵亡后，氐族苻氏建前秦，羌族姚氏率部先降东晋，后又归降前秦。苻坚淝水之战败后，姚苌起兵关中，杀苻坚，建后秦，与前秦残余陇右的苻登争战不息。据《晋书》卷一一六《姚苌载记》载："苌

---

① 《魏书》卷一一三《官氏志》。
② 《元和郡县图志》卷三真宁县条记："后魏置泥阳、惠涉二护军，孝文帝太和十一年（487年）复置阳周县。"

既与苻登相持积年，数为登所败，远近咸怀去就之计，唯征虏齐难、冠军徐洛生、辅国刘郭单、冠军弥姐婆触、龙骧赵恶地、镇北梁国儿等守忠不贰，并留子弟守营，供继军粮，身将精卒，随苌征战。时诸营既多，故号苌军为大营，大营之号自此始也。"军营（诸营）可能形成较早，而大营之号始于与苻登相持之时。① 大营、诸营是适应战争需要的以军统民、军政合一的组织。大营自然随姚苌而迁徙，诸营则屯驻于军事重地或镇、堡，于是有"堡民"、"镇民"的出现。

　　姚兴即位后，攻灭苻登，"分大营户为四，置四军以领之"，而"诸营"之名也渐废除。此后，姚兴安定秦陇，大封功臣，其官制也基本沿用汉魏之制。如史载，姚兴子弟或大臣镇守各地，以将军衔领州、郡长官（刺史、太守），或以都督某州（或数州）诸军事，领刺史、太守而已。然而，此时刺史、太守之类的地方职官已有名无实。都督诸州军事、将军等武职所兼地方民户，开始沿用"镇户"、"堡户"之名，说明对他们的管理已具有"军管"的性质。到姚兴在位后期，甚至出现了直接用"都督……军事"或将军直接管辖"镇户"，废止了名义上的州郡职官。如姚兴曾令"（姚）显都督安定、岭北二镇事"，陇东太守郭播曾上言：

---

① 关于大营，可参见关尾史郎《"大营"小论——后秦政权（384—417 年）之军事力和徙民措施》，载《中国古代法与社会》（《粟原益男先生古稀纪念论集》），1988 年汲古书院刊。

"岭北（指陕西礼泉九嵕山以北）二州镇户皆数万。"[1] 姚兴还以铁弗匈奴勃勃（即赫连勃勃）"为持节、安北将军、五原公，配以三交五部鲜卑及杂虏二万余落，镇朔方"。[2]因而，实际上这种地方行政体制已具有了"军镇"之实，但至今未见军镇之名。[3]

又夏国虽然也沿魏晋制度，设诸州守宰，而不设郡县，但此种州不过是统军政的军镇，以城主（军镇主）统民。[4]

总之，无论是后秦以都督诸州军事或将军统民，或是夏国以城主统民，皆是军政合一，以军统民的军管性质，具备了军镇之实，可以说是盛行于北魏的"军镇"之雏形，也是五胡十六国时，各国相互征战，争夺土地和劳动力，徙民治民，加强对地方军事控制的产物。

四、小结

十六国的官制主要应是各国均承袭了汉魏以来的官制，其最高统治者称帝或称王，而按汉魏以来官制，从中央到地

---

① 以上所引均见《晋书》卷一一七、一一八《姚兴载记》。
② 《晋书》卷一三〇《赫连勃勃载记》。
③ 洪亮吉《十六国疆域志》卷五后秦，列有六个军镇名，序言中说："甚者姚苌以马牧起事，故崇镇堡之势，以敌方州。"按其所列后秦军镇名，有的为地名，有的为撰者所加，故不足信。
④ 参见拙著《中国中世西北民族关系研究》，西北大学出版社1992年版，第96页。

方设置相应的职官。而各国承袭汉魏以来的官制一般也有一个过程，大致在正式称帝、称王后渐趋完善，且以军事职官最多，多由统治民族王族子弟及本族人担任，汉族贵族也参与政权，分任各种官职的人数也较多。

其次，在一部分五胡所建政权（汉赵、后赵、后燕、北燕）中，与承袭汉魏以来官制的同时，还并行有"单于台制"，主管六夷，按匈奴旧制，以"万户"为单位，是该国的主要军事力量。单于台一般设在京城或其附近，最高职位的大单于一般由储主任之，下设左右（或前后左右）辅、左右贤王。单于台制应是沿匈奴旧制而来，主要是统治六夷，与广大的晋人（汉族）分治。在十六国时，仅见史籍载有部分国家实行此制，且实行一段时期，最后即废止。

第三，十六国地方行政官制中，较有特色的是护军制，以及"大营"、城主统民的军镇制雏形。

如果按十六国官制特点来分类的话，可将十六国官制划分为三种类型：

第一类：以前凉、西凉、成汉、北凉、后凉、南燕为一类，特点是基本承袭或全部承袭汉魏以来官制。前凉、西凉为汉族所建；成汉是生活在内地的巴氏（巴人）所建，他们汉化较深；北凉、后凉系从汉族所建前凉政权中，先后分离建国的；南燕建国时间较晚，故承袭汉魏官制。

第二类：以前秦、后秦、前燕、西秦、南凉为一类，特点是在政权建设初期杂有不同程度的胡俗（如称"大单于"

之类），只是到后期才基本上完善了汉魏以来的官制。

第三类：以汉赵、后赵、北燕、夏国、后燕为一类，特点是除了承袭汉魏以来官制外，还并行单于台制或杂有浓厚的游牧民族部落制特点（如夏国）。

十六国存在的时间虽然不长，但其政治制度中的官制上承魏晋，下启南北朝、隋唐，在中国历史上仍然占有一定的地位。

（原载于《文史》2002 年第 1 期）

唐代六胡州与"康待宾之乱"

上　六胡州建制沿革及地望

一、六胡州设置的背景和时间

六胡州是初唐时为安置迁入黄河河套南的突厥降户而专门设置的。据《新唐书》卷三七《地理志一》宥州宁朔郡条记:"宥州宁朔郡,上。调露元年,于灵、夏南境以降突厥置鲁州、丽州、含州、塞州、依州、契州,以唐人为刺史,谓之六胡州。长安四年并为匡、长二州。神龙三年置兰池都督府,分六州为县。开元十年复置鲁州、丽州、契州、塞州。十年平康待宾,迁其人于河南及江、淮。十八年复置匡、长二州。二十六年还所迁胡户置宥州及延恩等县,其后侨治经略军。"以上所记,大致将六胡州的建制沿革叙述清楚。下面我们参酌其他史籍,对六胡州设置的背景、时间、建制及地望、居民等问题作进一步的探讨。

六胡州设置时间诸书记载大致相同，即在唐高宗调露元年（679年），以突厥降户置六州，即六胡州。唯北宋乐史撰《太平寰宇记》卷三九关西道宥州条云："宥州，即汉三封县之地，自后河曲灵、夏、原等州有蕃胡部落，后周武帝乃立六胡州以统之。唐贞观以后，渐得其地……开元九年，胡帅康待宾反……"据此似六胡州之名早在北周武帝时（561—578年）已有。但此所记之"六胡州"，并非指唐调露元年所置之六胡州，而是指唐代所谓的"河曲六州"或"六州"。《新唐书·突厥传上》记："初，突厥内属者分处丰（治今内蒙古五原南）、胜（治今内蒙古准噶尔旗东北）、灵（治今宁夏吴忠西）、夏（治今陕西靖边白城子）、朔（治今山西朔州）、代（治今山西代县）间，谓之河曲六州降人。"即是说，唐代的"河曲六州"或"六州"比"六胡州"所指范围更大，主要泛指河套以南，包括河曲地区的丰、胜、灵、夏、朔、代六州之地。而乐史不查，将北周及唐代河曲六州与唐调露元年所置六胡州混而为一。故所谓"六胡州"之名（或设置）起于北周武帝之说，不足信。

又1981年考古工作者在洛阳南郊发掘了唐安菩墓，[①]出土的墓志首题有"唐故陆胡州大首领安君墓志"，而据志文，安菩生卒年为公元600—664年，故国内有的学者，如

————————————

① 赵振华、朱亮：《安菩墓志初探》，《中原文物》1982年第3期。

张广达先生认为，"这证明唐代之有六胡州早于文献记载的调露元年（679年）"；进而推论，"《新唐书·地理志》所记调露元年设六胡州，以唐人为刺史，实际含义不在是年始置六胡州，而在是年以唐人取代昭武九姓首领为刺史"。这是用出土文物辨正史籍的例证。①

但是，我们细读《安菩墓志》全文，对照史籍，觉得张广达先生这一结论仍有疑问。首先，《安菩墓志》是唐神龙三年（709年）安菩子安金藏等将葬于长安龙首原的父墓，迁于洛州，与母何氏合葬时所撰。此时六胡州已设置了三十年，而其父安菩之"陆胡州大首领"之号，似非唐朝所封，而是子孙后来所加。《安菩墓志》盖上就仅记为"大唐安远将军安君志"。这种在墓志中加上本部落的封号，也见于内迁的吐谷浑慕容氏墓志，如志中的"燕王"、"政乐王"之类的名号，也非唐朝所加之号。因此，志首题之"陆胡州大首领"是安菩子金藏等自己追加之号，与志文中所谓"其先安国大首领"的情况同。故不能以此证明安菩在世时，唐就设置了"六胡州"。假如唐已于安菩时设置了六胡州，那么安菩的职名就决非"大首领"之类的名号，而应是"刺史"或都督之类的名号。

第二，即便安菩"陆胡州大首领"之号为唐朝所封，

① 张广达：《唐代六胡州等地的昭武九姓》，《北京大学学报》1986年第2期。

这"陆胡州"也决不是指调露元年所置之六胡州，而是指上述的"河曲六州"。如前述，唐人及后人经常将唐代的"河曲六州"（或称"六州"）与"六胡州"相混淆。据岑仲勉《通鉴隋唐纪比事质疑》"六州降户等条"，① 引《新唐书·突厥传》内记突厥默啜向武则天请田种、农器及"六州降户"，并记此六州降户即"河曲六州"降户，认为"河曲"应为"河西"之讹（见《通典》、《旧唐书·突厥传》）；又说，此六州（即丰、胜、灵、夏、朔、代）不得谓之河曲，然亦非河西，应如《旧唐书·田归道传》所记之"六胡州"。按岑先生此说不确，《旧唐书·张说传》、《资治通鉴》卷二一二，均记有"河曲六州残胡"，《唐大诏令集》卷一二八《遣牛仙客往关内诸州安辑六州胡敕》中也有"河曲之北，先有六州，群胡编列，积有年序……"证明确有"河曲六州"之说。其次上述丰、胜、灵、夏、朔、代六州，均在河曲周围，云为河曲六州并非不可。最重要的是两《唐书》的《突厥传》均明言默啜所要之"六州降户"，是丰、胜等河曲六州降户，何得仅据《田归道传》而否认"河曲六州"之存在，而断河曲六州为调露元年所置之"六胡州"之降户！以情理论，恐怕默啜所索降户，决非早为编氓，且深入灵、夏两州南境之"六胡州"的降

---

① 岑仲勉：《通鉴隋唐纪比事质疑》，中华书局 1964 年版，第 123页。

户吧。同样，张广达先生所引突厥文《毗伽可汗碑》、《阙特勤碑》中所记毗伽可汗十八岁时"率军攻六胡州"的"六胡州"，也决非调露元年所置之"六胡州"，只是指"河曲六州"而已。因为当时的突厥军队要突破河套南北诸都护、都督府的防线，深入到灵、夏南境的六胡州，亦决非易事。以上这些事例说明，唐人及后人均有将河曲六州与六胡州混淆的情况。安菩子金藏等在"六胡州"设置三十年后，以部落或自己所名之"陆胡州大首领"加于父墓志文中，亦情理中事。

第三，张广达先生还以《唐维州刺史安侯神道碑》为例，① 云：安侯（讳附国）父安胐汗于贞观四年突厥亡后率部落五千降，被任命为维州刺史，附国接任，其次子思慕（原文应为"恭"）为鲁州刺史，此鲁州必为六胡州之鲁州无疑。② 我们细读碑文，知安胐汗率部五千降唐，是在"贞观初"，至贞观四年，胐汗与子附国朝唐。父子承袭之维州刺史，张广达先生认为与剑南道所属之维州无关。可是，我们遍查有关唐代地志，除剑南有维州外，再没有维州。《新唐书·地理志六》维州维川郡条云："武德七年以白狗羌户于姜维故城置，并置金川、定廉二县。贞观元年以羌叛废，

---

① 《文苑英华》卷九二〇《唐维州刺史安附国碑》；《全唐文》卷四三五，亦载有此碑文。

② 张广达：《唐代六胡州等地的昭武九姓》，《北京大学学报》1986年第2期。

县亦省，二年复置。"而碑文云朏汗"贞观初，率所部五千余人入朝，诏置维州，即以朏汗为刺史"，这正与贞观二年复置州合。碑文还记附国于贞观八年曾随赵德楷使吐谷浑，吐谷浑地与维州邻近。根据这些情况分析，朏汗父子所任之维州刺史，当在剑南道。附国死于调露二年，永隆二年（681年）改葬，碑或写于此时，而其次子思恭任鲁州刺史也当在调露元年设置六胡州之后。朏汗父子系昭武九姓胡人，其孙思恭任六胡州中鲁州刺史，证明该地西域胡人是很多的。

根据以上三点，我们认为"六胡州"还是唐代史籍记载的调露元年所置较为可信。

唐朝为何在调露元年专门设置六胡州呢？原来河套以南的所谓"河南"之地，是北方游牧民族与农耕的汉族交错杂居的地区。北周时，突厥兴起，故河南之地多有"蕃胡部落"。唐朝建立后，于贞观四年（630年）灭东突厥，其部降唐者十余万众。唐太宗取中书令温彦博之策，将十余万突厥降户迁于此，"卒度朔方地，自幽州属灵州，建顺、佑、化、长四州为都督府……"① 这可能是突厥降众大规模入居河南之始。至贞观十年（636年），又有突厥首领阿史那社尔为漠北薛延陀击败，保高昌（今新疆吐鲁番高昌故城），后率残部万余家降唐。太宗留社尔于长安，"敕处其

————————————
① 《新唐书》卷二一五上《突厥传》。

部落于灵州之北"。① 此地当即河南之地。

到贞观十三年（639年），发生了原突厥突利可汗弟结社率阴谋刺杀太宗的事件，大臣们均上言留突厥降户于河南不便。太宗于是"乃立阿史那思摩为乙弥泥孰俟利可汗，赐氏李，树牙河北，悉徙突厥还故地"。② 即是说，将贞观四年迁入河南地的十余万突厥降户，尽徙还于黄河河套以北之地。十五年（641年）思摩率众十余万，胜兵四万，马九万匹始渡河，建牙于故定襄（今内蒙古呼和浩特东南）。过了三年（644年），思摩不能抚有部众，又遭薛延陀攻击，部众约十万又"悉南渡河，请处胜、夏之间"，太宗许之。③河套以北，原思摩所领之地，遂为原突利部人阿史那车鼻所据有。

至唐高宗永徽元年（650年），唐军击败车鼻，突厥各部内附，唐置单于、瀚海二都护府，领十都督二十州。此后，"凡三十年北方无戎马警"。④ 这种情况一直继续到调露元年十月，发生了单于府大酋温傅、奉职二部反唐事件为止。这一事件最后于永隆元年（680年）为裴行俭所平定，突厥余部降唐。史籍未载唐于调露元年设置六胡州是在何

① 《资治通鉴》卷一九四唐贞观十年条；《唐会要》卷九四《北突厥》等。
② 《新唐书》卷二一五上《突厥传》。
③ 《唐会要》卷九四《北突厥》。
④ 《新唐书》卷二一五上《突厥传》。

月。是否是在十月温傅、奉职二部反唐之前？不能肯定。但
是，唐置六胡州安置的突厥降户，可以断言不是永隆元年裴
行俭所击降的突厥部众。尽管这批突厥降户后来可能有部分
被安置在河南的夏州一带，① 甚至以后成为六胡州的居民之
一。那么初设六胡州时的"突厥降户"又是何时迁来的呢？
据以上的分析，六胡州原来在河曲六州之内，此地自北周武
帝以来就有众多的蕃胡部落，特别是贞观四年唐灭东突厥
后，大批突厥降户被迁入河南地区。以后，这批降户虽然一
度随思摩返河北，可是不久仍有十万左右的降户渡河南居。
贞观十年，又有阿史那社尔的万余残部居于河南。因此，六
胡州的居民应主要是这批居于河南的突厥降户中的一部分。

　　唐朝在调露元年设立六胡州的主要原因，不外乎是为了
加强对河南地区突厥降户的统治，使之纳税服役，便于控
制。这样，一方面可以控制漠北突厥从灵、夏南入京畿的通
道；另一方面又可以加强和巩固对河北单于、瀚海都护府所
属二十余州的控制。当然，如果六胡州设置是在调露元年十
月之后，其设置的直接原因就是为了便于镇压温傅、奉职二

① 《新唐书·突厥传上》云："永隆中，温傅部又迎颉利族子伏念于
　　夏州……"从此知温傅等部降后，大致安置在夏州一带。

部的变乱，有巩固后方，便于运输军队、给养的用意在内。①

二、六胡州的地望及建制沿革

六胡州设于何地？据前引《新唐书·地理志》宥州条记，是在"灵、夏南境"，《元和郡县图志》卷四新宥州条记在"灵州南界"。这仅是指其大致方位而言。较为具体的记载，则见于《元和郡县图志》卷四的新、废宥州条。按所谓"废宥州"，即开元二十六年还平康待宾后所迁降户于六胡州所置的宥州。正如《图志》所云："康待宾叛乱，克定后，迁其人于河南、江、淮诸州，二十六年还其余党，遂于此置宥州，以宽宥为名也。后为宁朔郡，领县三：怀德、延恩、归仁。"而此宥州的治所延恩县，即是以"故匡州地置"，而匡州，正是长安四年并六胡州为匡、长二州的匡州。至于《图志》所云之新宥州，则是在元和九年（814年）五月于经略军（今内蒙古毛乌素沙漠北）所置之宥州，其治所在经略军，而不在延恩了。由此可知，废宥州之地即为原六胡州之地。《图志》记废宥州"在盐州（治今陕西定

---

① ［日］小野川秀美：《河曲六州胡的沿革》（《东亚人文学报》第1卷第4号）及上引张广达先生文，均认为调露元年六胡州设置原因主要是"因为此年单于突厥大首温傅、奉职二部叛，二十四羁縻州响应，而不得不采取的强化措施"。

边）东北三百里。在夏州西北三百里"。又说匡、长二州于神龙三年（707年）改为兰池都督府，"在盐州白池县（在今宁夏盐池北）北八十里"。又《通典》卷一七三州郡宥州宁朔郡条记宥州（即废宥州）的位置是："东至朔方郡（夏州）二百一十里，南至五原郡（盐州）一百四十里，西至灵武郡（灵州）三百二十里，北至安北都护府（治今内蒙古包头西）八百里……"以上两种记载的数字虽然不尽相同，但可据此大致确定六胡州（即废宥州）的位置，即在夏州与灵州之间，盐州之北，距安北都护府较远，今内蒙古鄂托克旗南一带。《中国历史地图集》第五册第35至36幅唐京畿道、关内道内，标出的宥州所属的延恩、怀德、归仁三县的位置，大致就是原六胡州的方位。至于六胡州中的鲁、丽、含、塞、依、契六州各自的具体位置，因资料阙如，已不可详考。①

六胡州设置的时间实际上并不长，到长安四年（704年）唐就改六胡州为匡、长二州，前后仅二十六年。匡州，

---

① 1985年考古工作者在宁夏盐池县西北约48公里苏步井乡内的窨子梁上，发掘唐代墓葬四座，内M3号墓出墓志一方。志主"大周□□□都尉何府君"，乃中亚昭武九姓何国人（志文作"大夏月氏人也"）卒于久视元年（公元700年）九月七日，"鲁州如鲁县□□里私第"，后迁窆于"□城东石窟"。（《宁夏盐池唐墓发掘简报》，《文物》1988年第9期）。据此，知六胡州中的鲁州，大致在今宁夏盐池县西北，灵武之南。此乃目前所知六胡州中位置较确定的一州。

如前述，即后之延恩；长州，疑即后兰池都督府所属长泉县。《旧唐书》卷三八《地理志》宥州条记："归仁，旧兰池州之长泉县。开元二十六年，置归仁县。"至神龙三年（707年），唐复于匡、长二州地置兰池都督府，以原六个胡州各为一县以隶之。此六县名是否与原六胡州同，则不得而知。史籍载兰池都督府还辖有长泉县和塞门县（开元二十六年于此置怀德县），而塞门很可能就是原六胡州之"塞州"。

开元九年四月兰池州胡康待宾在长泉县起兵，攻陷六胡州，并进攻夏州。七月，唐朔方道行军大总管王晙等擒康待宾。十年九月，唐朔方军节度大使张说击溃康待宾余党康愿子等。此时，唐朝一方面复置鲁、丽、契、塞四州；一方面将包括六胡州在内的河曲六州残胡五万余口尽徙之于河南及江、淮，"始空河南朔方千里之地"。① 开元十八年（730年），唐又将鲁、丽、契、塞四州并为匡、长二州。二十六年，又将徙于江、淮的胡户迁回原六胡州，置宥州，"以宽宥为名也"，下辖延恩、怀德、归仁三县。到天宝元年（742年），改宥州为宁朔郡，仍统三县。天宝末，宁朔郡治由延恩侨治经略军。至德二年（757年），又改宁朔郡为怀德都督府，乾元元年（758年）复名为宥州，宝应后遂废。

到元和八年，时任中书侍郎平章事的李吉甫上言："国家旧置六胡州在灵州界内，开元中废六州置宥州，以领诸降

---

① 《旧唐书》卷九七《张说传》。

户。天宝末，宥州寄理于经略军，盖谓居中可以总统蕃部，北接天德（即天德军，在今内蒙古乌梁素海东），南据夏州。今经略军远碛，灵武道路乖越，又不置军镇，非旧制也。请置宥州，理经略军。"次年五月，唐遂于经略军城置宥州（即新宥州），仍为上州，以延恩为上县，改隶夏绥银观察使。又自新宥州（经略军城），北至天德，置新驿馆十一所，从天德军经新宥州，到夏州乘传奏事，四日即可到京师长安，大大缩短了河北至京的驿传时间。到元和十五年（820年），新宥州治所经略军移治夏州的长泽县，后为吐蕃所破。长庆四年（824年），夏州节度使李佑复置。领县二：延恩、长泽。

以上大致是唐六胡州的建制沿革，其中有两点值得特别提出：

1. 唐于调露元年设置的六胡州，与所谓的"河曲六州"，是完全不同的两个地理、行政区划的概念。河曲六州（有时也简称"六州"）是指唐初于河南、河曲所设的六州（丰、胜、灵、夏、朔、代），而所谓"河曲六州降人"或"六州胡人"，也是指在这六州的蕃胡部落，其中主要是突厥内属者。调露元年所置的六胡州（鲁、丽、含、塞、依、契六州），仅是在灵、夏两州之间所设。从地域上看，它仅是河曲六州的一小部分，其居民也是河曲六州突厥降户的一部分。六胡州有时也简称"六州"。过去发表的一些关于六胡州的论著，皆因在这两个概念上分辨不清，以致将两者混淆，造成了一些混乱。

在唐代史籍中，一般说来，凡文献所记为"河曲六州"或"六州"者，应指丰、胜等六州，记为"六胡州"者，则专指鲁、丽等六胡州。但因"六胡州"有时也简称"六州"，因此凡文献所记为"六州"者，还应从上下文意来判断。如新、旧《唐书·地理志》宥州条均云，开元九年至十年平康待宾乱后，"迁其人于河南及江、淮"，所指当然是六胡州的突厥降户。但在《旧唐书》卷八《玄宗纪》、同书《张说传》、《资治通鉴》卷二一二等史籍中，则记为"诏移河曲六州残胡五万余口于许、汝、唐、邓、仙、豫等州，始空河南朔方千里之地"。显然，所移之残胡是指河南、朔方"河曲六州"的，而非指六胡州的残胡。从所移人口数及地域看，移河曲六州残胡为是，但也包括了原六胡州之残胡。以上两种记载似有矛盾，其实是从不同角度来叙述，因而基本上都是正确的。又如唐代诗文中往往见"六州"之名，如李峤的《奉使筑朔方六州城率尔而作》，① 李益《登夏州城观行人赋得六州胡儿歌》、《从军夜次六胡（州）北饮马磨剑石为祝殇辞》，② 薛逢《送灵州田尚书》诗中有"六州蕃落从戎鞍"之句；③ 又唐玄宗有《遣牛仙

---

① 《全唐诗》卷五七。

② 《全唐诗》卷二八二。

③ 《全唐诗》卷五四八。

客往关内诸州安辑六州胡敕》等。① 有的学者认为以上的
"六州"均指"六胡州"。② 其实，除李益《从军夜次六胡
（州）北饮马磨剑石为祝殇辞》应指"六胡州"外，其余的
"六州"皆是指"河曲六州"。

2. 六胡州地处河南，这里"荐草美泉"，利于畜牧，介
于夏、灵两个重镇之间，是北方游牧民族与汉族往来的通道
之一，且"密迩京畿"，战略地位十分重要。因此，唐自调
露元年设六胡州后，几易州名，二度废置，但始终没有放弃
于此设立州府，这绝不是偶然的。

三、六胡州建制特点及其居民

唐所置六胡州是为安置突厥降人，则其境内居民应主要
为突厥降人。按照唐朝的惯例，往往在少数民族聚居之地，
或移徙一部分少数民族于内地后，设立羁縻州府，或类似羁
縻州府的行政建制，以少数民族首领为刺史，且得世袭。如
咸亨三年（公元672年），迁吐谷浑诺曷钵部于灵州，设安
乐州（治鸣沙，今宁夏中宁鸣沙）以处之，以诺曷钵为刺
史；又于夏州、延州分设宁朔州、浑州等吐谷浑部羁縻州。
又如原在今四川西北、甘南的党项诸羁縻州，安史之乱后，

---

① 《唐大诏令集》卷一二八。
② 钮仲勋：《六胡州初探》，《西北史地》1984年4期。

有的徙于灵、庆、银、夏诸州，仍为羁縻州。可是，唐始置六胡州，其性质就不同于一般的羁縻州，而与一般内地的州府相同。因为唐置六胡州，一开始即不以突厥降人为刺史，而是"以唐人为刺史"。此"唐人"，不一定是汉族，也有其他民族的官吏任之。其次，唐朝已解散了六胡州原突厥降人的部落组织，使其人变成为唐朝纳贡服役的"编民"。《册府元龟》卷九八六载开元九年诛康待宾诏，内云："兰池胡（即六胡州胡）久从编附，皆是淳柔百姓，乃同华夏四（应为"之"误）人……"同书卷九九二载同年六月诏，亦云："河曲之地，密迩京畿，诸蕃所居，旧在于此；自服王化，列为编氓，安其耕凿，积有年序。"而从康待宾起兵后，首领皆无突厥显贵、酋豪之名，亦可证原突厥部落已解散，部民已变为唐朝之"编氓"。

唐朝之所以在内地汉族聚居地的郡县设立六胡州，大致有如下几个因素所促成：一是居于六胡州的突厥降户，主要是贞观四年东突厥汗国灭亡后迁入河曲六州的突厥降户，当时太宗按温彦博的建议，将其"收处内地，将教以礼法，职以耕农，又选酋良入宿卫……"[1] 经过大约五十年的时间，突厥降户在河南与邻近的汉族交往日益频繁，有的已开始由游牧转向"耕农"，设立以唐人为刺史的州县，已有了一定的基础。二是由于六胡州所处的战略地位的重要，唐朝

---

① 《新唐书》卷二一五上《突厥传》。

欲使这一块夹在灵、夏二州之间不易管理的要地，直接控制在自己手中，以免引起内迁诸胡与河套北突厥等部联合，威胁紧邻的京畿地区。三是唐朝为了直接统治这一地区的突厥降户，征收赋税，补充兵卒和马匹。如《唐会要》卷七二记："开元二年九月，太常少卿姜晦上疏，请以空名告身，于六胡州市马，率三十匹酬一游击将军。"下注"时厩中马阙，乃从之"。这是以官职作代价，于六胡州市马之例，说明六胡州居民主要还是从事畜牧，是为唐朝提供马匹的基地之一。

六胡州的居民，主要是"突厥降户"，且是贞观四年东突厥汗国灭亡后，迁入河南的突厥降户。可是，在开元九年至十年六胡州胡康待宾起兵后，史载的首领，如康待宾、白慕容、何黑奴、石神奴、康铁头、康愿子等，均为中亚昭武九姓胡人姓氏，说明他们皆原为中亚胡人（西域胡），未见一个首领为突厥人姓氏。因此，过去有的研究者认为，六胡州的居民应主要是中亚昭武九姓胡人。他们列举了原东突厥汗国统治下有所谓的"胡部"。贞观四年突厥降户安置于河南，唐朝共设置的八个羁縻府州，已知其中五个羁縻州刺史姓名之中，就有两个为中亚胡人姓氏（史善应、康苏密）。此外，前述安附国子思恭，也曾任六胡州中鲁州刺史。这些事实均说明，六胡州内的突厥降户主要是中亚昭武九姓胡。

其实，所谓"突厥降户"，不仅有突厥人，也包括大量其他部族的人在内。如开元三年八月，因后突厥默啜可汗年老，国衰，其部下及统治的部落纷纷降唐，其中有"其（默啜）婿高丽莫离支高文简，与跌跌（即铁勒阿跌部）都督思太，吐谷浑大酋慕容道奴，郁射施大酋鹊屈颉斤、苾悉颉力（应为悉苾颉力），高丽大酋高拱毅，合万余帐相踵款边，诏内之河南"。① 以上这些部落原均为突厥所统治，且有的史籍统称之为"十姓突厥"。② 在这批突厥降户中，就有高丽、吐谷浑及铁勒人，并非全部是突厥。他们归唐后，唐朝封各部首领以官爵，处之于河南（即河套南）。由此例可知所谓"突厥降户"，包括了原突厥所统治的其他族，而突厥曾统治过西域，部分西域胡人随着突厥汗国的灭亡，迁入河南，完全是有可能的。又上述贞观十年由西域高昌来降的阿史那社尔部众万余家，被安置在灵州之北，其中当也有不少西域胡人。

其次，唐设六胡州前后，已解散了原突厥降户的部落组织，使之为编民，其原来的突厥首领、酋豪则大多调入京师宿卫或做官，因而开元九年康待宾起兵时，素以文化较高，善于聚敛财富的中亚胡人被推为起兵的首领，也是不足为奇的。总之，六胡州的居民主要是突厥降户中的中亚胡人，这是毫无疑问的。

---

① 《新唐书》卷二一五上《突厥传》；《册府元龟》卷九六四《外臣部封册二》。
② 《资治通鉴》卷二一一唐开元三年条。

至于六胡州居民人口数，在设立六胡州前后，史藉阙载。开元九年王晙击溃康待宾时，史载"杀三万五千骑"，[①] 这一数字可能有些夸大，[②] 而且并不能说明六胡州的人口。到开元二十八年唐迁原六胡州居民，设宥州，据杜佑《通典》卷一七三记宥州改宁朔郡后人口数："户七千五百九十，口三万四千三百二十。"又《新唐书·地理志》宥州记其州户口："户七千八百十三，口三万二千六百五十二。"以上两个数字虽不能完全代表宥州之前六胡州的户口数，但应该说相差不会太远。以此推测，六胡州的人口大约在三四万左右。

下 "康待宾之乱"及其性质和影响

一、康待宾起兵的原因和经过

自唐调露元年设置六胡州后，采取解散部落，使民为编氓，以唐人为刺史的政策，进行统治。至开元九年四月，六胡州（时为兰池都督府）爆发了以康待宾为首的反唐事件，史称"康待宾之乱"。早在开元八年兰池州康待宾等已开始聚集人众，《旧唐书》卷九二《韦安石附抗传》记："八年，

---

① 《册府元龟》卷九八六《外臣部征讨》。
② 《资治通鉴》卷二一二唐开元九年记为"杀叛胡万五千人"，近似。

河曲叛胡康待宾拥徒作乱，诏抗持节慰抚。抗素无武略，不为寇所惮。在路迟留不敢进，因坠马称疾，竟不至贼所而还。"九年四月，康待宾等就据兰池都督府所属之长泉县（即后之归仁县），接着攻占了六胡州（时为六县）。据《册府元龟》卷九八六引《实录》记："九年四月，兰池州叛胡显首、伪称叶护康待宾、安慕容，为多览杀大将军何黑奴，伪将军石神奴、康铁头等据长泉县，攻陷六胡州。"由此知康待宾起兵后，按突厥官制，建立了自己的一套组织。康待宾、安慕容所自称的"叶护"，为突厥官号，《新唐书·突厥传上》云其"大臣曰叶护"，原西突厥可汗亦名"统叶护"。"为多览杀大将军何黑奴"，据夏鼐先生考证："为"疑为衍字。"多览"为回纥多览葛部省称，"杀"亦作"设"，突厥"别部典兵者曰设"。[1] 岑仲勉先生则认为，"为"字应为"伪"字讹，此说是。[2] 而大将军、将军等号之前均加"伪"字，显然不是唐原封之武散衔。大将军号，可能系唐人对译"杀"，并将突厥官号与对译的唐朝官职大将军并写的原故。此何黑奴可能是该多览葛部的降户。"伪将军石神奴、康铁头"，则仅记其对译的唐朝官名了。从康待宾起兵后所称之官号看，也说明六胡州的居民原为突厥降户。

---

① 夏鼐：《考古论文集》，科学出版社 1961 年版，第 103 页。
② 岑仲勉：《突厥集史》上册，中华书局 1958 年版，第 412 页。

　　康待宾等占据六胡州后，势力大振，"有众七万"，并与居于夏州一带的党项联合，进攻夏州。唐急忙派遣兵部尚书、朔方大总管王晙发陇右诸军及征河东九姓马骑（即居河曲一带的铁勒九姓部落兵），又命陇右节度使郭知运率兵合击之。此外，还以太仆卿王毛仲为朔方道防御大使，与王晙及天兵军节度大使张说相机讨康待宾。这一形势，正如五月唐朝一份诏令中所说："朕今发陇右诸军马骑掩其南，征河东九姓马骑袭其北，三城（指河北三受降城）士卒截其后，六郡骁雄击其前，四面齐驱，万全直进"；又说："其蕃汉军将以下，战士以上，若生擒及斩获康待宾等一人，白身受五品，先是五品以上授三品。如临阵先锋能破北胡部落，所获资财、口、马牛，并便入立功人等，一切不须官收，仍别加官赏。其叛人内有能自杀获送者，应酬官赏，乱常之罪，一切并原。"① 诏文虽不免于夸张，以壮声势，但也反映了唐朝统治者对六胡州起兵的恐慌心理及其采取的分化瓦解策略。

　　五月底至六月初，康待宾联合夏州的党项，进攻夏州的银城（今陕西神木南）、连谷（今陕西神木北），以据仓粮。张说引兵从合河关（今山西兴县黄河处）渡黄河掩击，败康待宾军，追至连谷西北骆驼堰。此时，康待宾与党项的关系破裂，联盟瓦解，且相互厮杀。康待宾失败后，西入建铁

---

① 《册府元龟》卷九八六《外臣部征讨五》。

山。张说于是乘机招降党项，使其复旧业，又奏请在银城与连谷之间设麟州，以安集党项余众。康待宾之攻银城、连谷，有欲向北过河投突厥的意图，被张说击溃后，势力大衰，可能向西南折回。

七月，王晙率朔方军最终击溃了康待宾军，杀一万五千骑，① 生擒待宾。双方会战地点及详情史籍阙载。不过，据《新唐书》卷一四八《康日知传》记：日知"祖植，当开元时，缚康待宾，平六胡州"，知擒待宾者为康植。而史籍一般记王晙擒待宾者，因其为主帅也。接着，王晙将待宾押送至京师长安，唐朝集四夷酋长，腰斩待宾于西市。② 至此，在六胡州一带大规模的军事行动已停止，但是六胡州胡人仍有聚于山谷、沙薮之间，继续坚持战斗。唐朝于七月下诏说："（其众）勾引诸蕃同叛逃在山谷、沙薮间，疑惧不出者，并原其罪。宜令夏州都督阳钦明，依前处分安慰；仍以左监门将军安庆为副，依理宣尉，量加招辑，各令复业，务使安存讫奏闻。若不顺从，犹持向背，须别处分，亦具奏来。"③

唐朝的招抚工作，事实上没有多大的成效。主要原因是当时唐朝派遣的两位主将之间，因争功而发生了矛盾。原来

① 《资治通鉴》卷二一二。
② 《资治通鉴》卷二一二。
③ 《册府元龟》卷九八六。《册府元龟》将此诏系于九年五月，误，详细考证见《通鉴考异》。

唐朝先派遣朔方军大总管王晙，接着又命陇右节度使郭知运进击。王晙上言："朔方军兵自有余力，其郭知运请还本军。"未报，而郭知运军至。两人为争功，而不相协。王晙招降的部众，而知运却纵兵击之，于是降者以为王晙有意设计陷害，复相率叛走，互相聚结。时在开元九年七八月间。唐朝原因王晙功封其为清源县公，仍兼御史大夫，至是贬其为梓州刺史。

　　在复相聚结的部众中，以兰池胡康愿子一支势力最强。《新唐书·玄宗纪》云：开元九年"八月，兰池胡康愿子寇边"。康愿子，史又称其为"康待宾余党，庆州方渠（今甘肃环县）降胡康愿子"。① 他的起兵大致坚持了一年左右，史称其"自立为可汗"，"谋掠监牧马，西涉河出塞"。② 以此判断，愿子起兵之地当在庆州方渠，离唐陇右监马地不远，而且企图向西过黄河，出塞与突厥合。因此，他的复起，可以说是康待宾起兵反唐的继续。唐朝命朔方军节度大使张说率兵围剿。开元十年九月，张说进兵击溃了康愿子，并生擒愿子，又追其家属及余部于木盘山（地不详），俘男女三千余人。康愿子及其家属被执送至京师长安，旋被斩首。③ 至此，所谓"康待宾之乱"终于为唐朝所镇压。

---

① 《旧唐书》卷九七《张说传》。
② 《旧唐书》卷九七《张说传》。
③ 《旧唐书》卷九七《张说传》；《资治通鉴》卷二一二等。

为了根除六胡州及整个河曲六州原突厥降户再次起兵反抗，唐朝决定强迫迁徙河曲六州残胡五万余口（其中主要是六胡州胡人）于许（治今河南许昌）、汝（治今河南临汝）、唐（治今河南泌阳）、邓（治今河南邓县）、仙（治今河南舞阳西北）、豫（治今河南汝南）等州，空河南、朔方千里之地。①

二、"康待宾之乱"的性质及影响

史籍于康待宾起兵的原因记载不详，仅《旧唐书》卷九三《王晙传》提及，云：九年"兰池州胡苦于赋役，诱降虏余烬攻夏州反叛"。也就是说，六胡州康待宾等的起兵，主要是因为唐朝统治阶级对六胡州居民进行压迫和奴役，使他们"苦于赋役"忍无可忍的结果。

唐朝统治阶级怎样压迫和奴役六胡州的居民呢？史籍阙载。我们只能从唐对河曲六州的突厥降户的压迫和奴役情况，推知一二。如前述开元三年降唐的高丽高文简、跌跌部思太等，自被迁入河南后，时任唐单于都护府副都护张知运"尽敛其兵，戎人怨怒"，② 即尽收部民兵仗。后姜晦为巡边

---

① 《旧唐书》卷九七《张说传》；《资治通鉴》卷二一二等。
② 《新唐书》卷二一五下《突厥传》。

使，降户"遮诉禁弓矢无以射猎为生，晦悉还之。"① 从此可见唐朝官吏对于降户压迫、歧视，收其赖以为生的弓矢。降户自然对唐朝统治阶级怨恨不已。到开元四年，由于漠北后突厥汗国毗伽可汗的复兴，降户多欲叛回河北，结果爆发了跌跌思太等叛回漠北的事件。开元八年，唐朝方大使王晙诱杀突厥降部跌跌部及仆固都督等八百余人于中受降城；②又诛杀河曲降户阿布思等千余人。于是九姓铁勒同罗、拔曳固等皆震惧、动摇，后赖张说安抚，"其心乃安"。

当他们举起了反抗唐朝的义旗后，攻陷州县，欲北返漠北，说明他们在唐朝统治下，仍然受到民族歧视和压迫。他们这种返回漠北、摆脱唐朝的压迫的心理和行动是可以理解的。因此，我们认为：所谓"康待宾之乱"的性质，应是唐朝统治下的六胡州突厥降户反抗唐朝压迫和剥削的正义斗争，是交织着民族矛盾与阶级矛盾的产物。

康待宾起义爆发于唐朝的开元盛世，且发生在邻近京畿的六胡州，唐朝动员了朔方、陇右、北方三受降城及河东九姓的兵力，四面合围，进行围剿。甚至当时居于安乐州的吐谷浑首领慕容曦光及内迁党项拓拔思泰等也领所部兵马，参加镇压起义军的战争。因此，可以想见，康待宾的起义的确成了唐朝当时国内的重大事件，影响至为深远。

---

① 《新唐书》卷二一五下《突厥传》。
② 《旧唐书》卷九三《王晙传》等。

首先，从唐朝民族政策方面来看，贞观四年击灭东突厥汗国后，在如何安置十余万突厥降户的问题上，唐朝统治集团内曾有不同的意见。大多数人主张迁降户于内地兖、豫等州，"使习耕织，百万之虏，可化为齐人"；魏征、颜师古、李百药等则主张迁于河套北，以免"养虎自遗患"；独温彦博力主迁于河南，"教以礼法，职以耕农"。最后，太宗采纳了温彦博的建议，置十万降户于河南，并建顺、佑、长、化等四州为都督府。在当时的历史条件之下，从安抚突厥降户及有利于各民族之间的相互接近、相互融合等方面来看，唐太宗这一措施，还是比较正确和成功的。至调露元年，唐朝在河南专门又划出一部分地区设置六胡州，以唐人为刺史，进行直接统治。这一措施也是历史发展的必然结果，有利于民族之间的接近和融合。但是，由于历史条件的限制，这一措施必然加剧了六胡州地区的民族矛盾和阶级矛盾，特别是唐朝有关的各级地方官吏逐渐加强了对六胡州突厥降户的压迫和剥削，终于酿成了康待宾等六胡州居民的起义。而唐朝采取了血腥镇压的政策，最后又强迁包括六胡州在内的河曲六州残胡五万余口于内地。一直到开元二十六年，唐朝又将这批残胡迁回原六胡州，设宥州以统之。此后，宥州之地再没有发生像康待宾那样的事件。

因此，从总的方面来看，唐初对突厥降户采取的一系列政策和措施，包括六胡州、宥州的设置，尽管是从加强对突厥降户统治的目的出发，但它顺应了民族之间相互接近、相互融合的历史发展趋势，有一定的进步作用。问题在于唐朝统治阶级对六胡州突厥降户的阶级压迫和民族歧视，以及对他们反抗的血腥镇压，这是应予以否定的。总之，六胡州的设置和康待宾的起义，正好从一个侧面反映出唐初的民族关系，以及唐初民族政策的局限性。

其次，从军事方面来看，在镇压康待宾起义的过程中，进一步暴露出唐朝府兵制的衰败。府卫兵贫弱，番休者亡命略尽。因此，张说在镇压了六胡州起义后，建议请罢二十万边镇兵还农，招募壮士充宿卫，简色役，优其科条。旬日，得精兵十三万，分隶诸卫，更番上下。"兵农之分，从此始也。"[1] 张说的建议实质是以募兵制代替过去的府兵制，而这一措施的实施是在镇压了六胡州康待宾起义之后。故不能不说唐代这一重大的军事变革，多少与康待宾起义有一定的关系。

（原载于《民族研究》1988 年第 3 期）

---

[1] 《新唐书》卷一二五《张说传》；《资治通鉴》卷二一二唐开元十年条。

吉尔吉斯斯坦阿克别希姆遗址
出土两件汉文碑铭考释

——兼论唐朝经营西域中疆臣的作用

20 世纪 80 年代，在今吉尔吉斯斯坦托克马克西南 8 公里的阿克别希姆（City site Ak – Beshim）古城遗址出土了两件镌刻有汉文的碑石。其一是先后任过唐安西都护、安西副都护的杜怀宝，为其亡父母及众生冥福造像碑之基座；其二是残存约 40 余字的残碑石。承蒙新疆考古所于志勇先生寄赠碑铭拓片，并嘱代为考释。

一、唐杜怀宝造像碑基座题铭考释

出土安西副都护杜怀宝造像碑基座题铭，系红色花岗岩质，呈八角形，厚约 11 厘米，宽约 32.6 厘米，高约 13.5 厘米。下有础柱头。此造像题铭出土后，先后有俄罗斯汉学家斯普尔南科（G. P. Suprunenko）、日本学者林俊雄、内

藤みとり等撰文，对题铭作了介绍和考释。① 其中尤以内藤みとり考释研究较为深入。1998 年新疆考古研究所于志勇将内藤みとり发表的论文编译后，发表于《新疆文物》1998 年第 2 期上。②

据上引内藤みとり文及参照题铭拓片（照片），先将题铭辨识如下（见图一、图二）：

图一　杜怀宝造像碑题铭拓片

① 内藤みとり：アクベシム發現の杜懷寶碑について，シルクロード學研究4，シルクロード學研究ヤソター研究纪要，中央アジアの佛教遺迹の研究；シルクロード學研究ヤソター编集發行，1997 年 3 月 31 日。林俊雄：天山北麓的佛教遗址，Dalvazhintipa DT25 1988—1993 年发掘报告，日本创价大学、The Khamta Fine Arts Research Cetre 合作出版。按林文仅在补注中提及此碑铭，并附照片。
② 于志勇编译：《吉尔吉斯斯坦发现杜怀宝碑铭》，《新疆文物》1998 年第 2 期。

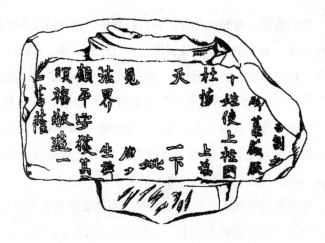

图二　杜怀宝造像题铭摹本（于志勇摹）

（第一行）安西副都

（第二行）护碎叶镇压

（第三行）十姓使上柱国

（第四行）杜怀宝上为

（第五行）天子　　　　　一下

（第六行）为　　　　　　姚

（第七行）见　　　　　使

（第八行）法界　　　　生普

（第九行）愿平安获其

（第十行）冥福敬造一佛

（第十一行）二菩萨

据此题铭，可知此乃时任安西副都护、碎叶镇压十姓使的杜怀宝，为天子、众生及父母冥福而造的一佛二菩萨像之基座。石像基座上的"题铭"，准确地说，应称之为"发愿文"。在古代中国北方此类祈福之造像碑较为流行，或为单独之释迦造像，或为一佛二菩萨之深浮雕一体造像，而其上之题铭（发愿文）一般都书有纪年。由于此基座残缺及石佛像不存，故未发现有纪年之类的文字。

关于杜怀宝其人，现存史籍中，如上述研究者所征引，仅在有关于王方翼的史料中，有所提及。为便于讨论，兹引证如下：

其一，《新唐书》卷一一一《王方翼传》记：

> 裴行俭讨遮匐，奏为副，兼检校安西都护，徙故杜怀宝为庭州刺史。方翼筑碎叶城，面三门，纡还多趣以诡出入，五旬毕。西域胡纵观，莫测其方略，悉献珍货。未几，徙方翼庭州刺史，而怀宝自金山都护更镇安西，遂失蕃戎之和。①

其二，《文苑英华》卷九一三《夏州都督太原王公神道碑》（又见《张说之文集》卷一六）：

---

① 《旧唐书》卷一八五上《王方翼传》，内容约同，不赘引。

裴吏部名立波斯，实取遮匐。伟公威厉，飞书荐请。诏公为波斯军副使、兼安西都护、上柱国，以安西都护怀宝为庭州刺史。大城碎叶，街郭回互，夷夏纵观，莫究端倪。三十六蕃承风谒贺。洎于①海东肃如也。无何，诏公为庭州刺史，以波斯使领金山都护，前使杜怀宝更统安西，镇守碎叶。朝廷始以镇不宁蕃，故授公代宝，又以未（原注：集作"求"）不失镇，复命宝代公，夫然有以见诸蕃之心摇矣。

事实上，以上两处记载为同一事，王方翼神道碑略详于《新唐书》本传。关于裴行俭以册送波斯王子泥涅斯为名，征讨西突厥阿史那都支、李遮匐等反乱一事，《旧唐书》卷八四《裴行俭传》及《张说之文集》卷一四《裴行俭碑》均记为唐高宗仪凤二年（677 年）时事。此年当为都支、遮匐反乱之时，平乱在调露元年（679 年）六七月间，九月献俘。② 值得注意的是，在裴行俭任安抚大食使，册送波斯王子时（约在仪凤三年底至四年初，仪凤四年六月十三日改元为调露），荐王方翼为"波斯军副使、兼安西都护、上柱

---

① 原注："洎于"二字集作"自洎汗"，似应为"洎瀚"，则此句应为"洎瀚海东肃如也"。

② 详细考证见岑仲勉《西突厥史料补阙及考证》，中华书局 1958 年版，第 58 页。

国，以安西都护杜怀宝为庭州刺史"、金山都护。① 此为杜怀宝首次出现于史籍，其籍贯、身世不明，仅知其在调任前为安西都护。而造像碑铭记其职为"安西副都护、碎叶镇压十姓使"。此乃杜怀宝不可能在仪凤三年末至四年初之前于碎叶造此造像碑的根据之一。

根据之二，即如内藤みとり所说，当时的安西都护治所不在碎叶，也未曾管辖到碎叶。唐安西都护府初治西州（治今新疆吐鲁番交河故城），贞观二十二年唐平龟兹（今新疆库车），移治于龟兹，始统于阗、疏勒、龟兹、焉耆四镇。② 到高宗咸亨元年（670 年），吐蕃势力北上，"率于阗取龟兹拨换城（今新疆阿克苏），于是安西四镇并废"。③此时之安西都护府治所，与永徽年间第一次放弃四镇时一

① 《新唐书·王方翼传》说，方翼徙庭州，"而怀宝自金山都护更镇安西"，故知怀宝由安西都护调任为庭州刺史、金山都护。见《新唐书》卷一一一《王方翼传》。

② 按贞观二十二年唐初置四镇中，有焉耆或是碎叶，至今中外学者意见分歧。笔者主张无碎叶，而有焉耆，见拙著《略论碎叶的地理位置及其作为唐安西四镇之一的历史事实》，《新疆历史论文集》，新疆人民出版社 1978 年版，第 135—150 页；后收入作者《西北民族史研究》，中州古籍出版社 1995 年版，第 189—196页。关于此问题的讨论情况，可参阅吴玉贵《唐安西都护府史略》，《中亚学刊》第 2 辑，中华书局 1987 年版，第 76—135 页。

③ 见《新唐书》卷二一六上《吐蕃传》。此时之四镇是：龟兹、于阗、疏勒、焉耆，见王溥《唐会要》卷七三引苏冕修《唐会要》部分，江苏古籍出版社 1991 年版，第 1571 页。

样，由龟兹迁回到西州。至上元年间（674—676 年），唐朝在西域的势力有所恢复，先后设置或复设毗沙都督府（本于阗国，今新疆和田）、疏勒都督府（今新疆喀什）、焉耆都督府（今新疆焉耆附近），但四镇并未恢复。[①] 一直到调露元年，裴行俭、王方翼平定西突厥都支、遮匐之乱后，始重置四镇，并以碎叶代焉耆为四镇之一。[②] 因此，在王方翼代杜怀宝为安西都护之前，安西都护府治所在西州，时任安西都护杜怀宝不可能在碎叶造此造像碑。

唐朝为何要采取将杜怀宝由安西都护任内调至庭州为刺史的措施呢？据上引《夏州都督太原王公神道碑》说："朝廷始以镇不宁蕃，故授公代宝。"即是说，原安西都护杜怀宝所镇之地（西州）非西突厥十姓所居之地，且对镇压十姓反乱多有不便（"镇不宁蕃"），而此时王方翼随裴行俭到碎叶平定十姓之乱，故令方翼代杜怀宝为安西都护。杜由西州赴任也更便捷，并作裴、王之声援。

调露元年六七月，裴行俭平定西突厥十姓可汗都支等反

---

① 中外学者多有以为上元年间唐已复置四镇，如森安孝夫：《吐蕃のの中央アジア进出》，《金泽大学文学部论集·史学科编》1984年第 4 号，第 12 页；王小甫：《唐吐蕃大食政治关系史》，北京大学出版社 1992 年版，第 74 页；上引内藤みとり文等。笔者认为上元年间唐仅设几个都督府，四镇之复置应在调露元年，见上引拙著《略论碎叶的地理位置及其作为唐安西四镇之一的历史事实》。
② 《册府元龟》卷九六七《外臣部·继袭二》。

乱后，时任安西都护的王方翼在碎叶，用"五旬"时间，重筑碎叶城，"街郭回互，夷夏纵观，莫究端倪"。此时，碎叶始代焉耆列为四镇之一。此镇深入西突厥十姓居地之中，成为控制中西交通和统御十姓之重镇。然而，令人费解的是，唐朝又立即将王方翼、杜怀宝相互对调（见上引《新唐书·王方翼传》及《神道碑》）。这次互调之原因，据《神道碑》说是"又以未（或作'求'）不失镇，复命宝代公。"按文意，似乎是为了保住新列为四镇之一的碎叶，不再落入十姓之手，故以宝代方翼。

关于王、杜再次互调的时间，约在调露元年底至二年初，内藤みとり推测基本可信。调动后的职任，王方翼是清楚的，即由安西都护调任为庭州刺史、金山都护，升为波斯（军）使，属于平级调动。而杜怀宝之任职，据上引史料则较为含混，"更镇安西"，或"更统安西，镇守碎叶"，似乎首先考虑到的是杜继王为"安西都护"。虽然，安西都护治所在龟兹，但方翼为安西都护时驻碎叶，故杜继任安西都护，镇守碎叶，也有先例可循。可是，出土的杜怀宝造像题铭明记其为"安西副都护、碎叶镇压十姓使"。是否唐朝先以怀宝为安西都护，后又降其为安西副都护呢？因其任此职时间较短，故这种再次降职任命的可能性不大。但也不排除因怀宝"遂失蕃戎之和"，而被很快降职的可能性。即是说，在调露元年末或二年初，怀宝与方翼对调之职任是"安西副都护、碎叶镇压十姓使"，驻地在碎叶，也即是造像碑基座出土的阿克别希姆古城。

"碎叶镇压十姓使"，显然是唐使职中的一种，不见于记载。内藤文中，一再强调此使即"碎叶镇守使"和"镇压十姓使"之意，且说题铭中可能省缺字。此说不确，因为在调露元年碎叶列为四镇之一后，唐朝还未曾设置"碎叶镇守使"一职。此职最早见于记载，是在武周延载元年（694年）二月，有"碎叶镇守使韩思忠"。① 显然，是长寿元年（692年）王孝杰一举复取四镇后，为加强对西突厥的控制和抵御吐蕃势力而设置的。又从碑题铭看，绝无漏损字的可能。因此，杜之造像题铭中的"碎叶镇压十姓使"绝没有"碎叶镇守使"的职名在内。碎叶，表示镇守地点；"镇压十姓使"之"十姓"，自然指西突厥十姓（又称"十箭"），即居碎叶以西的五弩失毕部，以东的五咄陆部。

又近年来有学者提出：杜怀宝造像题铭中的职名之"镇压"二字连读不妥，"按'镇压'二字连读乃近代的事，古无前例。且'碎叶镇压十姓使'之名亦不见于唐朝其他诰制典章，我以为'压'字同'押'。据此杜怀宝的官号应读作'安西副都护、碎叶镇、压（押）十姓使、上柱国'。这一官号实为'安西副都护、碎叶镇守使、押十姓使'之简称。绝不可将'镇压十姓使'作一官名理解，因为唐朝

---

① 《资治通鉴》卷二〇五，则天后延载元年二月条。

既真的进行镇压也总之以招慰、安抚等名义出现的"。① 按此说有一定的道理。但是说"镇压"一词是近代才有的事，古无前例，不确。"镇压"一词古已有之。如东汉班固《西都赋》有"禽相镇压，兽相枕籍"；《晋书》卷四二《唐彬传》记有："今诸军已至，足以镇压内外，愿无以为虑"；《旧唐书》卷一〇九《阿史那社尔传》记："……其酋长咸谏曰：'今新得西方，须留镇压。'"② 其次，所谓隋唐时，"押"某蕃落使之官号之"押"与"镇压"一词意相同，也非与招慰、安抚之类词类同。何况当时西突厥十姓"不宁"，确需"镇压"。因此，将杜怀宝造像题铭中的官号按原文释为"碎叶镇压十姓使"，更忠实于原意，是可以成立的。以上两说可以并存，仁者自见。不过，笔者还是倾向于原文，以为"碎叶镇压十姓使"为胜。

至于杜怀宝任此职到何时，也即此题铭时代的下限是何时？史籍未载。不过，到武周垂拱二年（686 年），据史载，因西突厥再次反叛，"安西不宁"，武周朝遂"拔四镇"（即

---

① 薛宗正：《"杜怀宝碑铭"管窥》，《吐鲁番学研究》2001 年第 2 期。
② 《旧唐书》卷一〇九《阿史那社尔传》。又见于《晋书》卷七三《庾亮传》，卷七八《丁潭传》等等。

退出四镇），再次放弃四镇。① 如果杜怀宝仍镇守碎叶的话，此时也一定退出了碎叶。若以上推测不谬，则出土的杜怀宝造像（基座）当镌刻于调露元年末二年初至垂拱二年（679—686 年）之间。

杜怀宝造像基座题铭的发现，在学术上具有重要的意义和价值。其中最重要的一点，就是最终确定了唐代碎叶的地理位置，在今托克马克阿克别希姆古城遗址。其余关于唐代于这一时期经营西域疆臣的作用等问题，容后再叙。

二、阿克别希姆古城遗址出土残碑考释

据说，在 20 世纪 80 年代，一名摄影爱好者在阿克别希姆古城遗址发现了一砂岩质的残碑，长 30 厘米，宽 20 厘米，厚 4 厘米。上残留汉字（可辨认者）约 40 余字。现转录于下（见图三、图四）：

---

① 《千唐志》中《忠武将军裴沙钵罗墓志》，西北大学图书馆藏《千唐志》原拓片；《全唐文》卷一六五，员半千《蜀州青城县令达奚君神道碑》等。关于垂拱二年"拔四镇"问题，学界意见分歧。大多数学者同意"拔四镇"是退出四镇。如上引拙著《略论碎叶的地理位置及其作为唐安西四镇的历史事实》、吴玉贵《唐安西都护府史略》、王小甫《唐吐蕃大食政治关系史》等。

图三　阿克别希姆遗址出　　图四　阿克别希姆遗址出土
土残碑（照片）　　　　　　残碑摹本（于志勇摹）

（第一行）布微滹无涯而□□

（第二行）前庭与后庭伊蒇尔之

（第三行）物以成劳乃西顾而授钺

（第四行）逐别蹻林而已远望阴山

（第五行）祭天之旧物览 瑶 池之仙图

（第六行）□边 俄 指期于　　　　　　　　皇

　　托克马克的阿克别希姆古城遗址，过去中外学者大多推
定为唐朝西边重镇碎叶城。又因该遗址出土唐安西副都护、
碎叶镇压十姓使杜怀宝为其亡父母造像碑题铭基座，而得到

确认。而碎叶在唐朝直接控制之下，为安西四镇之一的历史，也仅有四十多年。残碑与杜怀宝造像基座均出土于碎叶城的遗址之中，其字体与风格也与内地唐碑及出土基座相似，故其时代也与基座相当。

唐代经营西域，在西边重镇碎叶仅有过一次立碑的记载，见两《唐书》的《裴行俭传》和张说撰《赠太尉裴公神道碑》等。① 事实是唐高宗仪凤二年（677 年），西突厥自称十姓可汗的阿史那匐延都支和李遮匐，联合吐蕃，进逼唐之安西。唐朝在咸亨元年（670 年）因吐蕃的进逼，废安西四镇（龟兹、焉耆、疏勒、于阗），② 安西都护府（治龟兹，今新疆库车）失陷，故唐朝迁安西都护府还治于西州（治今新疆吐鲁番交河故城）。到上元年间（674—676 年），唐朝在西域的势力有所恢复，先后重置或新置毗沙都督府、疏勒都督府、焉耆都督府，但安西四镇并未恢复。

到上述的仪凤二年，西突厥都支、遮匐联合吐蕃，势力增长，进逼安西都督府（时应治西州），西域岌岌可危。唐朝自然是不能坐视，轻易放弃西域。因此，在调露元年（679 年，在仪凤四年六月改调露）初，唐高宗听从吏部侍郎裴行俭的建议：以册送在京为质的波斯王子泥涅斯归国为名，乘机平定西突厥都支、遮匐之乱；遂以裴行俭为安抚大

① 张说：《赠太尉裴公神道碑》，《张燕公集》卷一八。
② 《唐会要》卷七三，上海古籍出版社 1991 年版，第 1571 页。

食使。行俭又荐王方翼为副手，以检校安西都护代原安西都护杜怀宝。裴行俭、王方翼一行经莫贺延碛（今甘肃敦煌以西至新疆一带戈壁），至西州。因行俭曾任过西州长史和安西大都护，故得到旧吏、百姓的拥护，因召集豪杰子弟得万人，假为行猎，使都支不设备，然后倍道至都支处。都支率儿侄及首领五百余骑来营敬谒，裴行俭遂擒之，护送碎叶。后又以精骑袭遮匐，谕其降。

今新疆吐鲁番阿斯塔那 191 号墓出土的《唐永隆元年（680 年）军团牒为记注所属卫士征镇样人及勋官籖符诸色事》文书，[1] 记录了永隆元年前几年征调西州府兵卫士征镇（即派出参加征战）、防戍（文书所记之"捉道"、"守囚"等）卫士之名录，下注录有"送波斯王"、"安西镇"、"庭州镇"等征镇情况。其中，"送波斯王"共残存四例。显然，此"送波斯王"事，即是指永隆元年前一年调露元年，裴行俭等以送波斯王子泥涅斯返国为名，平定西突厥都支、遮匐之乱事。因此，内一名卫士白欢进因功"进上轻车（都尉）"的勋位，并"签符到府"，即履行取得蠲免的凭证。[2] 这件文书也证实了唐代史籍所载，裴行俭以送波斯王

① 唐长孺主编：《吐鲁番出土文书》（三），文物出版社 1996 年版，第 279—284 页。

② 见吴丽娱《唐高宗永隆元年（公元 680 年）府兵卫士简点文书的研究》，载中国敦煌吐鲁番学会编：《敦煌吐鲁番研究论文集》，汉语大词典出版社 1991 年版，第 672—692 页。

子为名，平息都支、遮匐反乱的事件。据史籍载，平息反乱后，"于是将吏已下，立碑于碎叶以纪其功，擒都支、遮匐而还"；① 或谓"华戎相庆，立碑碎叶"。② 此乃史籍所载唐于碎叶所立的唯一一块碑的情况。时在调露元年六至七月间，九月献俘。同年，唐始复四镇，并以碎叶代焉耆备四镇之一。接着，王方翼重筑碎叶城，"五旬而毕"。

现再考察出土残碑所余文字，因碑四周均残，文意难以完全通晓。

碑首行存"布微澔无涯而□□"。澔，读作 gáo，泽也。"布微"接上句，下句是说有大泽无涯，十分宽广意。

第二行存"前庭与后庭伊蕞尔之……"数字。前庭、后庭之"庭"，是否指"庭州"（治今新疆吉木萨尔），不能肯定。"蕞尔之……"之"蕞"，应为"蕞"之异体字。蕞尔，小之意。此显然指反叛的西突厥都支、遮匐，且为唐朝"讨伐"其反叛的用词。

第三行"物以成劳"接上句，语不明；下句"乃西顾而授钺"，按文意是指裴行俭（或其他人）为解决朝廷"西顾"之忧，而"授钺"，即被授予征伐的任务。钺，一种表示兵器的青铜礼器。

第四行"逐别蹛林而巳（已）"，蹛林，应即秦汉以来

---

① 《旧唐书》卷八四，《裴行俭传》。
② 见上引《赠太尉裴公神道碑》。

漠北匈奴秋社八月中会祭处。《史记》卷一一〇《匈奴列传》所谓："秋，马肥，大会蹛林，课校人、畜计。"其地当在漠北，今蒙古国境内，似乎与唐西突厥无关。其实，唐人官私文书、史籍，往往借匈奴的族名、地名来指北方的突厥、回纥等。如前引张说《赠太尉裴公神道碑》记，调露元年十月，原东突厥首领阿史德温傅、奉职二部反唐。高宗命裴行俭为定襄道行军大总管率军讨之。《神道碑》记此事云："至朔州，斥候相接，匈奴故态，狙劫粮以喂师……"内"匈奴"即借指东突厥温傅、奉职二部。"逐别蹛林而已"似接上句，意为将反叛的都支、遮匐逐出其根据地。"远望阴山"，此阴山也与蹛林一样为匈奴故地，此处借指西突厥故地。

第五行"祭天之旧物，览瑶池之仙图"，意接上下句，不甚明。

第六行"□边"接上句，不明。下"俄（或为'我'）指期于……皇"，为一般朝廷檄文或记功之类的常用词，意为"指期"剿灭、攻灭反乱。

从以上六行残文分析，其中"蕞尔之……"，"乃西顾而授钺"，"逐别蹛林"，"远望阴山"，"俄指期于……"等片言只语，基本符合唐朝廷任命裴行俭以册立波斯王子归国为名，实为平定西突厥都支、遮匐反叛的事实，以及纪功碑之文体。再参以前述裴行俭平都支、遮匐后，曾立碑碎叶的记载。使人不得不认为，此残碑很可能就是裴行俭在碎叶所立纪功碑残石。

史称裴行俭"文武兼备","工草隶,名家。帝尝以绢素诏写《文选》,览之,秘爱其法,赍物良厚"。且自言:"褚遂良非精笔佳墨,未尝辄书,不择笔墨而妍捷者,余与虞世南耳。"① 碎叶之纪功碑,虽云裴行俭将吏所立,但书此碑者也很有可能即裴行俭本人。残碑文字妍丽多姿,略带行草,自然有力,如确系裴行俭所书,其价值当倍增也。

总之,出土于唐碎叶遗址(即阿克别希姆古城遗址)的唐代残碑,无论从史籍所载唐立碑碎叶,或是从残留文字的分析,均可断此残碑为唐调露元年裴行俭平西突厥都支、遮匐之乱后,于碎叶所立纪功碑之残石。碑文也有可能系裴行俭本人所书写。如以上考证能成立,则此残碑为唐朝经营西域碎叶又一历史见证,其意义和价值均无法估量。

三、从阿克别希姆古城遗址出土两残碑看唐朝经营西域中疆臣之作用

阿克别希姆古城遗址出土的两件汉文碑铭,是唐高宗至武周时期唐朝经营西域的历史见证。它不仅解决了长期以来学术界未有定论的一些学术问题(如碎叶城的地理位置等),而且反映出唐朝经营西域过程中疆臣的活动情况。以上两种残碑碑铭涉及的疆臣有三人,即裴行俭、王方翼和杜

---

① 《新唐书》卷一〇八《裴行俭传》。

怀宝。前两人在两《唐书》均有专传，事迹较详，均为唐代名将。

唐朝在高宗及武后执政时期，凭借"贞观之治"之厚积，积极开拓西疆，灭西突厥汗国，锐意经营西域。从残碑及史籍所载，朝廷时任命经营西域之疆臣，多为文武兼备之名将。

其中，裴行俭，在高宗仪凤年间西突厥十姓可汗阿史那都支及李遮匐与吐蕃联合，西域动摇的形势下，向朝廷献策，以策立波斯王子泥涅斯为名，进军西域，用计擒都支，袭获遮匐，平定西域之乱，刻石碎叶以记功。后高宗亲自劳宴时说："行俭提孤军，深入万里，兵不血刃而叛党禽夷，可谓文武兼备矣。"① 史称行俭"善知人"，善用人。其引荐名将王方翼即为一例。《新唐书》本传说：其"所引偏裨，若程务挺、张虔勖、崔智辩、王方翼、党金毗、刘敬同、郭待封、李多祚、黑齿常之，类为世名将，儴奏至刺史将军者数十人"。

王方翼则随裴行俭平定西突厥十姓之乱，镇守碎叶。特别是在永淳元年（682年）二月西突厥十姓阿史那车簿啜又起兵围弓月城（今新疆霍城），时任安西副都护的王方翼率军平叛，"献捷无虚岁，蹙车簿于弓月，陷咽面于热海（今伊塞克湖），剿叛徒三千于麾下，走乌鹊十万于城（集作

---

① 《新唐书》卷一〇八《裴行俭传》。

"域")外，皆以少覆众，以诚动天"。① 次年，高宗引见方翼，"见衣有污濯处，问其故，具对热海苦战状。视其创，帝咨嗟久之"。②

杜怀宝，其先后任安西都护，安西副都护、碎叶镇压十姓使。史称其任内"遂失蕃戎之和"。③ 即是说，杜怀宝镇碎叶时，不能很好地抚慰西突厥十姓，但其在西域任职时间较长，然功远不及裴、王两人。因史籍阙如，详细情况已不得而知。

从总的方面看，高宗及武后执政时，唐朝在西域的势力远远扩展至碎叶以西，多次平定西突厥十姓贵族与吐蕃的反乱，安定了西域的局势。特别是在武周长寿元年（692年），王孝杰一举收复四镇，使唐在西域的势力进一步巩固。其中重要原因之一，就是当时高宗、武后能够善于选择有才干之疆臣边吏，使之立功西陲。这正如《新唐书》卷一一一王方翼、薛仁贵等名将诸传后所说："赞曰：唐所以能威振夷荒、斥大封域者，亦有虎臣为之牙距也。至师行数千万里，穷讨殊斗，猎取其国内鹿豕然，可谓选值其才欤！"

其次，这一时期唐朝在西域任用的疆臣边吏，大多是文武兼备，既是猛勇无比之虎将，又是富于谋略的文臣。上述

---

① 《文苑英华》卷九一三《夏州都督太原王公神道碑》。
② 《新唐书》卷一一一《王方翼传》。
③ 《新唐书》卷一一一《王方翼传》。

裴行俭即为代表人物之一。史称其"工草隶,名家……所
撰《选谱》、《草字杂体》数万言。又为营阵、部伍、料胜
负、别器能等四十六诀";"通阴阳、历数,每战豫道胜
日"。① 上述阿克别希姆遗址出土残碑,如可真为其书写之
纪功碑,则从此可睹其书法之风采。而转战万里、勇猛无比
的王方翼,也是一个文武兼备的人才,史称其"善书,与
魏叔琬齐名"。② 这种情况,应是初唐以来,国内人才培养
之特点,时代要求亦然。

此外,《资治通鉴》的撰者对安史之乱前,唐朝边臣将
帅的任用变化有一段精彩的论述:③

> 自唐兴以来,边帅皆用忠厚名臣,不久任,不
> 遥领,不兼统,功名著者往往入为宰相。其四夷之
> 将,虽才略如阿史那社尔、契苾何力犹不专大将之
> 任,皆以大臣为使以制之。及开元中,天子有吞四
> 夷之志,为边将者十余年不易,始久任矣;皇子则
> 庆、忠诸王,宰相则萧嵩、牛仙客,始遥领矣;盖
> 嘉运、王忠嗣专制数道,始兼统矣。李林甫欲杜边
> 帅入相之路,以胡人不知书,乃奏言:"文臣为将,

----

① 《新唐书》卷一〇八《裴行俭传》。
② 《新唐书》卷一一一《王方翼传》。
③ 《资治通鉴》卷二一六,唐天宝六载十二月条。

怯当矢石，不若用寒畯胡人……"上悦其言，始用安禄山。至是，诸并尽用胡人，精兵咸戍北边，天下之势偏重，卒使禄山倾覆天下……

上述武后时，经营西域的几个主要的疆臣裴行俭、王方翼、杜怀宝等人的情况，大致符合开元前唐朝任用疆臣、将帅的情况。如他们均系汉臣，不久任，经常调换，事毕后，多调回内地，亦无遥领和兼统，与开元乃至天宝年间所任边臣、将帅情况不同。

第三，这一时期唐朝在西域的疆臣，主要的作用是在军事上平定西突厥十姓贵族和吐蕃的联合反乱，以安定西域的局势。与此同时，唐朝的疆臣们也将中国内地的传统文化传入了边远的中亚地区。如王方翼任安西都护后，立即"大城碎叶，街郭回互，夷夏纵观，莫究端倪。三十六蕃承风谒贺"；此城"面三门，纡还多趣以诡出入，五旬毕。西域胡纵观，莫测其方略，悉献珍货"。即是说，王方翼所筑（或改筑）之碎叶城，每面（或四面）有城门三个，城内街道回互，是仿中国内地城市建筑格局而建。自然引起西域胡人的惊奇，纵观而莫测其方略。因此，国内学者多以为此系中国城市建筑形式传入中亚之始。

又据《通典》卷一九三引杜环《经行记》说："又有碎叶城，天宝七年（748年）北庭节度使王正见簿伐，城壁摧毁，邑落零落。昔交河公主所居止之处建大云寺犹存"。论者一般以此为碎叶城衰落之始。内云"大云寺",遗址已在阿克别希姆古城遗址中发现。[①] 这是因武则天欲利用佛教为其革命制造舆论,下令于诸州及两京各建大云寺,地处西域的碎叶也建寺。杜怀宝造像题铭基座的发现,再一次证明当时已成为唐朝边远重镇的碎叶,因疆臣的原故传入了中国内地佛教的信仰。而造像碑的形成,是自北魏以来黄河流域上至贵族、官吏,下至村邑百姓祈福、冥福的一种常见的佛教信仰形式,能在西域远镇碎叶造像冥福,亦可见内地佛教西传的轨迹。

(原载于《法国汉学》第 12 辑,中华书局 2007 年版)

---

① 张广达:《碎叶城今地考》,《北京大学学报》1979 年第 5 期。

陕北出土三方唐五代党项拓拔氏墓志考释

——兼论党项拓拔氏之族源问题

由康兰英主编的《榆林碑石》一书，2003年10月终于由三秦出版社出版了。此书精选了陕西榆林地区（包括一市十二个县区）现存及出土碑石、墓志700余件中的203种。其中有关唐五代至宋初时居于当地的党项族墓志、碑铭甚多。本文则仅就第一次公布的三方党项拓拔氏墓志进行考释，从而就党项拓拔氏族源、迁徙、世系及有关历史地理诸问题，发表一些看法，以求证于方家。

一、拓拔守寂墓志

第一方墓志为《拓拔守寂墓志》,① 唐开元二十五年
(737 年) 八月十八日立石。1965 年出于横山县韩岔乡元岔
洼村。"墓志青石质。盖呈盝顶式，边长 90 厘米，宽 90 厘
米，厚 10 厘米。盖文篆书：'唐故拓拔府君墓志铭'九字，
顶面周边刻宝相花，四杀刻四神流云纹。志石正方形，长
90 厘米，宽 90 厘米，厚 10 厘米。志文 35 行，满行 36 字，
楷体中偶尔间以草体字。四侧刻十二生肖间宝相花纹。另志
盖阴面刻志文 13 行，行 13 字，正书"。② 以下参以墓志拓
本图片及《榆林碑石》录文 (224—225 页) 分段重录并考
释如下：

　　　　大唐故特进、右监门卫大将军、兼静边州都
　　督、西平郡开国公拓拔公墓志并序
　　　　朝散大夫、使持节、都督夏州诸军事、守夏州
　　刺史、上柱国郑宏之撰
　　　　公讳寂，字守寂，出自三苗，盖姜姓之别。以

---

① 按《榆林碑石》定名为《拓拔寂墓志》欠妥，因志文云"公讳
　　寂，字守寂……以字为氏"。唐代文献也称其为"拓拔守寂"。
② 《榆林碑石》，第 51 页。

字为氏。因地纪号，世雄西平，遂为郡人也。因连
要服，」气蕴金行，俗尚首豪，力恃刚悍，载炳前
史，详于有隋。

此段对墓主拓拔守寂之族属、族源记叙甚明，志云其
"出自三苗，盖姜（古与"羌"字通）姓之别"、"世雄西
平"。《隋书》、《北史》、《通典》及两《唐书》的《党项
传》中，多云其为"党项羌"，记其为"三苗之后"，或云
汉西羌之别种（遗种）也。所谓"三苗之后"，系因汉代史
籍称西羌"出自三苗，羌姓之别也"，又云西羌"性坚刚勇
猛，得西方金行之气焉"，[①] 故志云其"气蕴金行……力恃
刚悍。"汉代西羌原居地在今青海湖东河曲一带。西平，汉
魏以来之西平郡，治今青海西宁，故志有"世雄西平"，
"遂为郡人"之说。因该地远离京畿之地，按古代"五服"
之说，系连要服之荒服之地。关于西羌历史，自汉以来记载
颇多，而党项之兴在北周末至隋代，即志所云党项羌（包
括拓拔氏）"载炳前史，详于有隋"。

名王弥府君洎附，授大将军、宁府君矣。时」
逢季代，政乱中原，王教不宣，方贡殆绝，天降宝
命，允归圣唐。迨仪凤年，公之」高祖立伽府君，

① 《后汉书》卷八七《西羌传》。

委质为臣，率众内属。国家纳其即叙，待以殊荣，
却魏绛之协和，美由余之」入侍。拜大将军、兼
十八州部落使，徙居圁阴之地，则今静边府也。曾
祖罗胄府君，不殒」其名，昭乎前烈，允宗守业，
保族勤邦。拜右监门卫将军、押十八州部落使，仍
充防河军大使。」祖后那府君，信以出言，功高由
志。莫非嘉绩，褒德备洽于朝恩；抚有余人，建牧
以崇其都」府。拜静边州都督，押淳、临等一十
八州部落使、兼防河军大使，赠银州刺史。

志此段追叙守寂祖先事，多有与史籍记载相合及证补之
处。守寂远祖"名王弥府君"，应即《隋书》卷八三《吐谷
浑传》所记，隋开皇八年（588 年）吐谷浑"名王拓拔木
弥请以千余家归化"中的"拓拔木弥"。时党项大部分为吐
谷浑所统属，木弥为其"名王"之一，因吐谷浑可汗夸吕
常以喜怒废杀太子，故国中乱，木弥即欲率部附隋。然而，
隋文帝以"朕之抚育，俱以仁孝为本"为由，拒绝派兵马
应接。① 据墓志，知木弥降隋已成事实，且被封"大将军"，
与开皇四年（584 年）诣旭州（治今甘肃临潭附近）降隋

---

① 《隋书》卷八三《吐谷浑传》。志文所云"宁府君"，可能为部内
　对其之尊称，非唐官爵名。

之党项拓拔宁丛封为大将军同。① 拓拔氏，为党项八部中最强的一部，以姓氏为部；弥，当为木弥之省译，与党项自称或吐蕃对其称呼"弥药"、"木雅"（Minyg）有关。

接着，墓志云"时逢季代，政乱中原……天降宝命，允归圣唐"一段，是说隋末天下大乱，群雄并起，边疆少数民族朝贡断绝，唐朝则应运而立。到唐高宗仪凤年间（676—679 年），守寂高祖拓拔立伽"率众内属"，唐朝"待以殊荣"；志文接着以春秋时晋国魏绛和戎狄及由余降秦国而开地千里之典故，褒扬立伽附唐之举。志所云"内属"，应非仅指降附而已，而是指其由原居地（今青海以东、甘南和四川西北）辗转内迁至关内道北部（今陕西北部）。诚如墓志所云：唐拜立伽为"大将军、兼十八州部落使，徙居圁阴之地，则今静边府也"。事实上，原居于今青海湖东南、甘南、四川西北等地的党项部落（包括拓拔部）早在唐初已纷纷附唐，唐设羁縻府州以统之。到贞观末年，由于吐蕃势力北上，党项为其所逼，纷纷开始内迁，高宗仪凤至永隆（680—681 年）时，达到高潮。② 从立伽"兼十八州部落使"职看，其率有十八个党项拓拔氏部落，且每一部已设一羁縻州。而守寂一族从守寂祖后那始任静边州都督府都督一职，且一直统"十八部落"，因此守寂一族的内

① 《隋书》卷八三《吐谷浑传》。
② 见拙著《唐代党项》，三秦出版社 1988 年版，第 27—28 页。

迁与唐所设党项羁縻府静边州都督府有密切之关系。据《新唐书》卷四三下《地理志》"静边州都督府"下注："贞观中置，初在陇右（属松州都督府），后侨治庆州（治今甘肃庆阳）之境"。①"领州二十五"，从志可知，唐仪凤时，因拓拔立伽"内属"，党项拓拔氏十八部落又从庆州一带内迁到"圁阴"，也即守寂去世时开元末之静边州都督府地。

"圁阴"，应如《榆林碑石》前言所说：古圁水，指今无定河，而非秃尾河；则圁阴系泛指今无定河南之地（水南为阴）。又《旧唐书》卷三八《地理志》银州条记："静边州都督府，旧治银川郡（即银州，天宝时改此名）界内，管小州十八。"关于唐银州治所，过去有多种说法，据《榆林碑石》载唐咸通九年（868年）《李公政墓志》，可断定在今横山县党岔乡一带，古城遗址已找到。② 而此志云守寂葬于"银州儒林县新兴乡招贤里欢乐平之原"，儒林县为银州治所，守寂葬地在今横山县无定河南韩岔乡元岔洼村，此地与银州治所党岔紧相邻，相距约30多公里，在其西南，应为儒林县西一个乡（新兴乡）。也即是说，唐代的圁阴在今无定河南。银州治所在横山党岔，而侨置于银州的党项拓

---

① 《资治通鉴》卷二二〇唐肃宗乾元元年（758年）胡三省注亦云："贞观以后，吐蕃浸盛，党项拓跋部畏逼，请内徙，诏庆州置静边军州处之。"
② 《榆林碑石》，第239—240页。

拔氏十八部为主的静边州都督府治所,在今横山韩岔一带。因守寂志出土,补证和解决了上述历史地理方面的问题,亦一大收获也。

又《新唐书·党项传》记:在唐永泰元年(765年),郭子仪以散处在盐(治今陕西定边)、庆等州的党项、吐谷浑易为吐蕃所胁迫,"表徙静边州都督、夏州乐容等六府党项于银州之北、夏州之东……以离沮之"。[①] 即是说,静边州都督府在永泰元年又由银州西之新兴乡北迁至银州之北。过去对上引《旧唐书·地理志》云银州静边州都督府"旧治银川郡界内,管小州十八"一句难以理解,据志即可释然。原来,在唐永泰元年前,静边州都督府治银州儒林县新兴乡(今韩岔乡),领守寂一族之党项拓拔氏十八个部落所置之州;此年后,府治迁于银州之北,且府属州已达"二十五州"(《新唐书·地理志》详列此二十五州名)。因此志之出土,党项拓拔氏部迁徙的时间及地点等历史大致有了一个清晰的线索。

墓志以下叙守寂曾祖罗胄、祖后那继承立伽之业。唐拜罗胄为"右监门卫将军、押十八州部落使,仍充防河军大使"。右监门卫将军,设置于龙朔二年(662年),二员,从三品,协掌宫城禁卫及门籍等事。罗胄任此职当为员外置,且为虚衔。押十八州部落使、防河军大使,均为唐朝专为管

---

① 《新唐书》卷二二一上《党项传》。

理少数民族所设官职名，所谓"防河军大使"中"河"，应为今无定河。后那则唐"拜静边州都督，押淳、恤等一十八州部落使、兼防河军大使，赠银州刺史"，此为守寂一族正式为静边州都督之始。"淳、恤等一十八州部落使"内之"淳、恤"二州，均在《新唐书·地理志》所列静边州都督府所统"二十五州"名之内。所"赠银州刺史"，当为后那卒后所追赠。以上两人均不见于史籍，可补史之阙。

　　考思泰府君，文」武通才，帅师为任，光有

　　启土，莫之与京。拜左金吾卫大将军、兼静边州都

　　督防御使、西平郡开」国公。会朔方不开，皇赫

　　斯怒，周处则以身徇节，毕万乃其后克昌。赠特

　　进、左羽林军大将」军。

守寂父思泰，据《册府元龟》卷九七四记："九年六月丁酉，制曰：念功之典，书有明训，赠终之数，礼著彝式。党项大首长（《全唐文》卷一六作'大首领'）、故右监门卫将军、员外置同正员、使持节、达、恤等一十二州诸军事、兼静边州都督，仍充防御部落使拓跋思泰（原作'拓跌思泰'，据《全唐文》改），顷者，戎丑违命，爰从讨袭，躬亲矢石，奋其忠勇；方申剪戴之勋，俄轸丧元之痛……可增特进、兼左金吾卫大将军。赐物五百段，米粟五百石。仍以其子守寂袭其官爵。"关于此制年代及史实，前人已有

研究。① 九年，指开元九年（721年），时六胡州爆发以康待宾为首的反唐战争，守寂父思泰率部众"讨袭"，战死，故唐朝颁此制以予封赏，并以其子守寂袭官爵。此事与守寂志记载相合，但制与墓志相校，仍有许多相异之处。

思泰原袭其父后那之官爵名似应以制所记为确，而守寂志所记"左金吾卫大将军……"等官爵，应如制所记，为其战死后所封赠。而制云思泰所领"达、恤一十二州诸军事"则误，应如墓志所记为"淳、恤等一十八州部落使"或"持节诸事"。达州，不在上引《新唐书·地理志》静边州都督府所属"二十五州"之内。墓志记思泰战死后，用西晋周处率军镇压关中以氏族齐万年为首之起义而战死、春秋时晋国毕万孙魏绛和戎立功而子孙昌盛之典故，来昭示思泰战死后其子孙将繁昌。唐朝追赠思泰之官爵似应以制文为确，但其中"开国公"爵号似也在此时追赠。②

　　公即西平公之元子也。丕承遗训，嗣有今绪，
造次必形于孝悌，成功不倦于诗书。起家袭」西
平郡开国公，拜右监门卫大将军、使持节、淳、恤
等一十八州诸军事、兼静边州都督，仍充防」御

---

① 韩荫晟编：《党项与西夏资料汇编》上卷第2册，宁夏人民出版社1983年版，第654—655页；上引《唐代党项》，第41—42页。
② 见下引志文云其："起家袭西平郡开国公。"

部落使。寻加特进，干父蛊也。性无伐善，乐在交贤，果于用兵，敏于从政，立礼成乐，殚见洽闻，」固不学而生知，岂师逸而功倍。方将藩屏王室，缉熙帝载，此志不就，彼苍谓何？春秋卅，以开元」廿四年十二月廿一日寝疾，薨于银州敕赐之第。诏赠使持节、都督灵州诸军」事、灵州刺史；赙物一百五十段，米粟一百五十石，应缘丧葬所在官供，遵朝典也。粤明年八月」十八日，护葬于银州儒林县新兴乡招贤里欢乐平之原，安吉兆也。

墓志此段为"西平公（思泰）之元子"守寂事迹，多为一般墓志之溢美之词。其官爵中"右监门卫大将军"，已为正三品，其余与父同。又唐林宝撰《元和姓纂》卷一〇拓跋氏条，记有"开元后，右监门大将军、西平公，静边州都督拓跋守寂"，与志相合。其卒于开元二十四年十二月二十一日，年30岁，次年葬于"银州儒林县新兴乡招贤里欢乐平之原"（今横山县韩岔乡元岔洼村）；丧葬所用均按唐朝制度由官府供给。其后之追赠号，又见于《唐会要》卷一〇《谥法》下"勇"，内有"赠灵州都督拓跋守寂"，可补证墓志。

　　亲太原郡太夫人王氏，」居妇则智，在母能

贤，秉义申黄鹄之诗，均养布鸤鸠之德。礼存暮
哭，表敬姜以无私；痛结夜□，」知元伯之有待。
弟游击将军、守右武卫翊府右郎将，员外置宿卫，
赐紫金鱼袋、助知检校部落」使守礼，为子以孝，
为弟以恭，禀教义而修身，践忠信而为宝。岳与列
侍，鸿雁断联翩之行；肱被」不同，鹡鸰绝急难
之望。嗣子朝散大夫、守殿中省尚辇奉御，员外置
同正员，使持节、淳、临等一」十八州诸军事、
兼静边州都督防御部落使，赐紫金鱼袋、西平郡开
国公曰澄澜，年在童卭，貌」是诸孤，匪莪伊蒿，
衔恤何怙。有异母女弟，未行他族，贞心如玉，秀
色方春，临兄之丧，过制成毁，」前凶谅只，后祸
仍臻，一夕之间，二旐齐举，友爱天至，感伤人
伦。叔父朔方军节度副使、并防」河使、右领军
卫大将军、兼将作大匠兴宗，材略纵横，器宇瓌
硕，强学由其待问，制胜所以绥边。」入总工徒，
出司戎旅，位将时并，名与功偕。及公之痛告驰
闻，而叔以星言戾止，窥其闑户，气」尽良图。
抚柩长号，庾衮切成人之念；披林罢啸，阮咸谢贤
士之俦。悲夫！兄之云亡，或征兰梦；妹」也何
酷，凋兹薐荜。虽古之一似重忧，昌加于此，宏之
以义则长为邪！且邻他日推怀，相期有素。」

志记"亲太原郡太夫人王氏",为守寂母,思泰妻,从姓氏看,似为汉族。《通典》卷三四《职官一六》记:"三品以上母妻为郡夫人",加太夫人则为母,思泰父子均官为三品,故王氏为"太原郡太夫人",太原为所加之邑号。守寂弟名守礼,按汉族习俗为"守"字辈。其官爵"游击将军(武散官,五品下)、守右武卫朔府右郎将,员外置宿卫"。守,唐制指散位底而职事高曰守,右武卫朔府为唐禁军指挥机构,下属有中郎将、左右郎将等职,员外置宿卫,即官员定员(正员)外所设,仍参与宿卫。守寂嗣子名澄澜,不见史籍记载。过去有学者认为守寂子是《新唐书·党项传》记永泰元年"召静边州大首领、左羽林大将军拓拔朝光等五刺史入朝"中的"拓拔朝光",[1] 看来此说误也。澄澜除袭父守寂官爵外,有"散朝大夫(从散官,从五品下)、守殿中尚辇奉御(从五品上)"等官爵,守寂卒时,其年幼,故袭爵高而职低。

值得注意的是,志记守寂叔拓拔兴宗,《全唐文》卷三〇一收录其表文三件,仅记云:"兴宗,玄宗时人。"韩荫晟编《党项与西夏资料汇编》上卷第一部分收录兴宗三表,

---

① [日]冈崎精郎:《タソダ一卜古代史研究》,《东洋史研究丛刊之二十七》,东洋史研究会发行1972年版,第42—43页;上引《唐代党项》从之,见该书第49页。

仅能疑兴宗为党项族人，① 得此志可解兴宗世系之谜。据志
称，兴宗为守寂叔，思泰异母弟。《全唐文》所收其三表
文，均为《请致仕侍亲表》，内云其母"谯郡太夫人曹氏，
今八十有四"，"然曹氏有臣，更无他子，臣才齮齕，父已
背亡"（第一表）；又云"以蕃夷之贱品，邈冠冕之清流，
身带三印，爵封五等，入践命卿，出为副将"（第二表）；
"而臣又不幸，愚子供奉官、右威卫郎将守义近亡"（第三
表）等。三表均为恳请朝廷准允停官返故里，侍奉老母，
语意恳切，孝道弥著。据韩荫晟考证，三表约书于天宝五六
载（745—746），距守寂卒后约 10 年。志文所记兴宗官爵，
与表文所叙大致相符。如表文所谓"身带三印"，即志记的
"朔方军节度副使、右领军卫大将军（正三品）、将作大匠"
（从三品）三印；"出为副将"，指其任朔方军节度副使一职
而言。唐朔方节度使治灵州（治今宁夏吴忠西），故兴宗再
三提出返故里侍奉老母。兴宗早亡之子"守义"，与守寂、
守礼均为"守"字辈。从后那至守寂，其族常与汉族士族
通婚，其汉化程度日益加深。

　　其余志文多为记载上述守寂母、弟、子、叔之品德，及
因守寂亡后之哀痛之情。特别是守寂未出嫁之异母女弟
（妹），甚至因哀伤过度而亡。

---

① 　韩荫晟：《党项与西夏资料汇编》上卷，宁夏人民出版社 1983 年
版，第 156—159 页。

东道为主，尝接二疎之游；两候聆音，遽轸九原之叹。孰传不朽，是托斯文。铭曰：」

三苗之胤，惟姜有光。五代返本，复昌于唐。高门长载，列土封疆。引续不替，嘉谟孔彰其一。世笃忠」良，施于孙子。玉质豪族，金章贵仕。允武乃文，藏晖通理。如何不淑，宛其死矣其二。亲哀子夭，弟痛」兄亡。妹也灭性，叔兮增伤。连枝溢尽，异史齐芳。有美不颂，其名孰扬其三。

洛阳县尉郑崿为之书

志文铭内，再次申述其族系"三苗之胤，惟姜（羌）有光"，即源于西羌。所谓"五代返本，复昌于唐"，经立伽至守寂恰好五代，故有此说。其余为一般墓志铭中常见之颂扬、溢美之词。

守寂墓志还有区别于唐代墓志特别之处，即墓主卒，墓志镌刻完后，朝廷又有追赠官爵之事，于是只好在刻好的志盖阴面又刻上阴文：

门下故特进、兼右监门卫大将军、」员外置同正员、持节淳、临等十八」州诸军事、兼静边州都督、防御部」落使，赠使持节、都督灵州诸军事、」灵州刺史、上柱国、西平郡开国公」拓拔守寂，业继英豪，志怀忠烈，绥」其种落，扞我边垂，岁序滋深，勋庸」益著。生而懋赏，既洽于荣章；没有追」崇，更优于宠数。宜增上卿之位，以」饰重泉之礼。可赠鸿胪卿，仍令夏州」刺史郑宏之充使监护，主者施行。」

　　开元廿五年八月一日

　　志石刊了，加赠鸿胪，故镌之于盖」

　　夏州刺史郑宏之，即此志之撰文者，所谓"仍令"其充使监护，说明守寂丧葬"所在官供"，亦由郑宏之监护。加赠之"鸿胪卿"为九卿（上卿）之一，从三品，掌宾客凶仪及册诸藩事。

　　最后，据此志及文献，将守寂一族世系列表如下：

```
                                       ┌─守 寂──澄 澜──乾 晖①
                            ┌─思 泰─┤  （707—736）   （贞元时夏州刺史）
                            │（？—721）└─守 礼
木弥（弥）……立伽──罗胃──后那─┤（母王氏）
                            ├─兴 宗──守 义②
                            │（母曹氏）
                            └─□ ── □ ──澄 岘③
                                       （元和时银州刺史）
```

---

① 《新唐书》卷二一六下《吐蕃传》记贞元二年（786年）"吐蕃攻盐、夏，刺史杜彦光、拓拔乾晖不能守……"此拓拔乾晖，《元和姓纂》卷一〇云其为守寂孙，时任银州刺史。

② 据王富春《唐党项族首领拓拔守寂墓志考释》（《考古与文物》2004年第3期）记，在守寂墓志盖内底左边栏有楷书阴刻文字："弟开元州刺史守义从京送至银州赴葬。"开元州为唐静边州都督府下二十五州之一，守义当为守寂从弟，兴宗子。

③ 《元和姓纂》卷一〇记有守寂侄澄岘，"今（元和时）任银州刺史"。

199
周伟洲学术经典文集

二、李仁宝墓志和破丑氏夫人墓志

第二方墓志为《李仁宝墓志》，后晋开运三年（946年）二月五日立石。出土时间不详，出土地为榆林市榆阳区红石桥乡拱盖梁村。"盖、志砂石质。盝形盖，边长各64厘米，厚13厘米。盖面楷书3行，行3字：'故陇西李公墓志之铭'。杀面阴刻八卦图。志石方形，边长各64厘米，厚11厘米。志文楷书30行，行36字。盖面有多道錾刻痕。"①

依上叙体例，录文并考释如下：

大晋绥州故刺史、金紫光禄大夫、检校太保、兼御使大夫、上柱国李公墓志」铭　并序

银州防御判官齐峤撰

公讳仁宝，字国珍，乃大魏道武皇帝之遐胤也。自」仪凤之初，迁居于此，旅趄辇毂，便列鹓鸿，或执虎符，或持汉节者，继有人也。以唐中和之岁，」国家多难，圣主省方。又闻骨肉之间，迥禀英雄之气，长驱骁锐，却复翠华。厥立奇功，」果邀异宠，遽分第土，遂赠姓焉。七八十

---

① 《榆林碑石》，第81页。

年，四五朝矣。山河远大，门族辉华，莫可比乎，
孰能加」也。曾祖副叶，皇任宁州、丹州等刺史、
金紫光禄大夫、检校司空、兼御史大夫、上柱国拓
拔副叶。」祖重遂，皇任银州防御度支营田等使、
金紫光禄大夫、检校太保、兼御史大夫、上柱国」
李重遂。考思泌，① 皇任定难军左都押衙、银青光
禄大夫、检校工部尚书、兼御史」大夫李思泌。

　　志云党项李仁宝一族，也即党项拓拔氏部落，"自仪凤
之初，迁居于此"，与上述拓拔守寂墓志所记相同，不申
释。然而，此志云仁宝一族系"大魏道武皇帝（拓拔）之
遐胤"，即源于曾建北魏之拓跋氏鲜卑，与上述守寂墓志记
载迥异。关于此，下面将专门讨论。志以下云"以唐中和
之岁……遂赠姓焉"一段，系指中和年间（881—885 年）
黄巢起义军占领长安后，时任宥州刺史的党项拓拔思恭率军
助唐，② 因攻克长安有功，唐封之为夏州节度使（定难军节
度使），赐姓李，为北方一藩镇。由唐，历经后梁、后唐，

---

① 《榆林碑石》录文"泌"字未识出，对照墓志拓本图片，此字出
　　现两次，两者相校，此字应为"泌"（同"沿"字）。
② 史籍记思恭率军攻长安之前，有任"夏州将"、"夏州偏将"
　　（《新五代史·李仁福传》等），或云"宥州刺史"（《资治通鉴》
　　卷二五四）等多种说法。据《榆林碑石》收录的《白敬立墓志》
　　（唐景福二年卒）记："洎乾符年，大寇长安，僖宗卜省于巴蜀，
　　王（思恭）自宥州刺史率使府校……"则思恭原为宥州刺史确。

周伟洲学术经典文集

到仁宝时的后晋，共四朝，故志云"七八十年，四五朝矣"。

志称仁宝之曾祖名拓拔副叶，显系在唐中和年以前在世，即在赐姓之前。其官爵位很高，以当时而论似不可能，显系以后所追赠。其祖李重遂，已改姓为"李"，即其在中和年赐姓后仍健在。按近年来在内蒙古乌审旗南纳林河排子湾出土一批五代至宋初党项拓拔氏（李氏）的墓志，内有一方《李彝谨墓志》（后周广顺二年，即952年立石），内云其"曾祖讳重建，皇任大都督府安抚平下番落使。祖妣破丑氏，累赠梁国太夫人。祖讳思□，皇任京城四面都统教练使，累赠太师。祖母梁氏，封魏国太夫人。烈考讳仁福，皇任定难军节度使，累赠韩王……公即韩王第二子也"。① 如按上述守寂墓志所述，党项拓拔氏至少在唐开元末守寂一族起，其子孙即以字辈排列。如此，则彝谨曾祖李重建，当与仁宝祖李重遂同辈；其祖思□，从官爵及字辈看，即拓拔思恭，与仁宝父思泹同辈；其父李仁福，新、旧《五代史》有传，与仁宝同辈。此两志不仅解决了长期困扰学界关于李仁福的世系（即是否为思恭子）问题，② 而且使唐末至五代

① 《榆林碑石》，第81页。
② 《旧五代史》卷一三二《李仁福传》和《新五代史》卷四〇《李仁福传》均未记仁福与思恭是什么关系，后者甚至说："李仁福，不知其世家"；"不知其于思谏（思恭弟）为亲疏也"。《李彝谨墓志》则明言仁福为思恭子，解决了这一问题。

夏州党项拓拔氏世系逐渐明晰起来。

　　公浑金重德，□大奇材，风神雅而绪柳一株，器度广而黄陂万」项。体唯温克，性本善知，诉公之谠直难同，治乱而经纶少比。天边一鹗，谁知骞」翥之程；雪里孤松，可辨岁寒之操。郁为时彦，宛是人龙，高持谨愿」之风，显着忠贞之誉。故虢王睹其节概，举以才能，遂署职于军门，颇」彰勤绩。俄分符于属郡，甚有嘉声。莫不洞晓鱼钤，深明葛阵，行驱隼旆，坐」镇雕阴。张堪任蜀之年，尤同善政；侯霸临淮之日，可类清名。朝廷以久立边功，爰」加宠命，布龙纶于碧落，降钿轴于丹墀。累转官资，继颁爵秩，位崇保傅，权」计惨舒。而又逢存亡进退之机，知崇辱成败之理，求归别墅，① 获替府城。朝辞鹊印鱼符，暮」入云峰烟水，自怡情性，独纵优游。张平子月下秋吟，陶静节篱边醉卧，功成名遂，无」以比焉。方显绮季连衡，株松等寿，② 岂意忽萦疾疹，便□膏肓，问神之心绪徒施，」洗胃之功夫漫误。重泉忽往，逝川不回，呜呼！皓月韬光，德星

---

① 《榆林碑石》录文"求"字作"友"误。
② 《榆林碑石》录文"株"字未识出，据图片补之。

沉彩，即于开运二年十月」二十八日薨于坂井旧
庄，其享也七十二矣。兰台之数，酒香空在；鼎钟
之间，望犹新（下阙一字）」。莫不内外悲伤，家
帮痛惜，九族洒阑干之泪，六亲兴□郁之怀。诸夫
人目断幽」津，遽失和鸣之响；儿女等愁生于白
昼，莫闻庭训之言。结恋何穷，重泉永隔，即于」
开运三年二月五日，祔葬于先祖陵阙之侧也。临云
淡淡，①如资怆恨之容，春草」萋萋，似动悲凉之
色。今以唯亏梦笔，固昧知人，素无黄绢之辞，兼
白眉之誉。遗遵」请志，聊敢涤濡。

　　"公"即墓主仁宝，以下即多为誉其才德之词。内云
"故虢王睹其节概"的"虢王"，即任定难军节度使之李仁
福。《旧五代史》卷一三二《李仁福传》记仁福"自梁贞
明、龙德及后唐同光中，累官至检校太师、兼中书令，封朔
方王。长兴四年（933 年）三月，卒于镇。其年追封虢王"。
仁宝卒于后梁开运二年，故志称仁福为"故虢王"。②志文
下记仁宝"俄分符于属郡，甚有嘉声"，又用西汉时任蜀郡
太守的张堪、王莽时任淮平大尹的侯霸治理当地有能名的典

①　《榆林碑石》录文"临"字未识出，据图片补之。
②　上引《李彝谨墓志》记李仁福为"韩王"，应如上引邓辉文所说，
　　"乃为避后周郭氏之讳，而易'虢'为'韩'"。

故，称赞其治理地方之业绩。然而志文却未记其具体官职，这在一般墓志中较为少见，仅在志首有其任"绥州刺史"等职名，袭爵高而职位低，且一直未有超迁，而后又去职。这正如志所云，仁宝喜"自怡情性，独纵优游"，欲效法"张平子（张衡）月下秋吟，陶静（靖）节（陶渊明，私谥号'靖节'）篱边醉卧"。其卒于后晋开运二年十月二十八日"坂井旧庄"，享年72岁。"开运三年二月五日祔葬于先祖陵阙之侧也"，即今榆林市榆阳区红石桥乡拱盖梁村，在无定河北。也即是说，此地为其族葬地，相信今后这里将有更多的李氏墓葬被发现。

其铭曰：勋绩早著，德望弥高。明彰露冕，惠美投醪。｜孝敬谁同，忠贞少比。价捏龙须，名光凤尾。善驱五马，能抚辱城。霭然令问，｜郁矣嘉声。时谓栋梁，民歌襦袴。□赖居房，① 何□叔度。望□竹帛，身退园林。｜事同往哲，年过从心。方乐优游，忽萦疾恙。良药无征，重泉可怜。□天坠月，｜太华摧峰。露沾香蕙，风折乔松。内外兴悲，亲姻聚泣。陈驹□征，逝川□急。｜令嗣痛裂，九族凄凉。遗爱徒在，列宿韬光。梦勿堪嗟，丘轮不测，聊刊贞珉。｜

---

① 《榆林碑石》"赖"字未识出，今据图片补之。

　　此为一般墓志铭赞扬墓主生前事迹及亲友哀痛之情,不再申释。唯其志盖楷书三行:"故陇西李公墓志之铭",此将党项李氏的籍贯又书为"陇西李氏",显然党项拓拔氏因赐姓李,与唐帝室李渊一族同姓,故也改为李渊一族籍贯陇西,由此也可见当时攀附门第、籍贯及祖先之风的盛行。

　　第三方墓志为《破丑氏夫人墓志》,后唐长兴元年(930年)十月十九日立石。近年来出土于榆林市榆阳区红石桥乡拱盖梁村。志"砂石质。盝形盖,边长各54厘米,厚16厘米。盖面无文。杀面阴刻八卦图。志石方形,边长各53厘米,厚10厘米。志文阴刻楷书16行,行19至22字不等。下边掉磋一片"。① 现依前例录志文,并考释如下:

　　　　故永定破丑氏夫人墓志文
　　　　绥州军事判官、大理评事张少卿撰
　　　　三才启序,二圣垂明,既分天地之形,爰烈乾
坤之像。是有丨徽音弘远,淑德播扬,慧婉早著
于宫闱,贤明素彰丨于里馆,即今永定破丑氏也。
夫人以元魏灵苗,孝文丨盛族,天麟表瑞,沼凤
腾芳,金枝继踵于三台,玉叶姻丨联于八座。而
况三从顺道,四德奉亲,崇妇礼以宅方,备母丨

---

① 《榆林碑石》,第77页。

仪而敷训。可以千钟庆寿，百禄宜家，冀隆画轪之荣，」光显朱门之贵。夫分虎竹，子桂龙韬，美誉之名，超」今迈昔。夫人方以闺庭纳庆，香阁承荣，何遣疾之无」惩，奄从风烛，魂随逝水，魄逐川波，恸结子孙，悲缠儿女。于」是选择异地，修饰灵宫，蕃汉数千，衔哀追送，风云」于是失色，山岳为之昏曚。固刊石以留名，则雕铭而不朽。」其词曰：传哉懿范，禀质英灵。才高谢雪，」聪辩蔡纨。六亲风靡，四德兰馨。方隆家国，显耀儿孙。」何萦疾瘵，医药无惩。大限俄至，将没幽冥。堂留旧影，」室泛残灯。一归长夜，永闭泉门。男彝瑎、」彝震、彝嗣、彝雍、彝玉、彝憨、彝璘」

長興元年歲次庚寅拾月辛卯朔拾玖日己酉

《榆林碑石》直书此志为《李仁宝妻破丑氏夫人墓志》，然而，此志与上述仁宝志文内，均未有两人为夫妻之片言只语。而《榆林碑石》编者也未明言两志系出土同一墓葬中，只云两志是：1994 年及 1996 年"在打击盗掘、走私文物活动中缴获，现藏榆林城墙文管所"，以及出土地点相同。但从此志撰者张少卿为绥州（治今陕西绥德）属吏，而仁宝曾为绥州刺史；破丑氏子皆为"彝"字辈，与李仁福子相同情况分析，破丑氏夫人为仁宝妻也相合。即是说，两志系出于同一墓中。如此，破丑氏比其夫仁宝早卒约 16 年，仁宝卒后祔葬于破丑氏墓中。

破丑氏，为党项部落，以氏为部。据两《唐书》、《唐会要》等史籍载，党项最初八个大的部落内，无破丑氏，但云"雪山党项，姓破丑氏，居于雪山之下"（《旧唐书》卷一九八《党项传》）；"居雪山者曰破丑氏"（《新唐书》卷二二一《党项传》）；"其在贞观初，亦常朝贡"（《唐会要》卷一八）。① 此雪山，日本学者冈崎精郎考证在松州嘉诚县（治今四川松潘）东八十里之雪山，② 此说有误；此雪山应指青海河曲之大积石山（阿尼玛卿山）。③ 也就是说，党项破丑氏部原居于今青海湖南的大积石山一带。贞观末，吐蕃势力北上，破丑氏部也随一些党项部落北迁至陇右一带。志文首行云"永定破丑氏"，永定应为其籍贯（地名），上引《新唐书·地理志》记陇右道有羁縻党项的"永定州"，下注云："永泰元年以永定等十二州部落内附，析置州十五。"同书卷六《代宗纪》永泰元年二月，"戊子，河西党项永定等十二州部落内属，请置宜芳等十五州，许

① 《册府元龟》卷九七〇记："（贞观六年）十一月，雪山党项……并遣朝贡。"
② ［日］冈崎精郎：《唐代汇於计为党项の发展》，《东方史论丛》第 1 卷，养德社 1947 年版。
③ 详细考证见《唐代党项》，第 6 页。

之"。破丑氏又称为"河西党项",① 则永定等州内至少大部分为党项破丑氏部落,永泰元年改设之宜芳等十五州,当亦有永定州在内。又《新唐书·党项传》记,永泰元年郭子仪表徙盐、庆等州的党项、吐谷浑后,又云:"先是,庆州有破丑氏族三、野利氏族五、把利氏族一……因是扰边凡十年。"由此可知,原永定等州破丑氏在庆州一带,后随宜芳等十五州迁徙,至于迁于何处,因史载阙,不得而知。正因为破丑氏主要居于永定州,故志在破丑氏夫人前加籍贯"永定"。

破丑氏夫人志文多为一般墓志颂扬贵妇人生前才德、贤淑之词。内有云其源系"元魏灵苗,孝文(魏孝文帝)盛族",即源于拓跋鲜卑,关于此,我们在下面专门讨论。志文内还有"蕃汉数千,衔哀追送"之句,说明当时夏州一带除党项、吐谷浑等族外,还有不少汉族居住其间。

最后,据以上两志及内蒙古乌审旗所出一批党项李氏墓志,参以拙著《唐代党项》原列党项拓拔氏世系表(第142页,附录一),重新将唐末至五代党项拓拔氏世系列表如下:

周伟洲学术经典文集

---

① 《新唐书》卷八八《刘师立传》,内云:"时河西党项破丑氏常为边患……"

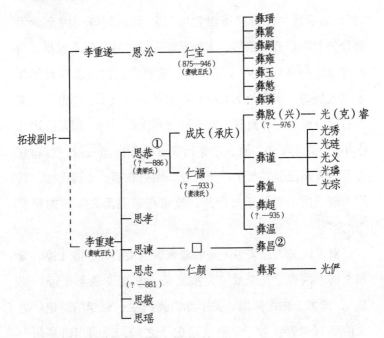

表注：表内横线表示父子世系，竖线为兄弟并列，虚线为关系不明者。
人名下括号内为生卒年。

① 关于思恭卒年，过去一般从《西夏书事》卷一及《新五代史·
李仁福传》为乾宁二年（895 年）。据《榆林碑石》录《白敬立
墓志》文，思恭早于敬立而卒，敬立卒于景福二年（893 年），
志称思恭卒，其"伏枕绵年"而卒，故思恭应卒于景福元年
（892 年）。

② 关于彝昌，《旧五代史·李仁福传》记为思恭弟思谏子（《新五
代史·李仁福传》同），而《宋史》卷四八五《夏国传上》云其
为思恭孙。按思恭卒，其子成庆、弟思谏相继为定难军节度使，
思谏卒，当以其后代为定难军留后，以彝昌为彝字辈看，应为思
谏孙，而非子。正因为年幼立，故发生政变被杀，众拥思恭另一
子仁福为定难军留后。

三、关于党项拓拔氏族源问题

关于党项拓拔氏的族源（族属）问题，从历史上以来就有两种不同记载和说法，至今仍争论不休，毫无结果。一种认为党项拓拔氏源于羌族，另一种则认为源于曾建立北魏（后魏）的鲜卑族拓跋氏。由于上述榆林地区和内蒙古乌审旗的一批唐末至五代的党项拓拔氏墓志的出土，于是国内学术界纷纷撰文，认为党项拓拔氏源于元魏拓跋氏鲜卑，似乎已成定论。如上引之《榆林碑石》前言，邓辉、白庆元撰《内蒙古乌审旗发现的五代至北宋夏州拓拔部李氏家族墓志铭考释》，赵斌、尹夏清撰《榆林出土西夏皇族先祖"李仁宝墓志"》等。[①] 他们主要引录上述《李仁宝墓志》、《李彝谨墓志》、《李彝筠墓志》中记叙其祖源于元魏鲜卑拓跋氏之记载，认为此三方墓志的撰写，均早于李元昊建西夏（1039 年）时自称元魏后胤约 50 年至 100 年，故"不能指责其'冒认''高攀'"，[②] 或说"反映了拓拔部李氏家族出于后魏的说法不单单是李元昊本人的创造，而是一个在拓拔李氏家族中长期流传的说法。建立西夏国的拓拔部出于北魏

---

① 文载西安碑林博物馆编《碑林集刊》（七），陕西人民美术出版社 2001 年版，第 102—105 页。
② 《榆林碑石》前言，第 5 页。

鲜卑的传说，可能并非空穴来风，而是事有所据"。①

这看起来似乎有根有据，无可驳议，然而，事实上，前述诸墓志（包括《守寂墓志》）恰好暴露和揭示了党项拓拔氏攀附北魏皇族鲜卑拓跋氏的"马脚"及其过程。下面试加以分析：

上述《拓拔守寂墓志》撰写时代最早，系唐开元二十五年。此志撰者还比较"老实"，确切无误地说党项拓拔守寂一族源于羌，所谓"出自三苗，盖姜姓之别"，"世雄西平"。这是党项拓拔氏部自初唐其大酋拓拔赤辞（词）以来，因守寂父思泰卒于平六胡州"康待宾之乱"后，第二次名著于史籍。此后，经安史之乱，直到元和年间，有一些不熟悉党项历史及迁徙的文人学士，开始将党项拓拔氏与元魏拓跋（亦作"拔"）氏混同。如元和时，林宝撰《元和姓纂》卷一〇拓跋氏条中，就将拓拔守寂一族与元魏拓跋氏联系在一起，云其"亦东北番也"。过去，学界为此记载争论不休，事实上《元和姓纂》一书往往将各个姓氏之来源未加清厘，捕风捉影、轻信攀附、冒认祖先之例，比比皆是。就如守寂一族而言，我们是应该相信开元末撰写，而今才出土的守寂墓志所记，或是确认比之晚七八十年元和时林宝所撰之《元和姓纂》一书所说，这不是十分清楚的吗？

然而，林宝《元和姓纂》之说，也并非林宝一人之见，

---

① 上引邓辉、白庆元文，《唐研究》第八卷，第391页。

且其书对后世也有一定的影响。比如到唐末中和三年（883年），正当包括党项宥州刺史拓拔思恭在内的各路大军攻围占领京师长安的黄巢起义军时，任高骈从事之新罗人崔致远代拟的《贺杀黄巢贼徒状》中说："拓拔相公（指拓拔思恭）、东方尚书（东方逵），或力微（北魏神元帝拓跋力微）裔孙，或曼倩（西汉东方朔）余庆。"① 此显然将党项拓拔思恭一族视为元魏拓跋氏之后裔，与林宝《元和姓纂》的记叙是相同的。但是，思恭因收复长安之功，赐姓李，拜定难军节度，为雄踞北方一藩镇，此应为党项拓拔氏第三次名著史籍。

也就在此之后，汉化日深的党项拓拔氏雄踞夏州，赐姓李氏，于是耻于再言其祖源于西北之戎狄——羌族，而当时又有党项拓拔氏源于阴山贵种、元魏帝室拓跋氏之说，在当时姓氏、种族攀附之风的影响下，自然就顺理成章地攀附上元魏帝室鲜卑拓跋氏为其祖先。这也就是出现在五代时党项拓拔氏（李氏）的墓志，甚至文献中，云其祖先为元魏拓跋氏后裔之由来。更有甚者，上引《破丑氏夫人墓志》甚至将党项破丑氏也系之于"元魏灵苗，孝文盛族"，可见当时攀附风之炽。这恰好从另一个方面证明在这一时期党项拓拔氏以上所作所为是不足为奇的。到北宋初，李元昊建西夏政权，正式公开打出自己系元魏后裔之旗帜，在向北宋的上

---

① 崔致远：《桂苑笔耕集》卷六，四部丛刊本，第26页。

表中宣称："臣祖宗本出帝胄……创后魏之初基"，以证明其称帝建国之"合法性"。

但是，无论是五代时党项拓拔氏（李氏）的墓志也好，唐末以后大量文献及元昊上表也好，都不能抹去两《唐书》、《通典》、《唐会要》等正史、政典等记其为羌族后裔的记载，更抹不掉唐开元末年《拓拔守寂墓志》对自己族源于羌族的认同。因此，笔者还是那句老话："如若没有确切的论据，党项拓拔氏源于元魏拓跋氏的说法是难以令人置信的。"①

（原载于《民族研究》2004 年第 6 期）

---

① 上引拙著《唐代党项》，第 10 页。

唐"都管七个国"六瓣银盒考

一

　　1979 年 9 月在西安交通大学出土了三件套装在一起的唐代银盒，最外层是六瓣喇叭形高圈足银盒，高 5 厘米、径 7.5 厘米、足径 6 厘米、腹深 3 厘米，重 121 克。中层为鹦鹉纹海棠形圈足银盒，高 3.4 厘米、径 6.4×4.9 厘米、圈足径 5×3.5 厘米，重 38.2 克。最内层为龟背纹银盒，高 2.3 厘米、径 4.7×3.7 厘米，重 30 克，内装水晶珠二颗，褐色橄榄形玛瑙珠一颗。有关套盒出土情况、形制及初步考释，见张达宏、王长启发表之《西安市文管会收藏的几件珍贵文物》。① 此外，陆九皋、韩伟编著之《唐代金银器》

---

① 《考古与文物》，1984 年第 4 期。

（文物出版社 1985 年），韩伟编著之《海内外唐代金银器萃编》（三秦出版社 1989 年），均收录此套装之三银盒，并作器物说明和断代。

最使我们感兴趣的是，最外层的六瓣银盒上面所錾刻之人物图像及题榜，它与唐代中西交通和民族历史文化有密切之关系，有必要作进一步考释。

为了便于分析和考证，依据上述论著及对原物的考察，再将六瓣银盒作详细描述。银盒盒身呈六瓣形，盖面隆起，以边呈隆起的六个角，卵形规范，正中呈六角形，连同周围的卵型六个区划，共为七个部分。各部分均自行隆起。底部平坦，有喇叭形六瓣圈足，子母口。锤击成形，花纹模冲，细部平錾加工，纹饰鎏金，鱼子纹地。

正中六角形内，中为一骑佩有鞍鞯之象的贵人，左手抱一长条形物，右手平上伸。象后一人步行，挚花盖，盖顶在骑象贵人头上方。象前方一人，双手高举托一装有一瓶的盘子，作奉献姿态。在整个图像的正前方，錾刻有两人，左一人正奔走，右一人伸脚坐于一物上。正后方还刻有一环抱双手之人。① 图像空白处间錾有萱草纹饰。整个图面有用长方格界定之榜题三条：最左侧为"都管七箇（以下用简体字

---

① 按前引著录此银盒的论著，均漏掉图像中此人。

'个')国";左上方为"昆仑王国";① 正前方下部正中有"将来"二字。

从正中"昆仑王国"向右,顺时针方向依次为六个卵形区划,以正中为轴展开,各为一国:

婆罗门国 左侧为一立者,怀抱一个似环形之物体,衣似袍,足着靴。其对面(右侧)站有两人,均穿袍着靴。三人之间(正下方)有立于地上细颈瓶一个,瓶口似正喷出烟火。图像内间以萱草。左侧题榜为"婆罗门国",右侧为"呪(咒)锡"二字。②

土番国 图像正前錾一奔驰之牛,后有两人作追赶形态。余间以萱草。题榜为双格界定,在正上方,为"土番国",应即"吐蕃国"之异写。

疎勒国 左侧两人,前一人似执弓,后一人作注视状,右侧与执弓者相向有两人,均执刀(或剑)。余间以萱草、山石。题榜在正上方,双线界定,为"疎勒国",应即"疏勒国"之异写。

高丽国 有着长袖袍者五人,左一人席地而坐,似击掌(或合掌),四人站立围绕,姿态各异。五人头上均插有翎羽两根。余白间以萱草。题榜左右分为二,左为"高丽",

---

① 陆九皋、韩伟:《唐代金银器》第 187 页录为"昆仑五国",误。韩伟:《海内外唐代金银器萃编》214 页已改正。

② 上引著录此银盒之论著未释出"呪"字,此字应为"咒"之别体字。

右为"国"字。

白拓□国　左为一席地而坐之老者，头上发髻，对面一人弯腰前伸双手作供奉形态。余间以萱草、蓬莲等。题榜在正中，分两排，为"白拓□国"。□字右半錾刻不清，左半似为"艹"。

乌蛮人　左侧前后两人，右一人佩刀，头上角囊；右侧三人，右者头上角囊，余二人似髡髻。余间以萱草。题榜在右侧，为"乌蛮人"，而不称国。（以上均见图一）

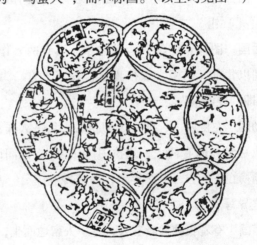

图一　都管七个国银盒（摹本）

银盒盒口上下以缠枝卷叶纹为背景，四周用线划为上下各六个长方形栏，内分别錾刻十二生肖图像。每一长方形栏内左右有题榜，即"子时、半夜"，"丑时、鸡鸣"，"寅时、平旦（旦）"，"卯时、日出"，"辰时、食时"，"己（巳）时、晡时"，"午时、正中"，"未时、日晬"，"申时、晡

时”,“酉时、日入”,“戌时、黄昏”,“亥时、人定”。(图二)

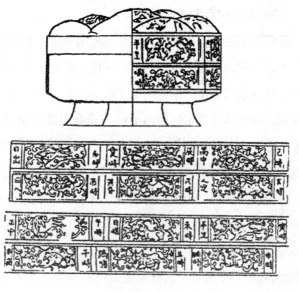

图二　都管七个国银盒盒口上下十二生肖图（摹本）

关于都管七个国六瓣银盒的制作年代，国内学者通过银盒的形制、纹饰及与其他有明确纪年的标准唐代金银器物的比较研究，得出了较为一致的结论，即此银盒应是唐代后期的制品。陆九皋、韩伟在其著作中，将此银盒列为唐代金银器的第四期，即唐穆宗至哀帝时期（821—907 年）。[①]赵超《略谈唐代金银器研究中的分期问题》一文，[②]则将此银盒

① 《唐代金银器》，第3—4页；《海内外唐代金银器萃编》，第20页。
② 中国社会科学院考古研究所编：《汉唐与边疆考古研究》第1辑，科学出版社1994年版。

周伟洲学术经典文集

列入其分期中的第六期，即唐武宗至哀帝时期（841—907年）。两者时间大致相当。此说可信。

需要补充的是，如果将此银盒与有明确纪年的出土唐代银盒比较，可以得出更具体的相对年代。这对于考释都管的七个国有直接的关系。据上引张达宏、王长启文，说此银盒的造型，与江苏丹徒丁卯桥出土的"鎏金凤纹大银盒"、蓝田出土的"凤衔绶带纹五瓣银盒"大体雷同。后者錾有"咸通七年"字样。

按国内目前所知出土的唐代银盒有确切纪年者，主要有1970年西安何家村窖藏唐代金银器中，石榴花结纹银盒、双鸿衔胜石榴花结纹银盒、飞狮六出石榴花结纹银盒、凤鸟翼鹿纹银盒等26件。[①] 这批银盒及一同出土之金银器，学者们一般认为是在唐天宝年间以前制作的。[②] 其次，1982年镇江丹徒丁卯桥出土的唐代银盒共28件，其中与都管七个国银盒相近似的有四出莲瓣形的鎏金凤纹大银盒和鎏金四出鹦鹉纹银盒等。[③] 据陆九皋、刘建国最初撰文认为，丁卯桥

---

① 陕西省博物馆等：《西安南郊何家村发现唐代窖藏文物》，《文物》1972年第1期；前揭韩伟编《海内外唐代金银器萃编》，第97—100页等。

② 前揭陆九皋、韩伟《唐代金银器》及赵超文等。

③ 丹徒县文教局、镇江博物馆：《江苏丹徒丁卯桥出土唐代银器窖藏》，《文物》1982年第11期。

这批银器"制作的年代上限不会超过玄宗末年"。① 然而，稍后陆九皋与韩伟合编之《唐代金银器》一书中，又将丁卯桥出土的这批唐代银器制作年代，划入第四期（穆宗至哀帝时）。② 此外，1980 年在陕西蓝田汤峪杨家沟出土有凤衔绶带纹五瓣银盒，盒底錾有"内园供奉合（盒），咸通七年十一月十五日造，使臣田嗣莒，重一十五两五钱一字"字样。③ 咸通为唐懿宗年号，七年为公元 866 年。西安东郊和沙坡村还各出土了唐代银盒一件，④ 韩伟编著之《海内外唐代金银器萃编》将以上两银盒制作年代定为唐代金银器第二期（武则天至玄宗时期，公元 684—755 年）。最后，出土唐代银盒最重要的一批，是 1984 年陕西扶风法门寺地宫发现的一批，主要有鎏金双凤衔绶带御前赐银方盒（盒面有墨书"随真身御前赐"六字）、鎏金双狮纹菱弧形圈足银盒、鎏金银龟盒、椭方形素面银盒、双鸿纹海棠形银盒等。⑤ 这批银盒，据墨书记，是随真身（即佛舍利）入赐法

① 陆九皋、刘建国：《丹徒丁卯桥出土唐代银器试析》，《文物》1982 年第 11 期。
② 陆九皋、韩伟：《唐代金银器》，第 3 页。
③ 樊维岳：《陕西蓝田发现一批唐代金银器》，《考古与文物》1982 年第 1 期。
④ 阎磊：《西安出土的唐代金银器》，《文物》1958 年 8 期；西安市文管会：《西安市南郊沙坡村出土一批唐代金银器》，《文物》1964 年第 6 期。
⑤ 法门寺考古队编：《法门寺地宫珍宝》，人民美术出版社 1989 年版，第 14—21 页。

门寺的。因此，银盒等金银器的制作年代当为懿宗、僖宗时迎送佛指舍利之前。

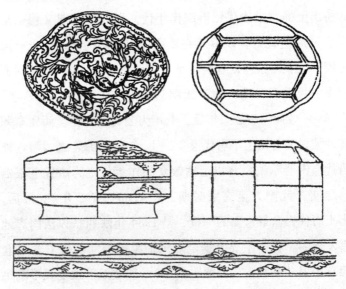

图三　鹦鹉纹海棠形五瓣银盒、龟背形银盒

根据以上出土唐代银盒及相关出土之其他金银器，与都管七个国等三件套装银盒，从形制、纹饰等方面作认真的对比研究，显然，都管七个国等三银盒与蓝田出土凤衔绶带五瓣银盒最相近似。如两者（包括都管七个国银盒内之鹦鹉纹海棠形圈足银盒）錾刻之蔓草纹饰（即缠枝卷叶纹）基本相同（图三）。而且两银盒在盒口上下，均以缠枝卷叶纹为背景，于上錾刻动物形象，一为十二生肖，一为鸿雁（图四）。在形制上，二者均有分瓣形式。其次，都管七个国银盒等三件与法门寺地宫发现之银盒也有较多的相似之处。如龟形形制，高圈足，双凤衔带与鹦鹉衔带纹饰等。蓝田、法门寺两地出土之银盒均有明确纪年，即大致在咸通年间。因此，我们可以进一步推测：都管七个国银盒制作年代，大致在唐宣宗大中到唐懿宗咸通年间（847—873 年）。

图四　凤衔绶带纹五瓣银盒（蓝田出土）

在基本确定了都管七个国银盒制作年代之后，再来考释都管的七个国，也就有的放矢了。

二

1. 昆仑王国

都管七个国银盒正中六角形，据题榜为"昆仑王国"，其在七个国当中，是否都管其余六国？看来不可能。因为银盒有"都管七个国"字样，即是说，正中的昆仑王国也在都管的七个国之中。昆仑王国也非指先秦时期周穆王西巡会见西王母之"昆仑"，而是指南海中的昆仑国。中国史籍关于南海之昆仑记载颇多。如早在公元三世纪万震撰《南州异物志》记扶南国（今柬埔寨）"自立为王，诸属皆有官长，王之左右大臣，皆号为昆仑"。刘宋时，竺芝撰《扶南记》，有顿逊国，属扶南，"国主名昆仑"。① 至唐代，有关昆仑或昆仑国之记载更多。如《旧唐书》卷一九七《林邑传》记："自林邑（今越南半岛南部）以南，皆卷发黑身，通号为'昆仑'。"同书《真腊国传》云："在林邑西北，本扶南之属国，'昆仑'之类。"唐慧琳《一切经音义》卷一〇〇释慧超《往五天竺国传》上卷阇蔑（即吉蔑，真腊国别称）云："眠鼈反，昆仑语也。古名邑心国，于诸昆仑

---

① 均见《太平御览》卷七八六、七八八引。

国中，此国最大，亦敬信三宝也。"又《新唐书》卷二二二
《南蛮传》记盘盘国（今泰国南），"其臣曰勃郎索滥，曰昆
仑帝也，曰昆仑勃和，曰昆仑勃谛索甘，亦曰古龙。古龙
者，昆仑声近耳"。同书《扶南传》云："王姓古龙。"此
外，如《续高僧传》卷二《彦琮传》所记林邑有"昆仑
书"；义净《南海寄归内法传》所云掘伦国至交、广，"遂
使总唤昆仑国焉"。

总之，上述这些史籍文献所说之"昆仑"或"昆仑
国"，不外指今越南南部与马来半岛的南海诸国。这一结论
也早为中外学者所指出。①

都管七个国银盒上的"昆仑王国"，若是指上述广义之
昆仑诸国，似也说得过去。但是，南海也有狭义之"昆仑
国"，即其本身即名昆仑国者。唐咸通初，曾任安南经略使
蔡袭从事的樊绰，对南海及西南南诏等地曾作过一番调查研
究。在其所撰《蛮书》（又名《云南志》、《蛮志》、《南夷
志》等）卷十《南蛮疆界接连诸番夷国名》内，有昆仑国，
云："昆仑国，正北去蛮（指南诏）界西洱河（今云南洱
海）八十一日程。出象及青木香、檀香、紫檀香、槟榔、

---

① ［法］伯希和（Paul Pelliot）著、冯承钧译《交广印度两道考》，
中华书局 1955 年版，第 65—74 页；［日］藤田丰八：《慧超往五
天竺国传笺释》，明治四十三年版；岑仲勉：《南海昆仑与昆仑山
最初译名及其附近诸国》，载于《中外史地考证》，中华书局
1962 年版，第 115—150 页等。

琉璃、水精、蠡杯等诸香药，珍宝、犀牛等。"① 又同书卷
六《云南城镇》云："量水川（今云南华宁）西南至龙河，
又南与青木香山路直，南至昆仑国矣。"

又《新唐书》卷二二二《骠国传》记：骠国属国有十
八，内有弥臣、坤郎；部落二百九十八，内有禄羽、磨地勃
等。且云："骠弥臣至坤郎，又有小昆仑部，王名茫悉越，
俗与弥臣同。骠坤郎至禄羽，有大昆仑土国，王名思利泊婆
难多珊那。川原大于弥臣。骠昆仑小王所居，半日行至磨地
勃栅……"

关于《蛮书》所记之"昆仑国"或《新唐书》所云之
大小昆仑国之位置，以前中外学者考证甚多，但大都将两书
所记之昆仑国视为同一，因两者均在南诏之南。可是，其具
体位置却说法不一：有谓在今缅甸伊洛瓦底江口及磨地勃湾
（莫塔马湾）之间；② 有说在今缅甸南怒江（即萨尔温江）
出海口附近，今毛淡棉及 Tenasserim 附近；③ 还有谓此国在
今缅甸加兰尼山及加兰人所居之地。④ 目前，中国学者还是
多数赞同《蛮书》及《新唐书》所记之昆仑国，在今缅甸

---

① 向达《蛮书校注》（中华书局 1962 年版）、赵吕甫《云南志校
释》（中国社会科学出版社 1985 年版），均据《太平御览》卷七
八九、七八二引《南夷志》增补"出"字后"象及"二字。
② ［法］费琅（G. Ferrand）：《昆仑及南海古代航行考》，《亚洲学
报》第 11 辑第 13 册。
③ ［法］伯希和著，冯录钧译：《交广印度两道考》，第 73 页。
④ 张礼千：《中南半岛》，商务印书馆 1947 年版，第 45 页。

怒江出海口的毛淡棉一带，毛淡棉以北的莫塔马，应即《新唐书》所记之"磨地勃栅"。① 此说可信从。

如此，都管七个国之一的昆仑王国应指唐南诏之南、今缅甸怒江出海口毛淡棉一带。按此昆仑国虽未与唐朝有直接交往，但与南诏关系密切。《蛮书》卷十曾记："蛮贼（南诏）曾将军马攻之，被昆仑国开路放进军后，凿其路通江，决水淹浸，进退无计。饿死者万余，不死者，昆仑去取右腕放回。"又《南诏野史·隆舜传》云："光启元年（885 年）昆仑国进美女，舜嬖之。"同书又载："段正淳时，缅人、波斯、昆仑三国进白象及方物"等。

昆仑国"出象"，与泛指的昆仑诸国同，如林邑（环王）"王卫兵万千，战乘象"；婆利国王"出以象驾车"；扶南王"出乘象"；真腊"有战象五千"等。② 银盒上錾刻有乘象之贵人（或王者），与昆仑国出象及用象作乘骑的习俗相同。至于银盒錾刻之人物衣饰、肤色虽然不清，但却与今东南亚诸国人极为相似。

---

① 前揭向达《蛮书校注》第 241—242 页，但作者认为，伯希和对《新唐书》大小昆仑之改订，大致可信；对《蛮书》昆仑国则不适用，此昆仑国只能在今泰国境内。赵吕甫《云南志校释》第 320 页、方国瑜《中国西南历史地理考释》上册（中华书局，1987 年版）第 592—594 页等，均与伯希和意见基本相同。

② 《新唐书》卷二二二《南蛮传》下。

2. 婆罗门国

考释此国，首先使人想到的是《新唐书》卷二二一《西域传》上所记："天竺国，汉身毒国也，或曰摩伽陀，曰婆罗门。"《旧唐书》卷一九八《西戎传》亦云："天竺国……或云婆罗门地也。"是中国史籍称天竺（印度）诸国为婆罗门国。婆罗门，梵文 Brāhmana，意译清静。早在公元前 7 世纪时，印度就流行婆罗门教，信仰多神，奉梵天、毗湿奴和湿婆三大神，把人分为婆罗门（祭司）、刹帝利（武士）、吠舍（农民和工商业者）、普陀罗（无技术的劳动者）。至公元前 6 至前 5 世纪，因印度佛教的兴起，婆罗门教逐渐衰弱。到公元 4 世纪后，婆罗门教吸收佛教、耆那教的一些教义及各地民间信仰，直到 8 至 9 世纪，经过改革，逐渐形成为现代印度教的雏形，也称新婆罗门教。此教也广泛传入与印度毗邻之缅甸及东南亚诸国。因此，银盒上的婆罗门国，从广义来讲，是指 8 至 9 世纪的印度诸国（即五天竺国等），这是毫无疑问的。

但是，与昆仑王国一样，银盒所指的"婆罗门国"是否也有狭义的或有专名的国家，而成为都管的七个国之一？这同样在樊绰的《蛮书》里找到了答案。《蛮书》卷十记："大秦婆罗门国，在永昌（今云南保山）西北，正东与弥诺江安西城楼接界。东去蛮阳苴咩城四十日程。蛮王善之，街（往）来其国。"又"小婆罗门国与骠国及弥臣国接界，在永昌北七十四日程。俗不食牛肉，预知身后事。出贝齿、白

蝪、越诺布。共大耳国往来。蛮夷善之，信通其国。"① 按
上引两段文，中外学者如伯希和、向达、岑仲勉、方国瑜、
赵吕甫诸先生均有考释。由于"大秦婆罗门国"一段有错
讹，向达意见应改为："大婆罗门国界永昌北，弥诺江西，
正东与安西城楼接界。"② 岑仲勉认为此段应作"大秦婆罗
门国界永昌西北正东，与弥诺国江西安西城楼接界"。③

参照唐贾耽《边州入四夷路程》所记："……二百里至
安西城。乃西渡弥诺江水，千里至大秦婆罗门国"一段，④
以及诸家大致相同的结论，知南诏之安西城在今缅甸之孟
拱，弥诺江即今缅甸亲敦江（Chindwin）。如此，则按上述
《蛮书》及贾耽所记，大秦婆罗门国当在亲敦江上游以西，
过那加山（时为南诏与大秦婆罗门国之分界）之地，即今
印度布拉马普特拉河流域之阿萨密邦。据贾耽所记，此国非
印度五天竺之一，而是在东天竺之东，紧邻南诏的一个信仰
婆罗门教的小国。

至于小婆罗门国，《蛮书》卷二弥诺江条下记："又弥
诺江在丽水（今伊洛瓦底江）西，源出小婆罗门国……合
流正东，过弥臣国，南入于海。"据上引向达、岑仲勉、方

① 此处引文，参见向达、赵吕甫校释文，并直接引后者文。
② 向达：《蛮书校注》，第 242 页。
③ 岑仲勉：《唐代滇边的几个地理名称》，《中外史地考证》，中华书
　局 1962 年版，第 376 页。
④ 《新唐书》卷四三《地理志》下引。

国瑜等著作，亲敦江主流由北向南，仅有支流自阿萨密南之曼尼坡尔（Manipur）来合，则小婆罗门国当在今印度直辖区曼尼坡尔地，也即是在大秦婆罗门国之南。

又费琅《南海中之波斯》一文，云婆罗门国应指骠国或卑谬（Prome）之南及东南，同白古（Pegou）之北，因缅甸人自称其国为 Mran—mā，应即婆罗门之对音。[①] 此说有许多问题，故未得到学界之赞同。

由于大小婆罗国主要信仰婆罗门教，故称为婆罗门国，《蛮书》记其"俗不食牛肉"，即婆罗门教规定。此两国与南诏邻，有交往，如《蛮书》所说："蛮王（南诏王）善之，往来其国。"因此，都管七个国之一的婆罗门国实指南诏西之大小婆罗门国。结合银盒錾刻图像，也有婆罗门教之特征：画面三人服饰、头饰不清，但三人围着一上下细颈之瓶，瓶内冲出火焰或烟火；左一人似用一圆物指划，而右侧题榜"咒锡"二字，似指这些婆罗门教徒正在作咒法。《新唐书·天竺传》云其国人"信盟誓，传禁咒，能致龙起云雨"，或与此相近。

3. 土番国

土番国，应即吐蕃国，公元 7 世纪兴起于西藏高原的民族所建之政权，至其名王松赞干布时，逐渐统一青藏高原各

---

① 此文中译文，见冯承钧译《西域南海史地考证译丛续编》，商务印书馆 1934 年版，第 99 页。

部，与唐朝、南诏均有密切关系。吐蕃称南诏为绛域
（Vjong yul）或三睒（Sa dam），[①] 且在 7 世纪末已将势力伸
入洱海河蛮（主要是白蛮）地区。敦煌发现之古藏文吐蕃
历史文书赞普传记部分（P. T. 1287）记，吐蕃赤都松赞普
（汉文史籍作器弩悉弄）在位时（676—704 年），曾"推行
政令及于南诏（Vjang），使白蛮（Mywa dkar po）来贡赋
税，收乌蛮（Mywa nog po）归于治下"。[②] 这虽然有些夸
大，但也反映出一些历史真实。当时，云南洱海周围有六
诏，其中最南的蒙舍诏首领皮逻阁，在唐朝的支持下，约于
唐开元二十六年至二十七年（738—739 年）统一其余五诏，
逐吐蕃出河蛮之地。唐封皮逻阁为"赵国公，赐名曰归
义"。[③] 南诏与唐朝联合共抗吐蕃，并积极扩展自己的势力。
但到唐天宝年间，由于南诏日渐强大，与唐矛盾尖锐，加之
唐剑南节度使及其属下对南诏倍加欺侮，使之与唐朝决裂，
转投吐蕃。"吐蕃以为弟，夷谓弟'钟'，故称'赞普钟'
（藏文作 btsan－gcung），给金印，号'东帝'"。[④]

　　此后，南诏与吐蕃联合，经常攻掠唐西川等地。这种情

---

① 王尧、陈践译注：《敦煌本吐蕃历史文书》，民族出版社 1992 年
　　增订本，182 页。

② 王尧、陈践译注：《敦煌本吐蕃历史文书》，民族出版社 1992 年
　　增订本，166 页。

③ 《旧唐书》卷一九七《南蛮·南诏传》。

④ 《新唐书》卷二二二《南蛮·南诏传》。又此事在敦煌发现的吐蕃
　　历史文书《赞普传记》（P. T. 1287）中也有记载。

况一直到唐贞元九年（793 年），南诏王异牟寻（皮逻阁曾孙，阁罗凤孙）因不堪吐蕃之压迫，遣使三道至成都、交州、黔州，向唐剑南节度使韦皋等表示愿意附唐，共抗吐蕃。次年，唐德宗遣使册封异牟寻为"南诏王"。从此，南诏与吐蕃决裂，并发兵攻之，成为遏制吐蕃的一支重要力量。此时，吐蕃西有大食，东南有南诏，北有回鹘及唐朝的攻围，加之内部斗争激烈，日益衰弱。到唐武宗会昌二年（842 年），吐蕃最后一个赞普郎达玛被一僧人所杀，昔日强盛之吐蕃统一王朝土崩瓦解。

都管七个国银盒如上述制作于唐大中至咸通年间（847—873 年），此时吐蕃统一政权已瓦解，国内各割据势力纷争不已，往日雄踞于青藏高原之强大政权已不复存在。其成为都管之七个国之一，才有了可能。最有意思的是，银盒上錾刻之吐蕃国图像，仅是两人追赶一奔驰之牛，表现青藏高原吐蕃牧民放牧之情景，正好与瓦解后的吐蕃政权情况相对应。

4. 疎勒国

疎勒国，即疏勒国，又作佉沙国、伽斯祗罗国、伽斯国等。此国自汉代就见于中国史籍，乃西域地区的城郭国之一，在今新疆喀什噶尔地。汉代曾于西域地区设置西域都护府或长史府，管辖该地。唐安史之乱前，曾在西域设置安西都护府，治龟兹（今新疆库车），统四镇及四都督府，疏勒为其中之一。其间，吐蕃势力北上进入西域，与唐争夺四镇，曾几度占据四镇。①唐长寿元年（692年），王孝杰一举从吐蕃手中夺回四镇，一直到唐安史之乱前，均为唐所管辖，但仍保持疏勒王统。

安史之乱后，吐蕃占领陇右、河西，8世纪末又据有西域天山以南等地，疏勒也沦为吐蕃属地。可是，到9世纪40年代统一的吐蕃王朝瓦解之后，疏勒复自立。

都管七个国银盒上的疎勒国，正好是吐蕃灭亡，自立之时，因其与吐蕃关系密切，从吐蕃西部象雄（羊同，即今西藏阿里地区）有通道至其国，故也成了都管的七国之一。然而，从银盒錾刻之图像看，似乎制作者对此国之风俗不甚了然。图像中环立四人，一人执弓，二人抱刀，猛勇无比，故有谓此表现了疏勒人之尚武精神和习俗。②其实，遍检自汉以来西域传中之疏勒国，皆未记其有尚武之风习。《新唐书·西域传》仅记其国"俗尚诡诈，生子夹头取褊，其人文身碧瞳"。唐贞观年间，途经此处求法之高僧玄奘，也只说其国（佉沙国）"人性犷暴，俗多诡诈，礼义轻薄，学艺肤浅。其俗生子，押头匾匽，容貌粗鄙，文身绿睛"。③此乃因疏勒大多为伊兰人种，喜贸易，与东方汉族差别较大，

① 参见拙作《略论碎叶的地理位置及其作为唐安西四镇之一的历史事实》，《新疆历史论文集》，新疆人民出版社1978年版。
② 前揭张达宏、王长启文。
③ 季美林等校注：《大唐西域记校注》，中华书局1985年版，第995页。

故玄奘所云多有偏见和误解。由此也可知其国人习俗，并无尚武之风习。

5. 高丽国

都管七国中有高丽国，使人首先想到：高丽国已于唐高宗总章元年（668 年）为唐所灭，则银盒制作年代不会超过高丽国灭亡时期。然而，这一看法不能成立，因为从银盒的形制、纹饰等方面考察，银盒当属晚唐时作品。高丽与吐蕃一样，虽已灭亡，但其土地、人民俱在，也可"都管"。其次，银盒上的都管七个国并非当时实际都管的，而是带有理想化的色彩（说见后），不一定都十分符合当时的历史情况。

高丽国历史悠久，与中国内地关系至为密切。秦汉时，曾于高句丽地设置郡县；唐初，朝鲜半岛上的三国高丽、百济、新罗，皆名义上臣属于唐朝。唐高宗时，联合新罗，先后灭亡了百济和高丽，于原高丽五部、百七十六城之地，置都督府九、州四十二、县一百，又置安东都护府以统之。[①] 此后，新罗渐强盛，并原百济、高丽地，然其也仅统治了今朝鲜半岛大同江以南地区。到公元 10 世纪，王建重建高丽王国，征服新罗，统一朝鲜半岛。

历史悠久的高丽国，对唐末时中国南方之人来说，仍记忆犹新，且高丽人很早就从海路到中国南方各地。如魏晋南北朝时，高丽使臣就不断出现在东晋和南朝的首府建康

----

① 《旧唐书》卷一九九《东夷·高丽传》。

（今江苏南京）。而朝鲜半岛上的僧人、商人更是往来于交广，经海路到南海或印度求法和贸易。如义净撰《大唐西域求法高僧传》里，记有新罗僧二人，"发自长安，远之南海。泛舶至室利佛逝国（今苏门答腊岛）、西婆鲁师国（今苏门答腊岛西北部），遇疾俱亡"。① 而撰《往五天竺国传》的慧超，也是新罗僧人，他往五天竺求法，去时即走的南海海路。② 又日本僧人圆仁所撰之《入唐求法巡礼行记》卷四记，唐后期山东莱州（治今山东蓬莱）及楚州（治今江苏淮安）均有"新罗坊"，且有新罗人泛海至日本、广州等地的情况。总之，中国南方（包括交广）各族对朝鲜半岛上诸国的情况是较为熟悉的。而且在高丽国为唐所灭后，西方包括南海诸国仍称朝鲜半岛诸国为高丽国。成书于唐（武周）天授二年（691年）的义净撰《南海寄归内法传》卷第一自注"鸡贵"时说："鸡贵者，西方名高丽国为俱俱咤瞖说罗。俱俱咤是鸡，瞖说罗是贵。西方传云，彼国敬鸡神而取尊，故戴翎而表饰矣。"义净此书是在南海室利佛逝国（今印度尼西亚苏门答腊岛巨港一带）所撰，时高丽国灭亡已二十余年矣。

---

① 王邦维：《大唐西域求法高僧传校注》，中华书局1988年版，第45页。
② 按前揭慧琳《一切经音义》释《往五天竺国》上卷，对南海阁蔑等国之注释，可知慧超走的是海路。此结论早已为中外学者所指出，不赘引。

正因为如此，都管七个国银盒上錾刻的高丽国图像人物，基本上符合高丽国之风习。图像中左侧一人坐着，四人环立，此五人头上皆于两耳边插有两鸟羽。据《旧唐书》卷一九九《东夷·高丽传》云："官之贵者，则青罗为冠，次以绯罗，插二鸟羽，及金银为饰，衫筒袖，袴大口，白韦带，黄韦履……食用笾豆、簠簋、罇俎、罍洗，颇有箕子之遗风。"图像五人不仅头插二鸟羽，且均著筒袖衫，袴大口，登履，与记载基本相符。五人姿态及服饰真是"颇有箕子之遗风"。又其人物形象与陕西乾陵唐章怀太子墓出土的墓道东壁壁画"客使图"中，从左到右第五人高丽使臣服饰相同。①

6. 白拓□国

按此国不见文献记载，加之第三字右侧不清，更增加了考释之难度。下面我们暂以"白拓"为国名，试作考证。

按"拓"字中古时有三音：慧琳《一切经音义》卷五二、八二等，云拓，他各反或汤洛反、他洛反，读作 tuò；又云与摭同之，之石反，读作 zhí；《集韵》拓，一读作达各切，一作摭（zhí）。又《隋唐·经籍志》云："其相承传拓之本，犹在秘府。"王建《原上所居诗》："古碣凭人拓。"此"拓"字读作搨（tà）。以此音考索白拓□国，则有以下几种推测：

---

① 图见《唐章怀太子墓发掘简报》，《文物》1972 年第 7 期。

（1）白拓□国，或即南诏国，《新唐书·南诏传》、《滇释记》卷一、《南诏野史》下卷等文献，均云南诏别名"鹤拓"。王忠《新唐书南诏传笺证》以为，鹤拓即"河赕（shǎn）"之异译，由地名转为国名（或年号）。[1] 鹤拓与白拓仅一音之差。

（2）白拓□国者，疑即指两爨中"西爨白蛮"也，与银盒都管之另一国东爨之"乌蛮人"相对应，皆南诏所统治。

（3）或称白拓□国为今缅甸伊洛瓦底江入海口东北之"白古国"（Pegou，今译作"勃固"）。据费琅《南海中之波斯》一文云："11世纪时白古国为蒲甘之缅人所侵并"；哈维（G. E. Harvey）著《缅甸史》也引用了一些关于白古王传说故事。则白古国乃11世纪前缅甸南部一重要之国家。[2] 此国东南即昆仑国。

（4）《新唐书》卷二二二《南蛮·扶南国传》记："武德、贞观时，再入朝，又献白头人二。白头者，直扶南西，人皆素首，肤理如脂，居山穴，四面峭绝，人莫得至，与参半国接。"参半国，同书云："文单（即陆真腊）西北属国曰参半，武德八年使者来。"按"白头国"与"白拓"音最近。文单在今老挝、柬埔寨地，文单城即今万象。扶南在今

---

① 王忠：《新唐书南诏传笺证》，中华书局1963年版，第1页。
② 姚枬译本，上海商务印书馆1947年版，第2—4页。

越南半岛南部之西，今柬埔寨地。如此，白头国当在今柬埔寨与老挝间。

(5)《蛮书》卷十《南蛮疆界接连诸番夷国名》首列："弥诺国、弥臣国，皆边海国也。呼其君长为寿。弥诺面白而长，弥臣面黑而短。性恭谨，每与人语，向前一步一拜……王出即乘象，百姓皆楼居。披婆罗笼……在蛮永昌城西南六十日程。"按弥诺可视为白拓之音转，而弥臣（音chén)，又可视为白拓（zhí）之音转。且此两国与南诏关系密切，为南诏邻国。

弥诺国的位置，据《蛮书》卷二丽水条云："又丽水，一名禄早江……南流过丽水城西。又南至苍望。又东南过道双王、道勿川。西过弥诺道立栅。又西与弥诺江合流。过骠国，南入于海。"按丽水即今伊洛瓦底江，弥诺江为今亲敦江，丽水城在今缅甸达洛基，苍望即今八莫。依此，弥诺国当在今缅甸伊洛瓦底江与亲敦江合流以北地区。①

至于弥臣国，则见于中国史籍之记载，《册府元龟》卷九七二《外臣部朝贡五》云：贞元二十年（804年）"十二月南诏蛮、弥臣国……并遣使朝贡"。同书卷九六五《外臣部封册三》也记：贞元二十一年"四月，封弥臣嗣王道勿

① 参见上引伯希和《交广印度两道考》，第33—34页；方国瑜《中国西南历史地理考释》上册，第591页等。

礼为弥臣国王"。① 其国原属骠国，为其十八属国之一。前引《新唐书·骠国传》云："繇弥臣至坤朗，又有小昆仑部。"《蛮书》卷六开南城条云："陆路去永昌十日程，水路下弥臣国三十日程。南至南海，去昆仑国三日程。"又同书卷二丽水、弥诺江条云："又弥诺江在丽水西，源出西北小婆罗门国。南流过油液苴川。又东南至兜弥伽木栅，分流绕栅，居沙滩南北一百里，东西六十里。合流正东，过弥臣国，南入于海。"弥诺江为今亲敦江，与丽水（伊洛瓦底江）合流在今缅甸敏建南，正东过弥臣国，即指丽水过蒲甘以南流入海之东，当在今仰光东北白古（勃固）地区。②

以上五种推测，以白头国与白拓□国音最近，鹤拓、白蛮、白古则音差别较大，难以使人信从。但"白头国"与唐、南诏关系不密切，且系无名之小国，白拓□国指此国似可能性也不大。弥诺、弥臣均可视为"白拓"之音转，且其与唐、南诏以及都管七国的关系密切，位置也较邻近，地处南诏通天竺、南海诸国的陆上和海上交通要道。上引《蛮书》卷十云："太和九年（835 年），（南诏）曾破其国，劫金银，掳其族三二千人，配丽水淘金。"再从银盒上錾刻之图像看，两人头上均有鬓髻，右一人似一趋一拜，捧物奉

239

周伟洲学术经典文集

---

① 此又见《太平御览》卷七八九。《唐会要》卷九九《骠国》条，内"道勿礼"作"乐道勿礼"。

② 前揭方国瑜《中国西南历史地理考释》上册，第 591—592 页，第 607 页等。

献，与前引《蛮书》所记，其人"性恭谨，每与人语，向前一步一拜"相合。二人身着衣服，也似同书所记之"披婆罗笼（即木棉布）"。

总之，以上推测中，"白拓□国"系指南诏西南之弥诺或弥臣国一说，似乎更为合理。今姑且考释至此。

7. 乌蛮人

此不称"国"而称"人"，与都管其余六国异。乌蛮，也使人首先想到此即指南诏。两《唐书》南诏传均记，南诏是"乌蛮别种也"。《蛮书》卷三亦说："六诏并乌蛮。"众所周知，六诏中最南面的蒙舍诏并其他五诏，建南诏政权，其统治地区白蛮犹多，但其统治者皆乌蛮。唐代一些文献、诗词中，也往往以"乌蛮"指南诏。如唐末崔致远撰《补安南录异图记》云："西南则通阇婆、大食之国；陆之西北则接女国、乌蛮之路。"① 唐徐凝《蛮入西川后》诗云："纷纷塞外乌蛮贼，驱尽江头濯锦娘。"② 内"乌蛮"均指南诏而言。因此，银盒上的"乌蛮人"，从广义来讲，可释为南诏。

但是，与前述婆罗门国、昆仑国一样，"乌蛮"也有狭义的、确指的部族的存在。《新唐书》卷二二二，将《南蛮传》分为上、中、下三部分，上、中是南诏及有关部族，

---

① 崔致远：《桂苑笔耕集》卷一六。
② 《全唐诗》卷四七四，中华书局1985年版，第5384页。

下则是讲扶南、骠等国。而"两爨蛮"传，则列入《南蛮传》下，显与南诏分列。所谓"两爨蛮"者，即乌蛮和白蛮是也。传云："自曲州、靖州西南昆川、曲轭、晋宁、喻献、安宁距龙和城，通谓之西爨白蛮；自弥鹿、升麻二川，南至步头，谓之东爨乌蛮。"又云："乌蛮与南诏世昏（婚）姻，其种分七部落：一曰阿芋路，居曲州、靖州故地；二曰阿猛；三曰夔山；四曰暴蛮；五曰卢鹿蛮，二部落分保竹子岭；六曰磨弥敛；七曰勿邓。土多牛马，无布帛，男子髻鬐，女子披发，皆衣牛羊皮……大部落有大鬼主，百家则置小鬼主。"樊绰《蛮书》卷四《名类》亦云："西爨，白蛮也。东爨，乌蛮也。当天宝中，东北自曲、靖州，西南至宣城，邑落相望，牛马被野。在石城、昆川、曲轭、晋宁、喻献、安宁至龙和城，谓之西爨。在曲、靖州、弥鹿川、升麻川，南至步头，谓之东爨，风俗名爨也。"

关于白蛮、乌蛮的居地，学者们考证颇多。其中与乌蛮有关之地名：曲州，治今云南昭通；靖州，治今云南威宁；弥鹿川在今云南宣威、会泽地区（一说在今榕峰、沾益两县地）；升麻川，在今云南寻甸；步头，一说在今云南建水，一说在元江。[1] 乌蛮七部落的居地：阿芋路在今云南昭

----

① 主张步头在今建水者，有伯希和（《交广印度两道考》）、向达（《蛮书校注》）、马长寿（《南诏国内的部族组成和奴隶制度》，上海人民出版社1961年版）等；认为步头在今云南元江有方国瑜（《中国西南历史地理考释》上册）。后说较胜。

通，阿猛在今昭通北，爨山在云南大关南，暴蛮、卢鹿蛮在今云南鲁甸、宣威之间，磨弥敛在宣威，勿邓在今四川冕宁。换言之，乌蛮居地从四川西南之冕宁等地起，西南至昭通、会泽、宣威、威宁、寻甸，一直到建水、元江一带；白蛮则在乌蛮西南，以今昆明及洱海为中心。

有关乌蛮的来源及其历史情况，这里暂不涉及，只论与银盒上"乌蛮人"相关的问题。唐初，沿隋朝旧制，在今云南等地设置一些州郡。到唐玄宗开元末，洱海周围诸诏中的蒙舍诏逐渐强大，在唐朝的支持下，蒙舍诏首领皮罗阁并其余五诏，并将势力伸入两爨地区。唐天宝四载，诸爨部陷杀唐在安宁（今云南安宁）之筑城使者，唐朝命蒙归义（皮罗阁）协助征讨。于是南诏乘机采取分化瓦解和笼络等策略，控制了两爨之地。八载，唐朝遣特进何履光统十道兵马，从安南进军云南，收复了安宁城。① 十四载安史之乱爆发后，唐朝无暇顾及西南，南诏阁罗凤遂完全占据了两爨地区。《南诏德化碑》云：（赞普钟）十四年（唐永泰元年）春，"命长男凤伽异于昆川置柘东城，居二诏佐镇。于是威慑步头，恩收曲、靖。颁告所及，翕然俯从……东爨悉归，步头已成内境"。而在此之前，南诏还将西爨白蛮户二十余万徙于永昌城（今云南保山），后乌蛮势复振，多"徙居西

_____
① 《蛮书》卷七管内物产；《新唐书》卷二二二《南诏传》上。

爨故地，与峰州（治今越南越池南）为邻"。① 故东爨乌蛮各部大多为南诏所统治，分属其拓东节度使和通海、会川两都督府管辖。但仍有一些乌蛮部落，如勿邓、丰琶（在今四川昭觉北）、两林（在丰琶西北）等则先后为吐蕃或唐朝所控制。②

银盒上錾刻之"乌蛮人"，应确指上述东爨乌蛮诸部，故不称国，而名之为"人"，为都管七国之一。按银盒上的图像，其中左侧二人，一人头上有角囊；右侧三人，也只有一人有角囊。此即南诏与汉人服饰"特异"之"头囊"。《蛮书》卷八蛮夷风俗云："蛮其丈夫一切披毡。其余衣服略与汉同，唯头囊特异耳。南诏以红绫，其余向下皆以皂绫绢。其制度取一幅物，近边撮缝为角，刻木如樗蒲头，实角中，总发于脑后为一髻，即取头囊都包裹头髻上结之。羽仪已下及诸动有一切房甄别者（疑有脱讹），然后得头囊。若子弟及四军罗苴已下，则当额络为一髻，不得戴囊角；当顶撮髽髻，并披毡皮。"又《新唐书·骠国传》也记："舞人服南诏衣、绛裙襦、黑头囊、金佉苴（腰带）、画皮靴……"而"若子弟及四军罗苴（由乡兵选入、管理百人的武职）"，则"不得戴囊角"，仅"当顶撮髽髻"。从银盒图像看，左右仅一人有头囊，佩有刀剑，地位似较高，余皆髽

① 《新唐书》卷二二二《两爨蛮传》。
② 《蛮书》卷一、四等。

髻。现藏日本山中公司的《南诏图卷》（绘于南诏舜化贞时，即南诏中兴二年，899 年），图内多有带头襄的南诏或乌蛮鬼主的图像，可资佐证。①

三

都管七个国中，除"白拓□国"的位置还需进一步考释以外，其余六国均已考定。由此，首先可以肯定此银盒所表现的是中国西南、南方和南海诸国的情况，最西达今新疆的喀什噶尔，最东北至朝鲜半岛。而欲都管以上七个国，在唐代事实上是不可能的。其一，是地域上的不可能。从东北朝鲜半岛的高丽国至南海诸国，甚至包括印度半岛上的婆罗门国、青藏高原的吐蕃，更西到西域之疏勒国，要都管如此广袤和有的互不相关的七个国，实际上是很难办到的。其二，从唐末管辖和控制的地区看，除乌蛮人与唐邻近，可能为唐朝所控制而外，余六国均是曾与唐有过直接或间接朝贡之国（疏勒、乌蛮曾一度为唐所管辖）。因此，特别是在唐末，欲都管此七国，事实上是不可能的。

因此，所谓"都管七个国"，只是一种理想化的产物。

————————

① 图转见查尔斯·巴克斯（C. Backus）著、林超民译《南诏国与唐代的西南边疆》后附图版八至拾叁，云南人民出版社 1988 年版。

其实，银盒正中昆仑王国正下方即錾刻有"将来"二字。此意即为在"将来"都管七个国，也是今后奋斗之目标。也只有这样解释，才能揭开"都管七个国"的真正含义。否则银盒錾刻的都管七国的图像就难以理解，而成为随意錾刻之图像。这是考释此银盒应首先明确的一点。

按唐朝中央政府未曾设置过"都管七个国"之类似的职官。而与都管七个国邻近的唐朝地方行政系统中，与此七国关系最为密切者，唐安史之乱后，即剑南西川节度使和岭南节度使。

据《唐会要》卷七八《诸使》中节度使条记："剑南节度使，开元五年二月，齐景冑除剑南节度使、支度、营田、兼姚、嶲等州处置兵马使，因此始有节度之号……至上元二年（761年），分为两川。广德二年（764年）正月八日，合为一道。大历二年（767年）正月二十日，又分为两川，至今不改。"① 剑南西川节度使治所在成都，元和年间（806—820年）管州二十六，② 内姚州（治今云南姚安，后其辖地为南诏并据）、嶲州（治今四川西昌）、戎州（治今

---

① 按诸书于剑南节度使始置时间、分为东、西川两道时间记载不同。《元和郡县图志》卷三一剑南道上云："开元二十一年（733年），又于边郡置节度使，以式遏四夷，成都为剑南节度理……"又《旧唐书》卷四一《地理志》剑南道云："至德二年（757年）……又分为剑南东川、西川各置节度使。"《资治通鉴》卷二二〇也记至德二载，分为两川。

② 《元和郡县图志》卷三一剑南道一。

四川宜宾），与南诏紧邻，安史之乱前，姚州一度管理着今云南诸地。而西川节度使下之茂州（治今四川茂县）、巂州等，则与吐蕃、南诏为邻。如此，则唐剑南西川节度使所辖地区，西与吐蕃，南与南诏为邻，关系至为密切。而唐朝于剑南道设置节度使之目的，就是为了"西抗吐蕃，南抚蛮獠（即指南诏）"。①

　　岭南节度使，据《旧唐书》卷四·《地理志》四岭南道云："永徽后，以广、桂、容、邕、安南府，皆隶广府都统摄，谓之五府节度使，名岭南五管。"内"五府节度使"误，应为"五府经略使"。岭南节度使，大致也设置于开元二十一年，② 仍常辖五管经略使。至唐咸通三年（862年）因蔡京奏请，分岭南为两道节度，以广州为东道节度使，邕州为西道节度使。③ 安南都护府（一度也曾设置安南节度使，后又复为安南经略使）属岭南西道节度使所辖。岭南节度使治所广州和所属安南的交州（治今越南河内），是当时中国海上交通之枢纽，故与银盒上都管七国中的高丽、昆仑、婆罗门、白拓□等关系密切。而且安南经西北蛮僚地区，可进入乌蛮、南诏诸地。唐朝曾多次诏令安南都护从西

① 《元和郡县图志》卷三一剑南道一。
② 《元和郡县图志》卷三四岭南道一。又《唐会要》卷七八云：岭南节度使始置于至德二载正月，贺兰进明除岭南五府经略，兼节度使。恐不确，依前书。
③ 《资治通鉴》卷二五〇，唐懿宗咸通三年；《唐会要》卷七八等。

北出兵，镇压两爨或南诏的反抗。撰《蛮书》的樊绰原即为安南经略使蔡袭的属僚。其次，岭南道的建置通用"管内经略使"之称，名之为"五管"，与银盒上的"都管七个国"相似。这种职官名称的用法，仅流行于岭南。"都管"一词，也见于唐代文献，如上引《元和郡县图志》卷三一剑南道条，云"成都为剑南节度理"，下注"都管兵三万九百人……"都管，也即全管之意。

从以上简约的分析来看，唐末之剑南西川节度、岭南节度（西道）及所属之安南都护，均与银盒中都管的七个国中一些国有着密切的关系。换言之，此银盒很可能是由他们当中的一个命匠人制作的。然后，他们之中持有此银盒之人，进奉与唐朝皇帝，故此银盒最后出土于唐京师长安。其出土地点离唐兴庆宫故址仅百米之遥，则原物可能存于唐兴庆宫内。

唐末各地节度使进奉之风气特盛，就目前所知，西安及附近出土的唐末各地节度等使进奉的金银器，有明确纪年的有：洪州刺史、充江南西道观察、处置都团练使守捉李勉进奉的双鲤鱼纹银盒（1975 年西安西南西北工业大学基建工地出土）；越州刺史、浙东道都团练观察处置等使裴肃进奉之双凤纹银盘（1962 年西安北郊坑底寨出土）；盐铁使敬晖进奉之折枝团花纹银碟等十九件（1958 年陕西耀县柳林背阴村出土）；桂管经略使李杆进奉之鸳鸯绶带纹银盒等十余件（1980 年蓝田汤峪杨家沟村出土）。[①] 此外，还有蓝田出土的容管经略使崔焯进奉之银铤等。[②] 至于文献所记各地进奉金银器及钱帛的记载就更多了，不赘引。因此，都管七个国银盒作为剑南西川节度使或岭南节度使（西道）及其所属之安南都护（经略使）"进奉"于朝廷的金银器之一，是有可能的。

可是，这一推测也有难解之处，即银盒上錾刻之都管的七个国，并不完全属剑南西道、岭南节度使或安南所管辖。此三地之节度使（或经略使）是否有权都管此七国？显然，无此权力和职责。在唐末，虽然中央权力式微，藩镇割据，各自为政，但剑南和岭南还是在唐中央的控制之下。剑南、岭南的地方军政官员们是否敢于都管此七国，并制作此不属自己管辖范围之七国银盒，进奉朝廷？哪怕都管是"将来"之事？按常理，这是不太可能的事。因此，以上关于银盒制作者的推测仍有疑问。

那么还有南方的何地何人既与银盒上都管的七国关系密切，而且又敢于制作此银盒呢？那只有一个，即南诏王室。其实，在考释都管的七个国时，就发现南诏与此七国的关系之密切，更甚于剑南西川和岭南两节镇。南诏与七国中的吐

① 参阅前揭陆九皋、韩伟编《唐代金银器》。
② 见拙作《蓝田出土的唐广明元年银铤》，《文物资料丛刊》1978年第 1 辑。

蕃、婆罗门、昆仑、白拓□、乌蛮的关系是直接的，而通过吐蕃及一度占据安南交州，对疏勒、高丽国也有所了解。相反，唐末剑南西川节度使仅与乌蛮（南诏）、吐蕃关系密切，而于婆罗门、昆仑、白拓□、高丽等国无甚来往，其也绝不会想到要"都管"此数国。而岭南节度使虽对南海诸国中的婆罗门、昆仑、高丽、白拓口等有贸易关系，但对吐蕃、疏勒则无任何都管的可能。

众所周知，南诏自唐贞元九年复叛吐蕃，其王异牟寻遣使三道（戎州、黔州、安南）至成都、安南，降唐。次年，唐册之为"南诏王"，并遣祠部郎中袁滋持节入南诏册命。此后，南诏联合唐朝共抗吐蕃，取得了多次胜利。唐元和三年（808 年）异牟寻卒，其子寻阁劝（或名梦凑），"自称骠信"（信，意为君），说明此时骠国已完全由南诏所控制。次年，寻阁劝卒，子劝龙晟立，十一年为弄栋节度使嵯巅所杀，嵯巅立劝龙晟弟劝利为骠信。长庆三年，劝利卒，弟丰佑立。[①] 在丰佑之前，南诏与唐朝基本上保持和平友好之朝贡关系，南诏新王即位，唐均遣使册立。

但是，到唐文宗太和三年，丰佑乘唐西川节度使杜元颖治理不善，障候弛沓之际，命嵯巅率军攻占唐西川邛（治今四川邛崃）、戎（治今四川宜宾）、嶲（治今四川西昌）等三州，并进攻至成都西郛，"将还，乃掠子女工技数万引

---

① 均见上引《新唐书·南诏传》等。

而南"，"南诏自是工文织，与中国埒"。① 次年，南诏遣使
谢罪，后仍不断遣使入朝。也就在太和六年，南诏还攻掠骠
国，"虏其众三千余人，隶配柘东，令之自给"。② 到唐宣宗
大中十二年，由于唐安南都护李涿为政贪暴，滥杀蛮酋，又
撤峰州林西原防冬兵七千。南诏拓东节度使诱降林西原七绾
洞蛮酋李由独，入寇安南。③

　　唐大中十三年唐宣宗崩，而南诏王丰佑亦卒，其子世隆
（避唐讳，唐史籍作"酋龙"）立。此时，南诏开疆拓土，
势力强大，遂借口唐削减其在成都学习质子人数和未遣吊祭
使，而与唐朝决裂，不行册礼。世隆乃自称皇帝，"建元建
极，自号大礼国"；④ 并遣兵攻陷播州（治今贵州遵义）。

---

① 关于此事，唐代文献记载颇多。内《李卫公文集》卷一二收有李
　　德裕之《故循州司马杜元颖第一、二状》云："臣德裕到镇后，
　　差官于蛮，经历州县，一一勘寻，皆得来名，具在案牍。蛮共掠
　　九千人。成都郭下成都、华阳两县只有八十人。其中一人是子女
　　锦锦，杂剧丈夫两人，眼医大秦僧一人，余并是寻常百姓，并非
　　工巧……"据学者们考证，李德裕后虽为西川节度，此状有意为
　　杜元颖开脱，不足信据（见向达《蛮书校注》，第176—182页
　　等）。
② 《蛮书》卷一〇《南蛮疆界接连诸番夷国名》。
③ 按《新唐书·南诏传》记："大中时，李琢为安南经略使，苛墨
　　自私，以斗盐易一牛。夷人不堪，结南诏将段酋迁陷安南都护
　　府，号白衣没命军。"此记误，大中时，南诏未陷安南，见《通
　　鉴考异》卷二二等。
④ 上引《新唐书·南诏传》；《资治通鉴》卷二四九，唐宣宗大中十
　　三年。

到唐懿宗咸通元年，安南都护李鄠复夺回播州，然而安南交州即为南诏所攻陷，李鄠奔武州（邕管所领，后废省，不详）。二年，唐朝以王宽为安南经略使，时李鄠在武州收集士卒，复夺回安南。七月，南诏陷邕州（治今广西南宁），旋退走；又攻西川巂州。三年，南诏遣大军复攻安南，唐廷以蔡袭代王宽为经略使，发诸道兵三万授袭，南诏引兵退去。唐朝遂分岭南节度为东、西两道，韦宙为东道节度使，蔡京为西道节度使。蔡京忌蔡袭在安南立功，奏请各道兵还。蔡袭一再上书请留兵五千，朝廷不许。

同年十一月，南诏果然以五万余众进攻安南，诸道救兵不至。次年春，交州失陷，蔡袭死，其从事樊绰携印浮江得脱。南诏留兵二万，远近皆降于南诏。后南诏于安南设置安南节度，以段酋迁为节度使守交趾，范昵些为安南都统，赵诺眉为扶邪都统。而唐也复置安南都护于行交州，治海门镇（今越南海防附近）。① 直到咸通七年，新任安南都护、本管经略招讨使的高骈才一举夺回安南，南诏最后退出安南。

在南诏攻陷安南后，还曾多次攻掠西川等地，如咸通六年南诏复攻巂州，唐刺史喻士珍降；十年至十一年，南诏又倾国攻围成都；十四年，又寇西川、黔南。唐僖宗乾符元年（874 年），南诏复攻西川，陷黎州（治今四川汉源北）、攻雅州（治今四川雅安），成都惊扰，唐朝任命高骈节度西

---

① 《资治通鉴》卷二五〇，唐咸通三、四年。

川。二年，高骈上任后，"结吐蕃尚延心、嗢末鲁耨月等为间，筑戎州马湖、沐源川、大度河三城，列屯拒险，料壮卒为平夷军，南诏气夺"。①

从以上简述的南诏与唐的关系来看，大中至咸通时，是南诏势力鼎盛的时期，其西南掠骠国，东南侵占安南，北入西川，东寇黔中，大有尽据西川、骠国、安南之势。而此时，南诏西边统一的吐蕃王朝已瓦解，不能与之抗衡；而世隆也同唐朝决裂，不受册封，自号大礼国。据《新唐书·南诏传》记，南诏最盛时疆域："东距爨，东南属交趾，西摩伽陀（即天竺），西北与吐蕃接，南女王，西南骠，北抵益州，东北际黔、巫。"而都管七个国银盒制作年代，正好与南诏最盛时期相当。希冀在"将来"都管大部分邻近之七国，也恰好是南诏王世隆及其重臣们的宿愿。所以，南诏王世隆于此时制作此银盒完全是有可能的，而且也符合其身份。这一点当是银盒原为南诏王室所有的最有力之证据。

其次，南诏自大中以来，多次攻掠西川成都，俘获工匠数万，其工艺水平也完全能制作如都管七个国银盒这样的金银器。又据《蛮书》卷八记："南诏家食用金银，其余官将则用竹筹"，说明南诏王室使用金银器皿较为普遍。特别有意思的是，贞元七年异牟寻遣使一道至安南，安南都护赵昌奏状中说："东蛮和使杨传盛等，六月十八日到安南，赍蛮

———————————

① 《新唐书》卷二二二《南诏传》。

王蒙异牟寻与臣绢书一封，并金镂合子一具。合子有绵，有当归，有朱砂，有金……送合子中有绵者，以表柔服，不敢更与为生梗；有当归者，永愿为内属；有朱砂者，盖献丹心向阙；有金者，言归义之意，如金之坚。"南诏所呈之"金镂合（盒）子一具"，一具系三、四件套装各物，与都管七个国套装银盒相类。又唐中和元年，于前一年（唐广明元年）遣至南诏之使曹王龟年、刘光裕等返，西川节度使上《贺通和南蛮表》，内云："臣得进奏院状报，入南蛮通和使刘光裕等回。云南通和，兼进献国信、金银器物、疋段、香药、马等者。"① 这些事实均说明，南诏王室很可能制作都管七个国银盒，以表明其"将来"之愿望；而后，高骈节度西川，南诏惧而求和，并求和亲，唐与南诏双方使臣往来。而都管七个国银盒作为南诏王室贡礼、进献金银器物之一，或通过其他的渠道，辗转送到京师长安。在千余年后，此银盒才重见天日。

最后，还有一些疑问，如银盒口上下錾刻表现一日时序的十二生肖图像，南诏国内是否也有此计时习俗？据《蛮书》卷八云："改年即用建寅之月。其余节日，粗与汉同，唯不知有寒食清明耳。"《新唐书·南诏传》亦记："俗以寅为正，四时大抵与中国小差。"南诏以寅月正，即是以寅月为正月，此乃汉族所用之"秦制"（夏正）。南诏之地，自

---

① 崔致远：《桂苑笔耕集》卷一。

汉代开西南夷以来，与内地汉族关系极为密切，汉族时令、节日、计时等早已传人。何况，南诏自大中后，多次掠取西川人口、工匠，在银盒上作计时之十二生肖完全可能。

其次，银盒都管七个国中，无骠国，颇令人怀疑？是否此银盒为骠国王室之器物？骠国早已为南诏所控制，且原骠国北部领地已直接为南诏所管辖，设丽水节度以统之。如银盒为骠国王室之物，则盒口上下十二生肖无法解释，因骠国王室不会采用汉族之计时方法也。

关于都管七个国银盒之用途，上引张达宏、王长启文据西安何家村出土窖藏唐代银盒多半是放置贵重药材，故也推测此银盒也许是同样用途。按此银盒第三层龟背银盒内，出土时装有水晶珠两颗、褐色橄榄形玛瑙珠一颗。此三颗珠是原有的，或是至长安后装入的？不得而知。与何家村出土唐代装有药材之素面银盒相比，都管七个国银盒形制小巧、精致，更有可能系装珠宝所用。水晶珠、玛瑙珠是南海诸国及南诏的特产，南诏也可通过与南海诸国的贸易，得到它们。《蛮书》卷六就说：南诏"又南有婆罗门、波斯、阇婆（今爪哇）、勃泥（今加里曼丹）、昆仑数种外道。交易之处，多诸珍宝；以黄金、麝香为贵货"。

综上所述，都管七个国银盒的制作者（原所有者）：一可能为唐剑南西川节度使或岭南节度使（西道），抑或其所属之安南都护（安南经略使）；另一种可能则系南诏王室，特别是世隆所有和制作的。根据以上分析，原属南诏王世隆的可能性更大。

四

在考释了银盒上錾刻的都管七个国之后，给人一个强烈的印象，即此七国分布虽然很广，然而在唐代，它们之间有许多交通要道相互联系着。也就是说，七国之间的交通道路，恰好处于唐代中西交通的网络之内，特别是与今日学界所谓的"西南丝绸之路"（南方丝绸之路）和海上丝绸之路相连。下面试以南诏为中心，将七国之间的交通道路作一考释。（图五）

自唐天宝年间，南诏并其余五诏后，建都羊（阳）苴咩城（今云南大理），由此往北或东北，有达剑南节度使治所成都的道路。《蛮书》卷一云南界内途程记载颇详，主要有所谓"清溪关道"和"石门关道"两路。此两路早于秦汉之时即已开通。因为此两路与都管七国关系不大，故略而不论。

1. 由南诏羊苴咩城西北入吐蕃道及由吐蕃至疏勒道。按南诏并其他五诏前，吐蕃势力已伸入河赕（今云南洱海地区），皮罗阁及其子阁罗凤附唐，与吐蕃对立，时剑川以西地，即所谓"三浪诏"（浪穹、施浪、遝赕）为吐蕃所控制。从羊苴咩城沿洱海北，南诏之重镇是宁北城（今云南

邓川北），可能设有宁北节度。① 贞元十年异牟寻再次附唐，
大攻吐蕃，取剑川、铁桥等地，将宁北节度改治于剑川
（今云南剑川），更名为剑川节度；又更置铁桥节度使于铁
桥（今云南巨甸北塔城关）。正如《蛮书》卷六所记："宁
北城，在汉楪榆县之东境也。本无城池，今以浪人诏矣罗君
旧宅为理所。"又云："铁桥城在剑川北三日程，川中平路
有驿。贞元十年南诏蒙异牟寻用军破东西两城，斩断铁桥，
大笼官已下投水死者以万计。"

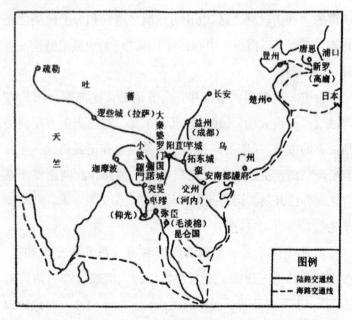

图五　都管七个国之间交通示意图

---

① 见上引方国瑜《中国西南历史地理考释》，第460页。

按上引《蛮书》所记，宁北城"又北有郎婆川（今云南鹤庆），又北有桑川（今云南丽江），即至铁桥城南九赕（今云南巨甸）。又西北有罗眉川（今云南兰坪），又西牟郎共城（今兰坪城西五十里），又西至傍弥潜城（今剑川西南沙溪）。有盐井，盐井西有剑寻城（今云南维西），皆施蛮、顺蛮部落，今所居之地也。又西北至聿赍城（今云南德钦南），又西北至弄视川（今云南奔子栏）"，由此入吐蕃境。可知，从南诏阳苴哶城北至剑川，经郎婆川、桑川、九赕，至铁桥，由铁桥北可沿金沙江入西藏东部巴塘、昌都；或由铁桥至聿赍城、弄视川，沿澜沧江入西藏东部，再至吐蕃首府逻些（今拉萨）。

又唐末，南诏一度占据今四川西南地区，故其从铁桥节度所辖之昆明城（今四川盐源），或会川都督（治今四川会理）诸城，可向西进入吐蕃东部昌都等地，再至逻些。

由唐时吐蕃首府逻些向西，经羊同（象雄，今西藏阿里）及大小勃律（今巴尔提斯坦、吉尔吉特地），越帕米尔高原山口，进入西域。安史之乱前，唐与吐蕃争夺安西四镇及大小勃律，吐蕃出兵均主要由勃律经帕米尔高原，首先可达四镇之一的疏勒，故勃律为"唐西门"。[①] 安史之乱后，

---

① 《新唐书》卷二一六《吐蕃传》上。关于吐蕃入西域的道路，可参阅王小甫《唐吐蕃大食政治关系史》，北京大学出版社1992年版，第20—41页等。

周伟洲学术经典文集

吐蕃占据西域天山以南地区，疏勒为其所统治。吐蕃亡后，疏勒自立。

2. 由南诏入骠国、婆罗门国、昆仑国、弥臣等道路。此条交通道路至少连着都管七国中的三国以上，故十分重要。关于这条道路，《蛮书》和唐贾耽《边州入四夷路程》（《新唐书》卷四三《地理志》七下引）有较详细的记载，中外学者考证颇多。下面结合都管的七个国及中外学者的研究成果，加以叙述。

贾耽《路程》记："自羊苴咩城西至永昌故郡三百里。又西渡怒江，至诸葛亮城二百里。又南至乐城二百里。又入骠国境，经万公等八部落，至悉利城七百里。又经突旻城至骠国千里。又自骠国西度黑山，至东天竺迦摩波国千六百里。"这是从南诏首府经骠国到天竺之南道。内永昌故郡，即在今云南保山，渡过怒江后，至诸葛亮城（今云南龙陵）、乐城（今云南瑞丽或畹町）；万公等八部，大致在今缅甸之太公城；悉利城，一说在今缅甸阿瓦（方国瑜《中国西南历史地理考释》），一云即在太公城（伯希和《交广印度两道考》）；突旻城，今缅甸蒲甘（或说是玄奘《大唐西域记》所记之"室利差呾罗，今卑谬"）。① 其南即"骠

---

① 主张突旻城在蒲甘的是伯希和，见其所著《交广印度两道考》，第37页；主张此城为卑谬者为缅甸学者吴耶生，见其所作《公元802年骠国使团访华考》，中译文载《中外关系史译丛》第1辑，上海译文出版社1984年版。

国千里"之地。由此过黑山（义净《南海寄归内法传》卷
一作"大黑山"），即缅甸西南之阿拉干山（Arakan），行千
六百里到东天竺迦摩波国，今印度阿萨姆邦，首府高哈蒂。
既然到了东天竺，则其余四天竺及大小婆罗国均可通达；且
从骠国突旻城沿伊洛瓦底江而下，还可到弥诺、弥臣、大小
昆仑国等。

　　自然，以上这条道路，主要是由南诏到骠国后，再入天
竺之道。而非直接由南诏至天竺之捷径。另有一道，即贾耽
《路程》所记由南诏入天竺的西道："一路由诸葛亮城西去
腾充（今云南腾冲）二百里。又西至弥城（今云南盏西）
百里。又西过山，二百里至丽水城（今缅甸打罗）。乃西渡
丽水（伊洛瓦底江）、龙泉水（今勐拱河），二百里至安西
城（孟拱）。乃西渡弥诺江（亲敦江）水，千里至大秦婆罗
门国。又西渡大岭，三百里至东天竺北界个没卢国（今印
度隆格普尔）。"此路也即上面考释大小婆罗门国时，所引
《蛮书》所记之道路。这是由南诏直西入天竺的捷径，也是
联结大小婆罗门国、弥诺的道路。

　　3. 由南诏至昆仑国道路。上引《蛮书》卷十云："昆仑
国，正北去蛮界西洱河八十一日程。"同书卷六记："量水
川西南至龙河（一说即今澜沧江，一说在乌龙河），又南与
青木香山路直。"卷七又云："青木香，永昌所出，其山名
青木香山，在永昌南三日（月）程。"此乃从南诏之永昌或
量水川经"青木香山路"至昆仑国。具体行程已无考，青

木香山路，大约是从永昌西南入缅甸掸邦，再至怒江入海附近之昆仑国。

又《蛮书》卷六还记载了一条至昆仑国的道路，即"银生城（南诏银生城即银生节度理所，又名开南城，在今云南景东南）……又东南至大银孔，又南有婆罗门（天竺）、波斯（指南海波斯）、阇婆、勃泥、昆仑数种"。又记："又开南城……陆路去永昌十日程，水路下弥臣国三十日程。南至南海，去昆仑国三日程。"由此，知由银生城（开南城）也有道路通今泰国湾，或由水路（即沿伊洛瓦底江）至弥臣（今勃固），或由南海，均可达昆仑国矣。此乃南诏出海贸易的主要通道，十分重要。至于大银孔，学者一般倾向于在今泰国湾（暹罗湾）。

4. 南诏与安南交通道路。此乃唐朝多次由安南出兵南诏及南诏攻陷安南的要道，中外学者考证颇多。现据《蛮书》卷一及贾耽《路程》作简约叙述。

《蛮书》卷一记："从安南府城至蛮王见坐苴咩城水陆五十二日程，……从安南（治交趾，今越南河内）上水至峰州（今越南红河南越池）两日，至登州（治今越南福寿东）两日，至忠诚州（福寿）三日，至多利州（治今越南安沛）两日，至哥富州（安沛北）两日，至甘棠州两日，至下步三日，至黎武贲栅四日，至贾勇步（一称古涌步，在今云南河口北）。已上二十五日程，并是水路。"即沿红河而上入今云南境。"从贾勇步登陆至牟符馆（今云南屏边西）一日。从牟符馆至曲乌馆（屏边西北）一日，至思下馆（今云南蒙自）一日，至沙只馆（今云南个旧北）一日，至南场馆（今云南建水）一日，至曲江馆（今云南通海）一日，至通海城（今云南华宁）一日，至江川县（今江川）一日，至晋宁（江川北）一日，至鄯阐（拓东节度使后更名鄯阐节度）拓东城（今云南昆明）一日。从拓东节度城至安宁馆（今安宁）一日……至白岩驿（今云南祥云）一日，至龙尾城（今云南下关）一日……至阳苴咩城一日。"贾耽《路程》于此路也有详细记载，与《蛮书》所记合，仅其用州县名多为唐前期所置名称耳。

又从贾勇步还可一直由水路（沿红河）至步头（今云南元江），再由陆路至安宁，史称此路为"步头路"。《南诏德化碑》载，天宝时，"安南都督王知进自步头路入"。

唐末，南诏多次由上述道路入攻安南，曾二度陷之，设安南节度。安南交州，是唐以前及唐代海上交通的重要枢纽，"交广"齐名。李肇《国史补》下云："南海舶，外国船也，每岁至安南、广州，狮子国（今锡兰）舶最大……"《旧唐书》卷四一《地理志》四安南都护府条称："（隋）炀帝改为交趾，刺史治龙编，交州都护制诸蛮。其海南诸国，大抵在交州南及西南，居大海中洲上，相去或三五百里，三五千里，远者二三万里。乘船举帆，道里不可详知。自汉武已来朝贡，必由交趾之道。"既是说，从交州经海路可达南海诸国，包括上述婆罗门国、昆仑国、弥臣国等，并可一直向西达今日之波斯湾；从交州往东经海路可达今日本和朝鲜半岛诸国（包括高丽国）。也正因为如此，唐末南诏强盛后，除北掠西川等地而外，则拼力寻找出海贸易口岸，一即是南海泰国湾附近之昆仑国，一即是安南交州。银盒所錾刻都管的七个国，正表达了南诏王将来的愿望，控制海上交通及南海诸国。从都管七个国的考释，也可加深对唐代西南丝路及海上丝路的了解。

附言：此文撰写过程中，得西安市文管会的帮助和支持，特表示感谢。拙文撰成后，又见徐庭云《从唐代金银器看唐代民族文化》一文（载《民大史学》第 1 辑，1996 年 8 月中央民族大学出版社出版），内也论及都管七个国银盒，很受启发。然而，此文与拙文基本观点有较大的分歧，请读者参阅。

（原载《唐研究》第 3 卷，北京大学出版社 1997 年版）

长安子午谷金可记摩崖碑研究

一、摩崖碑的重新发现与研究概况

1987 年 6 月，西北大学李之勤教授与陕西省、西安市、长安县交通厅局有关人员，再次考察古子午道北口。此地在今长安县子午镇南子午峪北口内，他们在峪口内约 3 公里名拐儿崖溪水旁，发现有一从崖上坠入溪边之花岗岩巨石，巨石靠溪水山壁斜面上，有阴刻的汉文。这就是所谓的"新罗人金可记摩崖碑"，也即是此碑的重新发现。

同年，李之勤教授发表了《再论子午道的路线和改线问题》一文，刊于西北大学西北历史研究室编《西北历史研究》1987 年号，1989 年三秦出版社出版。文中披露了子午谷有关金可记摩崖石刻，并对刻文及金可记作了简约介绍。此后，此摩崖刻石逐渐引起了中外学者的注意和兴趣。

韩国高丽大学校卞麟锡教授多次到西安考察长安县子午谷及金可记摩崖碑，先后撰写了有关的论文。如《唐长安与韩国有关遗迹的考察（二）——新罗人真仙金可记与〈续仙传〉文献学的考察》，载《人文论丛》7，亚洲大学校，1996 年；《新罗人真仙金可记的终南山隐遁·昇天地·摩崖刻文之考察——唐长安与韩国有关遗迹的考察（三）》，载《白山学报》48，白山学会，1997 年；① 《再论金可记传摩崖刻文》，载《白山学报》53，1999 年。2000 年卞麟锡教授在韩国出版一部题为《唐长安的新罗史迹》一书，内有一部分专论此摩崖刻石（第 272—340 页）。此外，1999 年西北大学李健超教授等撰《陕西新发现的高句丽人、新罗人遗址》一文（载《考古与文物》1999 年第 6 期），对金可记及摩崖刻石的年代问题也作了一些阐述和推测。

但是，子午谷拐儿崖巨石上的摩崖刻石上到底镌刻了多少字（即完整录文），各段文字相互关系如何？为何刊刻于子午谷，何时镌刻，为何又称其为碑？这一系列问题，以上论著并未完全解决。

---

① 此文又刊于《第 2 届韩国传统文化学术研究讨论会（文化卷）》，中国杭州大学韩国研究所 1997 年编印，第 102—117 页。

二、摩崖碑录文及研究

2000年3月，笔者与西北大学文博学院周晓陆、贾麦明等，两次至拐儿崖考察，在极困难的条件下，从巨石斜面上拓下所有文字。现据拓片及考察所得，将摩崖刻石文字转录如下：

从时代及刻石文字主次看，刻石正中主体部分，宽1.9米，高2米，共16行（连标题），每行19至20字不等：

1. 杜甫赞元逸人玄坛歌

2. 故人昔隐东蒙峰，已佩含景苍精龙。故人今居子午

3. 谷，独向阴岩结茅屋。屋前太古玄都坛，青石漠漠长

4. 风寒。子规夜啼山竹裂，王母昼下云旗翻。知君此计

5. 诚长往，芝草琅玕日应长。铁锁高垂不可攀，致身福

6. 地何萧爽①金可记传　　金可记者，新罗

---

① 此三字已漫漶不清，此系据《全唐诗》卷二一六杜甫《玄都坛歌》补。

人。

7. 宣宗朝以文章宾于国，遂擢进士第。性沉默，有意于

8. □□□□□因隐终南山子午谷。好苍（花）果，于所□□

9. □□□□□□及炼形服气。凡数年，归本国。未几

10. □□□□□□□隐修养愈有功。大中十一年十二□□

11. □□□□□言奉玉皇诏，为英文台待郎。明年二月二

12. □□□□□上升。宣宗异之，召，不起。又索玉皇诏，辞以

13. □□□□□□□遣中使监护。可记独居□□□□□

14. □□□□□□□□中使窃窥之，见仙官□□□□□

15. □□□□□□肃。及期，果有五云□□□□□□□

16. □□□□□□满空。须臾昇天而去。（图一、图二）

以上每字约 8×8 厘米，书体近似唐颜真卿体，楷书。

又在全部刻石的右下角（即刻石标题下方）还刻有与主体文字大小、书体相同的四个字："转写刘礼"。考虑到刻石主体所引杜甫诗及金可记传均为已有的诗文，故可称之为"转写"，即可断定此四字与主体诗文为同时镌刻。也就是说，主体诗文是由一名叫刘礼之人转写后，再刻上去的。此外，刻石杜甫诗前之标题，与主体诗文刻石字体略小，书体稍异，是否为后人所增刻？存疑。

图一　摩崖碑拓片

较之以上主体诗文刻字时代晚的是，有人将上述刻文改为碑的形式，并有刻字：即在主体刻文上部约1.7米正中开始，分向主体刻文两边深深地刻划一三角形线，代表圭形碑首。圭形内主体刻文正中上方，阳刻碑额，因漫漶不清，似为六个大字，左边两字为"重建"。此外，在主体刻文正中下方的80厘米处，镌刻"兴隆碑"三字，系与主体刻文相异之行书体。显然，将主体刻文改造为"碑"的形式，命名为"兴隆碑"，是在主体刻石之后重修加上去的。

图二　摩崖碑拓片局部

摩崖碑上还有一些时代更晚的刻字，即在碑前"杜甫赞元逸人玄坛歌"标题下方有三行小字，楷书：

1. 此碑唐以来，《关中金石记》四未载子
□□□
2. □□河南布政司经历出子午峪口访揭之。因
3. 记岁月，以俟好古者。咸丰三年孟春
古平江□□姜荣书石①

此段文字是摩崖碑唯一有年代的，即清咸丰三年
（1853 年）孟春。查清毕沅撰《关中金石记》四，唐至五
代关中碑石及全书所载碑石，确未有记此摩崖碑。题纪认为
"此碑"（说明摩崖刻文主体变成碑的形式，当早在清咸丰
三年之前）是唐代所镌刻，可能是见刻文中有唐"大中"
年号。

另外，在主体刻文最后（即碑左下角）还刻有数行小
字，均漫漶不清，只可辨"刊石"二字。然此二字字体、
大小均与主体刻文异，也似后来好事者为之。

① 上引卞麟锡《唐长安的新罗史迹》第 314 页，"□□姜荣"作
"爱珊姜荣"，从残存笔画看，"爱珊"二字误。

三、摩崖碑主体刻文考释

子午谷摩崖碑主体前半部转写的杜甫《赞元逸人玄坛歌》，在前人编辑的各种杜甫诗集及《全唐诗》中，均有收录，皆题为《玄都坛歌寄元逸人》。从"赞"字看，刻石题名很可能为加题者所改。刻石中的诗文，与《全唐诗》卷二一六杜甫《玄都坛歌寄元逸人》诗相同。仅在"独在（原注'一作并'）阴崖结（原注'一作白'）茅屋"句中，"在"作"向"。又《钱注杜诗》卷一《玄都坛歌寄元逸人》中，"铁锁高垂不可攀"句"铁锁"作"铁镣"，① 镣为锁之异体字。

按"东蒙峰"，钱注引《陆游笔记》云："东蒙，终南山峰名。"此峰即在紧邻今子午谷峪东，唐以来称为"豹林谷"（今名抱龙谷）内。诗内云之"故人"（即元逸人）先在东蒙峰隐居，今（即杜甫写此诗时）居子午谷，于谷阴崖处结茅屋修炼，屋前即道教传说的"玄都坛"。钱注引《玉京经》曰："玄都，在玉京山，有七宝城，太上无极大道虚皇君之所治也，高仙之玄都在焉。"诗最后一句"致身福地何萧爽"内之"福地"，钱注引《福地记》云："终南

---

① 《全唐诗》卷二一六，中华书局 1985 年版，第 2253—2254 页；《钱注杜诗》卷一，上海古籍出版社 1977 年版，第 7 页。

太乙山在长安西南五十里，左右四十里，内皆福地。"豹林谷、子午谷均当在此福地范围之内。

由此看来，元逸人、金可记均在子午谷隐居修炼，而此地是道教传说中的"玄都坛"所在地，且为道教"福地"。这就是刻石转写者为何仅选杜甫此诗及《金可记传》镌刻于子午谷摩崖上的原因。

摩崖主体刻文的《金可记传》，虽然字多有漫漶，但其基本内容仍可了然。目前可知中国文献典籍中，有关新罗人金可记的完整传记大约有四五种，其中最有代表性的有世人熟知的北宋李昉等编的《太平广记》卷五三神仙《金可记》；北宋张君房编的《云笈七签》卷一一三下《金可记》；五代南唐漂水县令沈汾撰《续仙传》上卷飞升一十六人中的《金可纪》；① 元代赵道一编《历世真仙体道通鉴》卷三八《金可记》等。② 其中以南唐沈汾《续仙传》时代最早，且与《太平广记》、《云笈七签》中《金可记》传内容基本相同，《太平广记》的《金可记》传后明注："出《续仙传》。"故录《续仙传》内《金可记传》，以与摩崖《金可记传》等相对照：

　　　金可记，新罗人也。宾贡进士。性沉静好道，

---

① 《道藏》第五册，文物出版社 1988 年版，第 81 页。
② 《道藏》第五册，文物出版社 1988 年版，第 309—310 页。

不尚华侈，或服气炼（《云笈七签》作"炼"）形，自以为药（《太平广记》、《云笈七签》作"乐"）。博学强记，属文清丽，美姿容，举动言谈，迥有中华之风。俄擢第（《云笈七签》下有"不仕"二字），进居（《广记》、《七签》作"隐于"）终南山子午谷中（《广记》、《七签》"中"作"葺居"），怀隐逸之趣（《七签》作"怀退隐之趣"）。手植奇花异果极多，尝（《广记》、《七签》作"常"）焚香静坐，若有思念（《七签》"思念"作"念思"）。又诵《道德》及诸仙经不辍。后三年，思归本国，航海而去。复来，衣道服，却入终南。务行阴德，人有所求无阻者（《广记》作"人有所求，初无阻据"），精勤为事，人不可谐（《广记》、《七签》作"偕"）也。大中十一年十二月（《广记》大中前有一"唐"字），忽上表言（《七签》少一"忽"字）："臣奉玉皇诏，为英文台侍郎。明年二月二十五日（《七签》作"二月十五日"）当上升。时宣宗极（《七签》作"颇"）以为异，遣中使征入内，固辞不就。又求见（《广记》缺"见"字）玉皇诏，辞以为别仙所掌，不留人间，遂（《七签》作"道"）赐宫女四人，香药、金采。又遣中使二人专看侍（《广记》"专看侍"作"专服侍者"，《七签》作"专看侍")。然（《广记》无此字）可记独居静室，宫女、中使多不接近，每夜闻室内常有人谈笑声（《广记》"有人"作"有客"）。中使窃窥之（《七签》少一"之"字），但见仙官、仙女各坐龙凤之上，俨然相对，复有侍卫非少，而宫女、中使不敢辄惊。二月十五日（《广记》作"二月二十五日"），春景娇媚，花卉烂熳（《广记》"熳"作"漫"），果有五云、唳鹤（《广记》、《七签》以下多"翔鸾"二字）、白鹄、箫笙、金石、羽盖、琼轮、幡幢满空（《七签》后有"迎之"二字），仙杖极众（《七签》无此四字），昇天而去。朝列士庶，观者填隘（《七签》"隘"作"溢"）山谷，莫不瞻礼叹异（《七签》后有一"焉"字）。

元代赵道一编《历世真仙体道通鉴》中的《金可记传》开首第二句"宾贡进士"作"唐宣宗朝以文章宾于国"，与摩崖刻石《金可记传》同。但以下文字则与《续仙传》，特别是《云笈七签》中的《金可记传》相同，不再兹引。

以上史籍及道教典籍所载有关《金可记传》，时代最早者，为《续仙传》，其余文字大致与《续仙传》相同。从残存子午谷摩崖刻石《金可记传》看，其内容、文字也与《续仙传》金可记相同，只是其略写而已。刻石"转写"所据之原本，也有可能是与《续仙传》完全不同的另一史籍；

不过，截至目前，再未见有早于《续仙传》的其他文献存在，故石刻之《金可记传》很可能是源于《续仙传》之金可记条。

据《续仙传》序说："汾生而慕道，尤愧积习。自幼及长，凡接高尚所说，兼复积年之间闻见，皆铭于心。又以国史不书事散于野矧。当中和年（881—885 年）兵火之后，坟籍犹缺，讵有秉笔而述作，处世斯久，人渐稀传。惜哉，他时寂无遗声。今故编录其事，分为三卷。"因此，沈汾所撰之《金可记》很可能是其"凡接高尚所说，兼复积年之间闻见"而首撰。

其次，刘礼在"转写"此传时，因摩崖石面处有限，不可能照录全文，故在保持内容与原文一致的前提下缩写之。其中，许多用词，如"炼形服气"，"奉玉皇诏，为英文台侍郎"，"明年二月……"，"可记独居"，"中使窃窥之"，"见仙官"，"满空"等，均与《续仙传》本传相同。

第三，《续仙传》金可记传中，大中年号前无"唐"字，因南唐时距唐朝灭亡不远，而石刻沿袭未出现"唐"字样，与北宋及其后典籍金可记传有"唐"字不同。这不仅是刻石为了节省一字，而是显示它与《续仙传》有直接的渊源关系。

此外，还有两处可证摩崖刻石《金可记传》非唐人所书刻：其一是刻石云"凡数年，归本国"，而《续仙传》此句作"后三年，思归本国"。后者所记金可记返国是在进士及第后三年，时间具体，显非承袭前者，若无其他传闻或资料是写不出具体时间的。故刻石当晚于《续仙传》。其二，凡目前所见唐人记金可记者，均作"金可纪"，如章孝标《送金可纪归新罗》诗、《全唐诗逸卷》中记"金可纪"《题仙游寺》残诗（说见后）等。而南唐时《续仙传》作"金可记"后，刻石及文献均作"金可记"。转写者刘礼，无考。① 因此，笔者只有据以上的分析，初步断定此刻文是转写（缩写）自南唐沈汾《续仙传》的《金可记传》，时间大约在北宋初。

因北宋自建立始，历代皇帝均与道教结下不解之缘，特别是在宋太祖、太宗朝，尊宠道士，兴建道观，搜求道书，使五代衰微的道教得以恢复。到宋真宗时（998—1022 年在位），道教发展形成高潮，统治者制造天神降临，庇佑宋王朝的神话，大搞崇道活动，大修观所，崇道之风遍于朝野。② 在这种崇道的风气之下，自汉唐以来，为方士、道家视为"福地"的陕西终南山一带，自然笼罩在道教的氛围之中。

又自北宋建立后，许多著名的道教人物都与终南山有

① 按转写者刘礼，经检索《二十四史纪传人名索引》（1980 年中华书局版），仅见《史记》、《汉书》中有刘礼。此人显非刻石上所记之刘礼。

② 卿希泰、唐大潮：《道教史》，中国社会科学出版社 1994 年版，第 150 页。

关。如深受太宗、真宗宠信，以代玉帝言兴宋的张守真，原是出生于终南山附近周至县县民。太宗时，兴建的著名道观——上清太平宫，在终南山的终南镇（遗址在今终南中学）。另有对道教发展起过重要作用的陈抟（？—989年）及其主要弟子，也曾在陕西华山、终南山一带活动。著名的宋代文士、道士种放（？—1015年）曾隐居终南山豹林谷（在子午谷东邻，谷内有"东蒙峰"）等。① 因而，在北宋初，有道士或崇道之文人，如刘礼之流，辑有关唐代在子午谷隐居修炼之元逸人、金可记之诗文，镌刻于子午谷摩崖上，是完全可能的。

为什么要推断此摩崖主体刻文镌刻于北宋初呢？因为摩崖主体刻文中出现了"玄都坛"的"玄"字。据史载，宋真宗大中祥符五年（1012年）闰十月，崇道的真宗编造了一个自己始祖（圣祖）名"玄朗"的神话，并在此时下诏："圣祖名：上曰元（玄），下曰朗，不得斥犯。"② 即是说，至此"玄朗"二字避讳，"玄"一般改为"元"。因此，我们推断此摩崖的主体刻文的时间，应在北宋初，即是在宋真宗大中祥符五年闰十月之前。

北宋亡后，金、元以降，崇道之风未减。元代陕西终南山一带兴起有全真教，日益发展。于是，可能有笃信道教者

① 种放，《宋史》卷四五七《隐逸上》有传。
② 《续资治通鉴长编》卷七九，宋真宗大中祥符五年闰十月条。

或道士于子午谷摩崖诗文刻处，改造为碑的形式，并镌刻题额及碑名，名之为"兴隆碑"。所谓"兴隆"，无非是希冀道教日益兴隆而已。至今在子午谷北口拐儿崖附近高崖上，还存留有"万福之地"等石刻及栈道、房基遗迹。① 但是，唐代元逸人或金可记修炼处经历近千年之沧桑，已难寻觅和确指了。

以上对摩崖主体刻文时代的分析，仅是一种推测。如果将主体刻文的《金可记传》与上引元赵道一编《历世真仙体道通鉴》的《金可记传》相对照，其中第二句"唐（刻文无此字）宣宗朝以文章宾于国"相同，而与《续仙传》等文献所记《金可记传》此句作"宾贡进士"相异。这就不得不使人产生主体刻文《金可记传》是源于《历世真仙体道通鉴》，或比《历世真仙体道通鉴》更早的一种文献。后一种可能至少目前还找不到，那么，刻石主体部分有可能镌刻于元代后期，甚至明代。不过，《金可记传》第三句，刻文作"遂擢进士第"，而《历世真仙体道通鉴》此句则与《续仙传》等相同，在"性沉静好道，不尚华侈……"句之后出现。因此，从以上各种典籍与主体刻文的《金可记传》仔细对勘，笔者还是倾向于摩崖主体刻文《金可记传》是转录于《续仙传》，大约镌刻于北宋初，即真宗大中祥符五

① 见上引李之勤《再论子午道的路线和改线问题》，《西北历史研究》，三秦出版社 1989 年版。

年闰十月之前的看法。

　　至于摩崖碑刻石何时因何因坠落于谷中溪水旁？前引李健超文，记有二说："一说由于地震崩塌坠落；另一说为民国时期修筑西安至汉中的公路时炸毁。"访之附近年老村民，均云此巨石系民国修公路时炸山开路时坠落。考之刻石上有清咸丰三年姜荣等题记，证明在陕西关中明代成化二十三年（1487 年）、嘉靖三十四年（1556 年）两次最大地震时，并未震下摩崖上刻石，故后一说较可信。

四、金可记事迹考索

　　关于新罗人金可记，因《续仙传》、《太平广记》、《云笈七签》等道教典籍的记载，而成为中国道教史及中韩关系史上一个人物。韩国许多道教文献或史籍对金可记也有记载，不过其史籍来源基本上是据上述中国道教典籍。① 下面结合子午谷摩崖碑及有关文献，对金可记作进一步考索。

　　《续仙传》及摩崖碑等均云金可记为新罗人，即在今朝鲜半岛南部建国的新罗国人。其籍贯无考。他何时以何身份来当时中国唐朝求学，也难考辨。据韩国学者都珖淳撰《韩国的道教》一文，引《冰渊斋辑》、《海东传道录》记：

---

① 《海东绎史》卷六七有《金可记传》，从文字看系转录于《太平广记》金可纪条。

据说在新罗末年，即唐文宗开成年间（836—839年），金可记与崔承佑、僧慈惠等三人入唐，从钟离权传授道书与口诀，经三年修炼而终成丹（得道）。后来，金可记又向入唐的崔致远、李靖等传口诀等。① 这显系传闻，因金可记已于大中十二年在子午谷"昇天"，那时崔致远才两岁，② 何得传道口诀于崔致远？但是，内记金可记于唐开成年间入唐，可备一说。

金可记入唐后为"宾贡进士"，或文章"宾于国"，应即入唐京师长安国子学的新罗生员之一。唐朝自贞观十三年（639年），国子监"增筑学舍至千二百区……四夷若高丽、百济、新罗、高昌、吐蕃，相继遣子弟入学，遂至八千余人。"③ 论者多以此年为新罗遣留学生入唐之始。此后，新罗王、贵戚子弟入唐国子学留学者日众，居四夷各国之首。仅唐开成二年（837年）在京师国子学留学的新罗生员达二

① 见日本福井康顺等监修《道教》第三卷中译本，上海古籍出版社1990年版，第71页。按内"李靖"疑有误，应为李同，875年宾贡及第，崔承佑也为新罗之宾贡进士。
② 崔致远生于新罗宪安王元年丁丑（唐大中十一年），景文王八年戊子（咸通九年）入唐（见《崔文昌侯全集》，成均馆校印本1991年版）。
③ 见《新唐书》卷四四《选举志》。又《资治通鉴》卷一九五唐贞观十四年条，将此事置于贞观十四年二月，且云："于是四方学者云集京师，乃至高丽、百济、新罗、高昌、吐蕃诸首长亦遣子弟请入国学，升讲筵者至八千余人。"

百十六人。① 在众多的新罗留学生中，有姓名可考者，据学者统计有 39 人。② 新罗等国留学生员在唐朝间，"衣粮准例支给"，③ 即由唐朝鸿胪寺供给。

唐朝还准允四夷留学生参加科举考试，专门进行，称为"宾贡"，如进士及第还可委以官职。据韩国《东文选》卷八四崔澦《送奉使李仲父返朝序》载："进士取人，本盛于唐，长庆初（约 821 年），有金云卿者，始以新罗宾贡，题名杜师礼榜，由此至天佑终（约 907 年），凡登宾贡科者五十有八人。"据严耕望《新罗留唐学生与僧徒》④ 一文考证，新罗宾贡及第可考者约 26 人，其中就包括有金可记。

金可记何时进士及第？如果前述其在唐开成年间入唐留学确切的话，其及第当在会昌（841—846 年）及大中初。清徐松撰《登科记》卷二七《附考·进士科》，据《太平广记》引《续仙传》记有金可记，但无及第时间，仅注云："'记'作'纪'。"⑤ 又韩国《东史纲目》卷五上文圣王庆

① 《唐会要》卷三六，附学读书条。
② 杨昭全：《中朝关系史论文集》，世界知识出版社 1988 年，第 16 页，列出 38 人姓名。又蒋菲菲、王小甫《中韩关系史》（社会科学文献出版社 1998 年版，第 135 页），据《全唐文》卷九二二，列出崔仁浣一人。
③ 《唐会要》卷三六《附学读书》条。
④ 此文载作者《唐史研究丛稿》，九龙新亚研究所 1969 年版，第 432—433 页。
⑤ 《登科记考》，中华书局 1984 年版，第 1067 页。

膺三年（唐会昌元年）条记："后有金夷鱼、金可记者，连登唐第"，亦未记金可记登第时间。其实，在子午谷摩崖碑金可记传中，记其"宣宗朝宾于国，遂擢进士第"，即是说他登宾贡进士第是在宣宗大中初。

《续仙传》等记，金可记"博学强记，属文清丽"，惜其诗文仅在《全唐诗逸卷》①中录其《题仙游寺》佚诗残句。诗云："波冲乱石长如雨，风激疏松镇似秋。"

摩崖碑及《续仙传》等记金可记擢进士第后，不仕，即隐居道教福地终南山子午谷内，手植花果树，常焚香静坐，诵《道德经》及诸仙经不辍，服气炼形，走上了隐逸求道的道路。这多少也与当时唐朝朝野上下崇道的风气有关。众所周知，有唐一代皇室李氏以传说道教始祖李耳为祖先，崇信道教。特别是在玄宗、武宗、宣宗等朝更盛。武宗灭佛兴道，宣宗继之，重用道士，以治国治身。为求长生不老之术，武宗、宣宗等帝均因服道士丹药而亡。因此，宣宗朝在长安留学的新罗人金可记自然受到这种崇道风气的影响。

在子午谷求道约三年后，金可记"思归本国，航海而去"。关于此事，《全唐诗》卷五〇六载有章孝标《送金可纪归新罗》诗：

---

① ［日］何世宁辑《全唐诗逸》卷中《金可纪》，知不足斋丛书本。

登唐科第语（原注："一作谱"）唐音，望日初生忆故林。鲛室夜眠阴火冷，蜃楼朝泊晓霞深。风高一叶飞鱼背，潮净三山出海心。想把文章合夷乐，蟠桃花里醉人参。

诗题"金可纪"，即"金可记"。此诗前一句是说金可记登进士第，举止言谈有中华之风，隐居子午谷，望东边日出，即思念海东新罗故乡。后二句则形象地描绘金可记航海归国舟中及海中的景物。最后一句则以比拟手法写金可记在唐和新罗文化交融中所起的作用。

章孝标，据《全唐诗》小传记："桐庐（今浙江桐庐）人。登元和十四年（819 年）进士第。除秘书省正字。太和中，试大理评事。诗一卷。"按前述金可记于开成年间入唐留学，大中初宾贡及第，章孝标年龄比其大，且非元和十四年同登科者。至于俩人之交往，已难考述。

金可记在故乡新罗时间不长，"未几"复入唐，至终南山子午谷，"衣道服"，"修养愈有功"，且助人为乐，"务行阴德"。唐大中十一年十二月，他上书言：奉玉皇诏，为天宫英文台侍郎，将于明年二月二十五日（或二月十五日）成仙昇天。崇道的宣宗十分重视，赐宫女，遣中使专服侍之。及期，金可记果然"昇天"而去。如果除去上述道家迷信之说，那么金可记是在大中十二年二月亡于子午谷。

总之，从遗存的唐代章孝标诗及《全唐诗逸卷》残留的金可记诗，确知有新罗宾贡进士金可记其人，其事迹亦并非完全虚构，仅"昇天"一说，纯为道家迷信之言。而长安终南山子午谷新罗人金可记摩崖碑，虽然并非金可记本人或唐人所书刻，而只是后人（可能是北宋时人）转刻上去的；但它可以与《续仙传》金可记传等文献相互补证，且其书法及文字均有可取之处，为中国道教史、中韩文化交流史增添了一件珍贵的实物资料，值得珍视之。

（原载于《中华文史论丛》2006 年第 1 期）

唐梨园新考

一

　　唐代梨园在中国音乐史上占有重要的一页，对后世影响甚巨。在唐代史籍、诗歌、笔记小说，乃至唐以后的文献中，也多提到梨园和梨园弟子。大约自明代以后，唐梨园由乐工之总称，逐渐演化为戏曲之代名；传至今日，梨园和梨园弟子已成为戏曲及优伶之总称，而且将其渊源追溯到唐之梨园。尽管如此，唐代梨园对我国音乐、戏曲的发展仍起到一定的推动作用，有必要对其进行认真、深入的研究。

　　然而，自唐以后，历代文献对梨园的记述不详，且相互抵牾，莫得其要领。近代以来，关于梨园的论著不多，其中影响较大者，如陈寅恪先生《元白诗笺论稿》中所说："唐长安有二梨园，一在光化门北，一在蓬莱宫侧。其光化门北者，远在宫城以外。其蓬莱宫侧者，乃教坊之所在（详徐松《唐两京城坊考》）"。① 后《辞海》梨园条似采此说，仅改蓬莱宫侧教坊之所在为"宜春院"地。又在20世纪80年代初，李尤白先生撰《梨园考论》一文，影响颇大，先后在国内许多杂志、报纸刊载和报导。作者于1995年正式出版《梨园考论》一书（陕西人民出版社），收录原发表之论文。其主要观点是：唐梨园"不妨被目为我国历史上第一所规模完备既培训演员（弟子），又肩负演出任务的综合性的'皇家音乐、舞蹈、戏剧学院'"。② 其地在唐长安光化门北，即今西安市未央区未央宫乡大白杨村村西，而不在此外任何别的地方。③

国内学界也有不同意李尤白先生论点者，如著名的音乐史家任半塘先生。他于1984年撰写出版的《唐戏弄·杂考》中，收录有《梨园考》（下简称《梨园考》，上海古籍出版社出版）一篇。此文主要论点是：（1）利用大量文献资料，辨明唐代梨园的主业是音乐，兼及歌舞，与戏曲无涉。自宋以后，对此分辨不清，以至今日仍有误解。（2）详细考证了唐梨园机构及分布，认为按其所属及地点可分为：禁苑梨园（唐长安光化门北）、宫内梨园（男部梨园弟

① 《元白诗笺论稿》，上海古籍出版社1982年版，第170页。
② 《梨园考论》，第22页。
③ 《梨园考论》，第21页。

子，即梨园法部在蓬莱宫侧；女部梨园弟子在东宫宜春北院，又名梨花园）和太常梨园（太常梨园别教院和洛阳梨园新院，均在各自太常寺之西北）。(3)叙述了梨园形成发展情况及与太常、教坊（包括宜春院）的关系等。

仔细研读李、任两位前辈的论述，从学术角度讲，我认为任先生所论较为严谨和允当。而李先生之考论，不仅将唐代的乐舞、散乐百戏及萌芽的戏剧等统归入"梨园"之中，把教坊、宜春院等组织也混同于梨园，而且仅承认长安光化门北之禁苑梨园，而否定唐代文献明确记载之其他梨园。因此，李先生所论还有进一步讨论的必要。不过，李先生在发掘、研究和宣传梨园方面，引起巨大反响，其功是不可没的。

尽管学术界主要有以上两种关于唐代梨园的观点，但是截至目前，关于唐代梨园的论著、辞典等，仍然是众说纷纭，莫衷一是，如《辞海》、张永禄主编之《唐代长安辞典》、《中国历史大辞典·隋唐卷》、袁明仁等主编的《三秦历史文化辞典》，以及叶栋《唐代音乐与古谱译读》、赵文润主编之《隋唐文化史》、王永平的《唐代游艺》等。此其一。20世纪90年代以降，随着陕西文物考古事业的发展，又有唐代新的遗址发现，为唐梨园研究增加了一些珍贵资料。此其二。因此之故，撰此《唐梨园新考》一文，以求正于方家。

二

关于唐梨园的来源、机构等问题,上引任半塘先生
《梨园考》一文已有详细论述,其论点笔者基本赞同,故下
面仅作简约的叙述。

考唐代梨园之名,至少在唐中宗时(684,705—709 在
位),甚至以前就已存在,原在禁苑(即长安光化门北)
内,是当时宫廷合乐、按乐和游乐的场所。① 内有梨园亭、
球场和景色宜人之园林,也是唐代帝王风景游赏和举行拔
河、击球、狩猎的娱乐之地。② 安史之乱后,其余梨园均
废,仅此禁苑梨园犹存。据《唐会要》卷三四记:"大历十
四年(779 年)五月,诏罢梨园伶使及官冗食三百余人,留
者隶太常。"《梨园考》据此,认为禁苑梨园废于此时。至
唐宪宗元和年间(806—820 年),又有所谓"宣徽院",出

---

① 见宋代程大昌《雍录》卷九梨园条;清代徐松《唐两京城坊考》
卷一。《旧唐书》卷一七《文宗纪下》记:"太和九年八月丁
丑","上幸左军龙首殿,因幸梨园,含元殿大合乐。"

② 《旧唐书》卷七《中宗纪》景龙四年条;《封氏闻见记》卷六;
武平一《幸梨园观打球应制》(《全唐诗》卷一〇二,中华书局
1985 年第 3 版,第 1083 页,下引同)、乔知之《梨园亭子侍宴》
(《全唐诗》卷八一,第 877 页),沈佺期《三日梨园侍宴》,《幸
梨园亭观打球应制》(《全唐诗》卷九六,第 1029—1030 页)、李
德裕《述梦诗四十韵》有"夕阅梨园骑,宵闻禁仗攒"句(《全
唐诗》卷四七五,第 5390 页)。

入供奉。唐文宗开成三年（838 年）四月，"改法曲名仙韶曲，仍以伶官所处为仙韶院"。① "此即变相之梨园，如宣徽、仙韶院等乃复产生"。② 而所谓唐代梨园，名实相符，历时最长，自当以此禁苑梨园为是。其地在唐长安城光化门北，李尤白考证在今西安未央宫乡大白杨村西，离光化门稍远偏东。因此梨园遗址未曾发现，故其确址还难以最后定断。

到盛唐时，情况又发生了变化。据《唐会要》卷三四记："开元二年（714 年），上（玄宗）以天下无事，听政之暇，于梨园自教法曲，必尽其妙，谓之'皇帝梨园弟子'。"《新唐书》卷二二《礼乐志》亦记："玄宗既知音律，又酷爱法曲，选坐部伎子弟三百教于梨园，声有误者，帝必觉而正之，号'皇帝梨园弟子'……梨园法部，更置小部音声三十余人。"《旧唐书》卷二八《音乐志》所记与《新唐书》同，仅最后记："以置院近于禁苑之梨园。"《梨园考》引上述资料后，认为《唐会要》所记玄宗选坐部伎子弟三百教习于梨园，始于开元二年误，当为天宝四载（745 年）左右。理由是文献所记沉香亭、长生殿梨园弟子奏乐事，是以杨贵妃为中心人物，故梨园弟子之出现应在杨贵妃入宫之后。此说难以成立，不能因文献记杨贵妃与玄宗

① 据《新唐书》卷二○八《李辅国传》："时太上皇（玄宗）居兴庆宫……梨园弟子日奏声伎为娱乐。"可见，安史之乱后，梨园弟子稍集于太上皇处，但除禁苑梨园外，其余梨园已不存。
② 任半塘：《唐戏弄》，上海古籍出版社 1984 年版，第 1125 页。

在沉香亭、长生殿有梨园弟子奏乐，而否定在此之前有梨园弟子，从而怀疑《唐会要》的明确记载。又《雍录》卷九梨园条也明记："开元二年，置教坊于蓬莱宫，上自教法曲，谓之梨园弟子。"

玄宗所选的三百梨园弟子（《梨园考》谓之"男部"）所在的梨园，依上引文献，有谓在"近于禁苑"（即非在禁苑），有记为蓬莱宫侧之教坊（内教坊）。《梨园考》谓，均属可疑，确址不详，但又决非远离宫廷之禁苑梨园，故只记为在"蓬莱宫（即大明宫）侧"。按《新唐书》卷四八《百官志》记："武德后，置内教坊于禁中。武后如意元年（692年），改曰云韶府，以中官为使。开元二年又置内教坊于蓬莱宫侧……京都置左右教坊，掌俳优杂技。自是不隶太常，以中官为教坊使。"开元二年所置内教坊，在蓬莱宫侧，即东内苑内，[1] 右教坊在光宅坊，左教坊在延政坊（后改为长乐坊），[2] 均可谓在蓬莱宫侧。如果上述开元二年玄宗选坐部伎子弟三百教习，时间无误，那么当时的三百梨园子弟就很可能居于内教坊之内，《雍录》及陈寅恪先生所论为是。

前引《新唐书·礼乐志》还记："宫女数百，亦为梨园弟子，居宜春北院。"《太平御览》卷五八三引《明皇杂录》

---

① 宋敏求：《长安志》卷六东内苑条。
② 崔令钦：《教坊记》，《说郛》本。

亦记："天宝中，上命宫女子数百人为梨园弟子，皆居宜春北院。"唐诗又称宜春北院为"梨花园。"①

以上置于宫廷的男女梨园弟子，虽未见文献直接记有"梨园"之名，但因均称"梨园弟子"，且后世所谓之梨园弟子主要指此。又宜春北院（在东宫宜春院北）又名梨花园，名实相符。故《梨园考》谓以上男女二部之梨园弟子所居处，皆可名之为"宫内梨园"，是十分精当的。

此外，天宝时，唐朝的太常寺（掌礼乐、郊庙、社稷之事）还设置有梨园。《册府元龟》卷五六九记："又有别教院，教供奉新曲。太常每凌晨，鼓笛乱发于大乐署。别教院禀食常千人。"《唐会要》卷三三亦云："太常梨园别教院，教法曲乐章等。"其地应在西京太常寺西北。东都洛阳太常也有名为"梨园新院"的机构。据段安节《乐府杂录》后附文记："乐具库在望仙门内之东壁。俗乐，古都属乐（梨）园新院。院在太常寺内之西北也……古乐工都计五千余人，内一千五百人俗乐，系梨园新院，于此旋抽入教坊。计司每月请料，于乐寺给散。"② 以上太常寺所属之梨园，《梨园考》谓之"太常梨园"，也甚妥当。

不仅如此，1995年5月，陕西考古工作者在今临潼华

---

① 王建《宫词》云："明日梨花园里见，先须逐得内家歌。"（《全唐诗》卷三〇二，第3442页）等。
② 文引自丛书集成初编本《乐府杂录》。

清池，即唐华清宫内，发掘一遗址，名之为唐梨园遗址。即是说，除上述禁苑、宫内、太常梨园外，在华清宫内还有一梨园。此说是否有据？初审之，确令人生疑。《梨园考》引清代汪汲《事物原会》卷三七教坊梨园条："今西安府临潼县骊山绣岭下，即梨园地也"，而后说："未知何据，殊不可解。"其实，如果仔细研究，在唐华清宫内确有一梨园。

按清代毕沅新校正之《长安志图》上卷有一幅"唐骊山宫图（中）"，在图里华清宫津阳门（北门）东侧瑶光楼南，标画出"小汤"和"梨园"（见图一）。

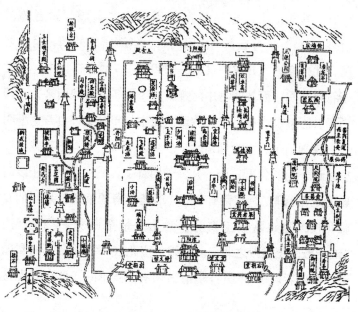

图一　唐华清宫图（选自《长安志图》上卷）

周伟洲学术经典文集

此图后注："元佑三年（1088 年）中秋日，武功游师雄景叔题石刻，在临潼。"则此图原系宋代游师雄所题石刻，而 1995 年在唐华清宫遗址上发掘之小汤和房舍遗址之位置，与石刻上的完全一致。即是说，考古工作者是以此石刻图定遗址为梨园的。

又清代毕沅撰《关中胜迹图志》卷五华清宫条内云："瑶光楼，《长安志》：津阳门之东曰瑶光楼。楼南有小汤。《临潼县志》：小汤之西有梨园。"此乃《临潼县志》所记，可能也是依据上述游师雄所题之石刻。

或云上述资料，仅清人引宋游师雄石刻，时代晚，且不可靠。其实，唐人也早已提到华清宫之梨园。如唐郑嵎《津阳门诗》并序云："津阳门者，华清宫之外阙，南局禁闱，北走京道。开成中（836—840 年），嵎常得群书，下帷于石瓮僧院，而甚闻宫中陈迹焉。今年冬，自虢而来，暮其山下，因解鞍谋餐，求客旅邸。而主翁年且艾，自言世事明皇，夜阑酒余，复为嵎道承平故实。翼日，于马上辄裁刻俚叟之话，为长句七言诗，凡一千四百字，成一百韵，止以门题为之目云耳。"其诗有云："瑶光楼南皆紫禁，梨园仙宴临花枝；迎娘歌喉玉窈窕，蛮儿舞带金葳蕤。"下本注："瑶光楼即飞霜殿之北门。迎娘、蛮儿（即谢阿蛮）乃梨园弟子名闻者。"[1] 此明言华清宫内有"梨园"，且在瑶光楼

① 《全唐诗》卷五六七，第 6561—6562 页。

附近，与前述文献所记相合。

为什么唐华清宫内会设置梨园？《雍录》卷四记：唐贞观十八年（644 年），"诏阎立德营建宫殿，御汤各（名）汤泉宫。太宗临幸，制碑。咸亨三年（672 年）名温泉宫。天宝六载（747 年）改为华清宫，于骊山上益治汤井为池，台殿环列山谷"。在盛唐时，唐玄宗"每岁十月幸，岁尽乃归"，频繁地临幸华清宫。每至此，王公大臣、百官翊卫随从，更有号为"皇帝梨园弟子"的歌舞伎人伴随，表演歌舞。其中最重要一次是在天宝十四载（755 年），据《明皇杂录》等书载：此年"六月一日，上幸华清宫，乃贵妃生日。上命小部音声。小部者，梨园法部所置，凡三十人，皆十五已下，于长生殿奏新曲。"宋乐史撰《杨太真外传》下卷亦记："上每年冬十月，幸华清宫，常经冬还宫阙，去即与贵妃同辇。"唐代大诗人白居易有《江南遇天宝乐叟》诗，内云："白头病叟泣且言，禄山未乱入梨园；能弹琵琶和法曲，多在华清随至尊。"另一首《梨园弟子》诗云："白头垂泪话梨园，五十年前雨露恩；莫问华清今日事，满山红叶锁宫门。"① 由此可见，凡是讲盛唐梨园弟子事，均多与华清宫有关。

梨园弟子既然常随驾至华清宫，其在宫内之居处，自然也可称之为梨园。其傍之小汤，当为弟子沐浴之所；东缭墙

---

① 《全唐诗》卷四三五，第 4811 页；卷四四二，第 4946 页。

之"按歌台"（见《雍录》卷四），则当为梨园弟子按歌合乐之处。因此，我们称此梨园为"华清宫梨园"，以别于上述梨园。

自华清宫梨园（包括小汤）遗址发掘之后，临潼县华清池管理处在各界人士的大力支持下，于小汤及梨园遗址上修建了"唐梨园文化艺术陈列馆"。馆总面积 2000 多平方米，历时 16 个月，于 1996 年 8 月 18 日竣工。该馆为建筑大师设计，三层仿唐楼阁，古朴典雅。楼下遗址用沙填塞，以兹保护，沙土层上架起厚厚一层水泥，其上建筑拔地而起。楼底层为小汤遗址（见图二）和梨园艺术展，中层为唐乐舞表演大厅，上层为唐茶道厅。融唐梨园文物展与唐乐舞、茶道于一体，寓教于娱乐之中，品味极高，格调高雅（见图三）。

图二　华清宫小汤遗址

综上所述，可将唐代梨园机构列表如下：

名称		设置时间	地点	人数	性质	备注
禁苑梨园		唐中宗以前	光化门北禁苑内		按乐合乐	内有梨园亭、球场等。元和时改为宣徽院，开成二年，改为仙韶院。
宫内梨园	梨园法部	开元二年	蓬莱宫侧（内教坊）	男乐工三百人	法曲	内有小部音声三十人，皆十五岁以下。
	梨花园	天宝中	东宫宜春北院	宫女数百人	法曲歌舞	
太常梨园	梨园别教院	天宝中	长安太常寺西北	一千人	供奉新曲	
	梨园新院	天宝中	洛阳太常寺西北	一千五百人	俗乐	
华清宫梨园		天宝中	华清宫瑶光楼南		法曲歌舞	遗址已发掘

三

唐梨园虽极盛于唐开元、天宝年间，其时机构有四，居处有六，分处东西两京，梨园弟子达数千人之多。然而，仅过了三十余年安史之乱爆发，梨园荡然，弟子流落各地，命运悲惨。据《明皇杂录》记，安禄山攻陷两京后，"尤致意乐工，求访颇切，于旬日获梨园弟子数百人。群贼因相与大会于凝碧池（在东京洛阳神都苑内），宴伪官数十人，大陈御库珍宝，罗列于前后。乐既作，梨园旧人不觉歔欷，相对泣下，群逆皆露刃持满以胁之，而悲不能已。有乐工雷海清者，投乐器于地，西向恸哭。逆党乃缚海清于戏马殿，支解以示众，闻知者莫不伤痛"。① 玄宗返长安后，思念旧人，高力士潜求于里中，"因召与同去，果梨园弟子也"。②《唐诗纪事》也记：梨园弟子李龟年于安史之乱后流落江南，曾唱王维"红豆生南国"诗。上引白居易《江南遇天宝乐叟》、《梨园弟子》诗，都是当时沦落各地梨园弟子之写照。这正如段安节《乐府杂录》中所说："洎从离乱，礼寺堕颓，箫篪既移，警鼓莫辨。梨园弟子半已奔亡，乐府乐章咸皆丧坠。"

尽管如此，梨园及梨园弟子在唐后期，乃至宋以后，影响颇大，凡提及唐代乐舞者，皆多涉及到梨园。这在唐后期诗歌中反映最多。《全唐诗》收录此类诗不少，兹举几例：

孟简《酬施先辈》："襄阳才子得声多，四海皆传古镜歌。乐府正声三百首，梨园新人教青娥。"（卷四七三，第5371页）

施肩吾《赠郑伦吹凤管》："喃喃解语凤皇儿，曾听梨

① 《明皇杂录补遗》，《开元天宝遗事十种》，上海古籍出版社1985年版，第31页。
② 《杨太真外传》下卷。

园竹里吹。谁谓五陵年少子，还将此曲暗相随。"（卷四九四，第5602页）

和凝《宫词百首》之一："白玉阶前菊蕊香，金杯仙酝赏重阳。层台云集梨园乐，献寿声声祝万康。"（卷七三五，第8396页）

元稹《华原磬》："玄宗爱乐爱新乐，梨园弟子承恩横。"（卷四一九，第4615页）

元稹《何满子歌》："梨园弟子奏玄宗，一唱承恩羁网缓。"（卷四二一，第4632页）

白居易《华原磬》："梨园弟子调律吕，知有新声不知古。"（卷四二六，第4692页）

白居易《胡旋女》："天宝季年时欲变，臣妾人人学圜转。中有太真外禄山，二人最道能胡旋。梨花园中册作妃，金鸡障下养为儿。"（卷四二六，第4691—4692页）

唐梨园及梨园弟子之所以有如此大的影响和魅力，除梨园系由皇帝亲任教习，乐舞新颖，人才辈出而外，还与当时盛行之唐诗有密切的关系。开元、天宝时的著名诗人大多为梨园作词，或其诗被梨园弟子所传唱。大诗人李白曾被召进宫内，牡丹盛开，玄宗命其作新乐词。李白"进《清平调词三章》……上命梨园弟子约略调抚丝竹，遂促龟年以歌"。[1] 刘禹锡《酬杨司业巨源见寄》诗云："渤海旧人将

——————

① 李浚：《松窗杂录》；又见《杨太真外传》。

集去，梨园弟子请词来。"上引《唐诗纪事》记李龟年曾唱大诗人王维"红豆生南国"诗，又说"春风明月苦相思"等篇，"皆维所制，而梨园唱焉"。最有意思的是，唐代传奇有薛用弱撰唐代诗人《王之焕》一篇，内记："开元中诗人，王昌龄、高适、王之焕齐名。"一日三人至旗亭小饮，"忽有梨园伶官十数人，登楼会燕"。后又有"妙妓"寻徐而至。三诗人因私相约："我辈各擅诗名，每不自定其甲乙，今者可以密观诸伶所讴，若诗人歌词之多者，则为优矣。"结果王之焕见开初歌伎唱高适、王昌龄诗，遂指一伎音容最佳者，说其一定唱自己的诗。果然，此伎高歌王之焕《凉州词》："黄河远上白云间，一片孤城万仞山。羌笛何须怨杨柳，春风不度玉门关。"此传奇中记开元时有"梨园伶官"，亦可证梨园（宫内梨园）开元二年已设置。总之，唐诗、乐曲在梨园得以相得益彰，互为激扬，影响深远是自不待言的。

梨园主要是教习、演奏法曲，特别是供奉新曲，那么梨园有哪些曲目呢？据《唐会要》卷三三记："太常梨园别教院，教法曲乐章等：《王昭君乐》一章，《思归乐》一章，《倾杯乐》一章，《破阵乐》一章，《圣明乐》一章，《五更转乐》一章，《玉树后庭花乐》一章，《泛龙舟乐》一章，《万岁长生乐》一章，《饮酒乐》一章，《斗百草乐》一章，

《云韶乐》一章，十二章。"①

除上述十二曲目外，属梨园教习或演奏之法曲还有：
《霓裳羽衣曲》、《大定乐》、②《赤白桃李花》、③《堂堂》、
《望瀛》、《献仙音》、《火凤》、《春莺啭》、《荔枝香》、④
《雨淋铃》、⑤《听龙吟》、《献天花》、《碧天雁》。⑥

另据宋乐史《杨太真外传》记："上尝梦十仙子，乃制
《紫云回》。"下注云："玄宗尝梦仙子十余辈，御卿云而下，
各执乐器，悬奏之。曲度清越，有仙府之音。有一仙人曰：

---

① 又宋代郭茂倩《乐府诗集》卷七九《近代曲辞序》云："凡燕乐
诸曲，始于武德、贞观，盛于开元、天宝。其著者十四调二百二
十二曲。又有梨园别教院法歌乐十一曲，云韶乐二十曲。"《梨园
考》认为："《乐府诗集》将云韶乐升为乐之类名，扩为二十曲，
应为文宗太和间所有。"
② 按此乐应属教坊杂曲，《旧唐书》卷二九《音乐志》说，此乐
"出自'破阵乐'"。故此法曲，梨园当亦演奏。
③ 元稹《法曲》诗云："明皇度曲多新态，宛转浸淫易沉著。赤白
桃李取花名，霓裳羽衣号天落。"《赤白桃李花》、《霓裳羽衣
曲》，为玄宗所制（或改制）法曲，自然为梨园弟子所传唱。
④ 《新唐书》卷二二《礼乐志》记："帝幸骊山，杨贵妃生日，命
小部（小部音声）张乐长生殿，因奏新曲，未有名，会南方进荔
枝，因名《荔枝香》。"
⑤ 《乐府杂录》记："《雨淋铃》者，唐明皇驾回至骆谷，闻雨淋銮
铃，因令张野狐撰为曲名。"
⑥ 按以上共二十五首法曲，大多可直接考出为梨园法曲，其余因均
为法曲，自然也为专习法曲之梨园弟子所习或传唱。此二十五首
法曲之渊源及考证，可参阅丘琼荪《法曲》一文，载《中华文史
论丛》第五辑。

此神仙紫云回，今传授陛下，为正始之音。上喜而传受。寝后，余响犹在。且，命玉笛习之，尽得其节奏也。"又记："并梦龙女，又制《凌波曲》。"（原注略）"二曲既成，遂赐宜春院及梨园弟子并诸王"。又《乐府杂录》得宝子条云："《得宝歌》，一曰《得宝子》，又曰《得鞡子》。明皇初纳太真妃，喜谓后宫曰：'朕得杨氏，如得至宝也'，遂制曲名《得宝子》。"同书还记有《还京乐》，云明皇自西蜀返，乐人张野狐所制。

此外，《杨太真外传》还记：玄宗自蜀返长安后，"复与妃侍者红桃在焉。歌《凉州》之词，贵妃所制也。上亲御玉笛，为之倚曲。曲罢相视，无不掩泣。"另元稹《何满子歌》诗记："何满能歌能宛转，天宝年中世称罕。婴刑系在囹圄间，水调哀音歌愤懑。梨园弟子奏玄宗，一唱承恩羁网缓。便将何满为曲名，御谱亲题乐府纂。"则《何满子》也当为梨园弟子所歌。

以上可考的共有三十一曲目，应皆为梨园曲目，仅为所有梨园曲目中一部分而已。

开元、天宝年间，对梨园建设与发展最有功绩者，也即是创始人，自然就是唐玄宗李隆基本人。史称其"既知音律，又酷爱法曲"，梨园弟子"声有误者"，"必觉而正之"。他擅长诸种乐器，尤精羯鼓、玉笛，且自度曲。唐南卓《羯鼓录》云："上洞晓音律，由之天纵，凡是丝管，必造其妙。若制作诸曲，随意而成，不立章度，取适短长，应指散声，皆中点拍。至于清浊变转，律吕呼召，君臣事物，迭相制使，虽古之夔旷不过也。"上述梨园曲目中的《霓裳羽衣曲》、《赤白桃李花》、《得宝子》、《紫云回》、《凌波曲》等，皆为玄宗所作或改作。

另一个对梨园有重大贡献的重要人物是杨玉环（贵妃）。自开元末，玄宗纳其入宫后，她即与梨园结下不解之缘。她与玄宗一样是音乐天才，"善击磬，拊搏之音泠泠然，多新声，虽太常、梨园之妓，莫能及之"。其余如琵琶、横笛皆精，"诸王、主、妃之姊妹，皆师妃，为琵琶弟子"。著名梨园弟子谢阿蛮即师于贵妃，并深得其宠爱。贵妃还善舞，最精霓裳羽衣、胡旋舞等。①

著名梨园弟子，可考的有：

马仙期　《太平御览》卷五八三引《明皇杂录》云："上素晓音律，时有马仙期、贺怀智洞知音律。"其最善方响。②

李龟年　关于其事迹，前多有提及。其人最擅长筚篥、羯鼓、玉笛等，并"以歌擅一时之名"，制《荔枝香》曲。《明皇杂录》下卷记："其后龟年流落江南，每遇良辰胜赏，为人歌数阕，座中闻之，莫不掩泣罢酒。则杜甫尝赠诗所谓：歧王宅里寻常见，崔九堂前几度闻；正值江南好风景，落花时节又逢君。"

---

① 《杨太真外传》上卷，《明皇杂录》等。
② 《杨太真外传》上卷，记：上与贵妃在清元小殿奏乐，"马仙期方响"。

李彭年、李鹤年 《明皇杂录》下卷记："唐开元中，乐工李龟年、彭年、鹤年兄弟三人，皆有才学盛名。彭年善舞，鹤年、龟年能歌，尤妙制'渭州'，特承顾遇。"按龟年为梨园弟子，其弟彭年、鹤年自然亦曾为梨园弟子。

张野狐 《明皇杂录》下卷云："时梨园弟子善吹筚篥者，张野狐第一"。此人曾作《雨淋铃》、《还京乐》等曲。又善箜篌，《杨太真外传》上卷，云其在清元小殿即弹箜篌。

贺怀智 《乐府杂录》琵琶条云："开元中有贺怀智，其乐器以石为槽，鹍鸡筋作弦，用铁拨弹之。"玄宗自蜀返京后，命进名"玉环"之琵琶，"俾乐工贺怀智取调之，又命禅定寺僧段师取弹之。"① 元稹《建昌宫词》也有"贺老琵琶定场屋"之句，足见其琵琶之妙。

雷海清 其为梨园弟子中著名者，善琵琶。前引《明皇杂录》云其被安禄山残酷肢解。故多为后世所钦仰，有称其为"田相公"，为梨园所供奉。②

谢阿蛮 《明皇杂录补遗》记："新丰（今陕西临潼新丰市）有女伶曰谢阿蛮，善舞'凌波曲'，常入宫中，杨贵妃遇之甚厚，亦游于国忠及诸姨宅。上至华清宫，复令召焉。舞罢，阿蛮因出金粟装臂环，云：'此贵妃所与。'上

---

① 《次柳氏旧闻》，见《开元天宝遗事十种》第7页。
② 任半塘：《唐戏弄》，上海古籍出版社1984年版，第1150—1151页。

持之出涕，左右莫不呜咽。"前引郑嵎《津阳门诗》中也提到"蛮儿舞带金葳蕤"。下原注："迎娘、蛮儿乃梨园弟子之名闻者。"

迎娘 上引《津阳门诗》有"迎娘歌喉玉宛窈"句，其为梨园弟子名闻者。

胡雏 《新唐书》卷一三〇《崔隐甫传》记："梨园弟子胡雏善笛，有宠。"

潘大同 陈鸿祖《东城老父传》记：贾昌曾娶梨园弟子潘大同女。大同善歌，其女也擅歌舞。

念奴 元稹《建昌宫词》云："力士传呼觅念奴，念奴潜伴诸郎宿。须臾觅得又连催，特敕街中许然烛。春娇满眼睡红绡，掠削云鬟旋装束。飞上九天歌一声，二十五郎吹管逐。"下注云："念奴，天宝中名倡，善歌……然而明皇不欲夺侠游之盛，未尝置在宫禁。或岁幸汤泉，时巡东洛，有司潜遣从行而已。"则念奴可以说是不在籍之梨园弟子。

又王仁裕撰《开元天宝遗事》上卷亦说："念奴者，有姿色，善歌唱，未常一日离帝左右，每执板当席顾眄，帝谓妃子曰：'此女妖丽，眼色媚人。'每啭歌喉，则声出于朝霞之上，虽钟笙竽嘈杂而莫能遏。"

其实，与念奴齐名之盛唐歌唱家，还有一位名许和子者。其选入宫后，"以永新名之籍于宜春院"，① 属教坊系

---

① 《乐府杂录》歌条。

统，故不将其列入梨园弟子之内。其余如盛唐著名剑器舞蹈家公孙大娘，不离玄宗左右的滑稽艺人（弄臣）黄幡绰等，不见史籍名言其为梨园弟子，故暂不将他们列入梨园弟子之中。

图三　唐梨园文化艺术陈列馆（该馆提供）

（原载于《西北大学史学丛刊》第 1 集，三秦出版社 1998 年版）

五代冯晖墓出土文物考释

　　1992 年 4—11 月，陕西文物考古工作者在陕西彬县西南约 21 公里的底店乡前家嘴村南 1 公里处的冯家沟山林，发掘和清理了五代时冯晖墓。此墓虽曾两次被盗掘，但仍保留有部分极为珍贵的文物。2001 年 9 月重庆出版社出版了由咸阳市文物考古所编著的《五代冯晖墓》发掘报告（下简称《报告》），对发掘过程、墓葬形制、墓内彩绘浮雕砖与壁画、出土器物（包括墓志）以及一些研究、考释的结语，均作了较为完整的论述。在此《报告》出版之前，也发表有几篇关于冯晖墓出土瓷器及彩绘浮雕砖与壁画的论文，① 可是《报告》出版之后，却未再见有关于冯晖及其墓葬出土文物的研究论著。

冯晖墓的发掘及出土文物，对于研究五代历史、考古、艺术及民族关系均具有重要的学术价值。特别是墓甬道东西壁的两排壁画、彩绘浮雕砖和出土墓志，更是引人注目，其内涵之丰富、史料及艺术价值之高，在五代历史和考古上均占有重要的一页。下面拟在以前研究成果及发掘报告的基础上，对上述出土文物作进一步的考释。

一、冯晖与冯氏家族

据《发掘报告》，冯晖墓志及志盖分别出土于墓室西南和东南两角，可能已经盗墓者扰乱。志、盖均沙石质，"志石，近正方形，边长95厘米、宽93厘米、厚23厘米。志文楷体47行，满行47字，共2010字"。首行题"周朔方军节度使中书令卫王故冯公墓志铭"，二行下部题为"朔方军

---

① 杨忠敏、阎可行：《陕西彬县五代冯晖墓彩绘砖雕》，《文物》1994年第11期；罗丰：《五代后周冯晖墓出土彩绘乐舞砖雕考》，《考古与文物》1998年第6期，后收入作者论文集《胡汉之间——"丝绸之路"与西北历史考古》，文物出版社2004年版，第299—325页，内容未改；杜文：《五代冯晖墓出土耀州窑青瓷及其断代价值》，《收藏界》2007年第2期。

节度掌书记朝议郎试大理司直兼监察御史赐绯鱼袋刘应撰"。①（图一）

图一　冯晖墓志铭拓片（采自《报告》第53页）

　　墓志铭正文从第二行下部开始，为墓主人生平事迹。②内记："王讳晖，字广照，邺都高唐人也。"《报告》释此云："《旧五代史》、《新五代史》及《资治通鉴》等均载冯

----

① 咸阳市文物考古所编著：《五代冯晖墓》（下简称《报告》，重庆出版社2001年年版），第52—53页，对墓志、盖有详细记述，可参见。又志盖面无文字，与隋唐以来出土墓志盖面正中有篆书稍异。
② 录文参照《报告》录文（第62—64页）及图五十：墓志拓片（第53页）。

晖为'魏州人','广顺三年卒',显于墓志不合,当以墓志为准。"此说不够确切。按,《旧五代史》卷一二五、《新五代史》卷四九的《冯晖传》及《资治通鉴》卷二七七后唐明宗长兴元年十一月条中,记冯晖"魏州人也";《宋史》卷二五三《冯继业（冯晖子）传》,又记其为"大名人"。其实,魏州、大名与墓志所记之邺都均指不同时期的同一地区,以上诸书记载均正确。魏州系唐至五代后唐时州名,治今河北大名。后唐庄宗同光元年（923年）即位于魏州,改升魏州为东京兴唐府。三年（925年）庄宗诏:"宜依旧以洛京为东都,魏州改为邺都,与北都并为次府。"① 直到后唐明宗天成四年（929年）罢邺都,"仍旧为魏府（州）"。② 但到后晋天福二年（937年）,高祖又改魏州为广晋府,三年复改为邺都。③ 直到后汉乾佑元年（948年）,改邺都为大名府。④ 因诸书所记,从后唐以来直到五代末,魏州、邺都、大名府治所皆在今河北大名,所辖地区大致相同。墓志云晖为"邺都高唐人",则证明五代时的魏州,包括后改制的兴唐府（东京）、邺都、广晋府等,所管辖范围有所扩大,东边唐代属博州的高唐(今山东高唐)也在其中。

至于冯晖之卒年,仅新、旧《五代史》的《冯晖传》

---

① 《旧五代史》卷三〇《庄宗纪四》;卷三二《庄宗纪六》。

② 《旧五代史》卷四〇《明宗纪六》。

③ 《资治通鉴》卷二八一,后晋高祖天福三年十一月条及胡三省注。

④ 《旧五代史》卷一〇一《隐帝起上》。

记为"广顺三年卒",或"广顺三年夏,病卒,年六十"。
《旧五代史》卷一一二《周太祖纪三》、《资治通鉴》卷二
九〇后周太祖广顺二年六月条均记,晖卒于广顺二年六月
(两者相差两日),而墓志云"壬子年(即广顺二年,952
年)五月二十五日薨于公署,享寿五十九矣"。两者相差不
到一月,盖因奏报迟到数日,"辍朝一日"之故。如此,冯
晖当生于唐昭宗乾宁元年(894年),卒于广顺二年五月。

有意思的是,冯晖籍贯虽是"魏州人",但其可能原为
西域胡人。据《杨文公谈苑》记:"冯晖为灵武节度使,有
威名,羌戎畏胡,号麻胡,以其面有黯子也。"① 即号"麻
胡",也有可能为汉化厉害之西域胡人。五代时,今河北一
带汉化之西域胡人甚多,中亚康国胡人康福就曾任过灵武节
度使。②

墓志接着记:"瑞叶狻猊,祥臻鸳鹭,葆盖显龆年之
异,龙泉彰弱冠之奇。运偶搏牛,可斗(《报告》误为
"间")蒙轮之勇;时逢探虎,堪争拔距之强;夹九曲以传
名,为十八塞行首。"此段《报告》标点有误。③ 按此段意
为晖出生时有狮子(狻猊)、凤凰(鸳鹭)等瑞祥吉相出
现,在华盖下的龆年时(指童年)和山水间的弱冠时(少

---

① 宋黄鉴录:《杨文公谈苑》"麻胡"条,明刻《宋人百家小说》
　本,第3页。
② 《旧五代史》卷九一《康福传》。
③ 《报告》第62页,《附冯晖墓志铭》。

年），有异相和不同于常人的出奇之处，有搏牛、探虎之勇敢和强力。后从军勇猛而闻名，任"十八寨行首"（首领或队长）。关于晖成年最初的情况，新、旧《五代史》的《冯晖传》记载更为翔实，不似墓志撰者多为溢美之词。《旧五代史·冯晖传》记：晖"始为劲节军士，拳勇骑射，行伍惮之。初事杨师厚为队长……"《新五代史·冯晖传》则云"为劲节军卒，以功迁队长"。杨师厚（《旧五代史》卷二二有传）系后梁天雄节度使兼中书令，梁开平五年（911 年）曾领军屯魏州，与晋王争战，冯晖投杨师厚为队长，当于此时前后，时年十八岁。

墓志第四行下接着记："佐累朝而用命，经千百阵立功，权舆也。频绾军戎，累更郡枚，长蛇散而亏七纵，猛虎去而顺六条。"此段概述后唐长兴元年之前，冯晖反侧于后梁与后唐之间，及后转战各地，历任各州刺史的情况。《旧五代史·冯晖传》记述较详："唐庄宗入魏，（晖）以银枪劲节为亲军，与梁人对垒河（漳河）上，晖以犒给稍薄，因衅入南军（即后梁军），梁将王彦章置之麾下。庄宗平河南，晖首罪，赦之。从明宗征潞州，诛杨立有功。又从魏王继岌伐蜀，蜀平，授夔州刺史。时荆州高季兴叛，以兵攻其城，晖拒之，屡败荆军。长兴中，为兴州刺史，以乾渠为治所。会两川叛，蜀人来侵，晖以众寡不敌，奔归凤翔，朝廷怒其失守，诏于同州衙职安置。"下面依据上述资料，参以《新五代史·冯晖传》、《资治通鉴》等，将晖长兴元年前情况简述如下：

梁开平五年前后，冯晖降后梁杨师厚为队长。

后唐庄宗同光元年（923年），晋王李存勖取魏州，冯晖以银枪劲节投已建后唐之庄宗（即晋王）为亲军，与后梁军对垒漳河上，因犒赏薄，又转投后梁，在梁将王彦章麾下效力。十月，王彦章兵败被擒，后梁亡。晖首罪，庄宗赦之。

同光二年，晖从天平节度使李嗣源（后唐明宗）攻反叛的杨立于潞州（治今山西长治），杀之。此役晖有功。

同光三年九月，从后唐魏王继岌率诸军伐蜀，蜀平。

后唐明宗天成元年（926年）四月，庄宗被杀，明宗（李嗣源）即位。荆州节度使（治今湖北江陵）、南平王高季兴复请以夔州（治今重庆奉节）、峡州（治今湖北宜昌）为属郡，后唐匆派此两州刺史。其中，冯晖即被任为夔州刺史。后高季兴遣军攻夔、峡等州，晖力拒之。①

后唐明宗长兴元年（930年）初，晖改任兴州刺史（治今陕西略阳）。时两川（西川、东川）节度董璋、孟知祥反，攻阆州（治今四川阆中）、利州（治今四川广元）、兴州等地。晖不能守，败奔凤翔，免官。但据《旧五代史》卷四一《明宗纪七》及《资治通鉴》卷二七七，后唐长兴元年十一月记，晖为"泸州刺史"（治今四川泸州），则此年十一月，后唐明宗以天雄军节度使石敬瑭（晋高祖）率

———————————

① 《旧五代史》卷一三三《高季兴传》。

诸军讨董璋、孟知祥，内有"泸州刺史冯晖"，可能即于此复起用晖，任其为已为孟知祥等据有之泸州刺史之虚衔。

上述的事实，正如墓志所云："佐累朝（后梁，后唐庄宗、明宗朝）而用命"；"经千百阵"，"频绾军戎"；"累更郡枚（牧）"，先后任夔州、兴州、泸州刺史；去其军戎之事，又"顺六条"（汉代设刺史，以"六条"问事）。

墓志第五行下接着较详细记载了后唐长兴元年十一月泸州刺史冯晖从石敬瑭所率诸军讨两川事，内云："洎朝廷问罪西蜀，王为大军先锋，独运奇谟，取小剑路入，偷下剑门关（《旧五代史·冯晖传》作'蜀人守剑门，领部下兵逾越险阻，从他道出于剑门之左掩击之，杀守兵殆尽'）。其时迥振声名，威推绩劝。迄后，南越波涛之路，北穿砂碛之程，备历辛勤，尝经险阻，职列从微而至著，行藏自下以升。"

关于长兴元年十一月，冯晖从石敬瑭讨两川事，上引《旧五代史》卷四一《明宗纪七》记载较确："今月十三日，阶州刺史王弘贽、泸州刺史冯晖，自利州取山路出剑门关外倒下，杀败董璋守关兵士三千人，收复剑州。"此役非冯一人之功劳，但以其为主，功最多，故如墓志所云，声名大振，官职逐渐高升，职位"从微而至著"，"行藏（指行止仪仗）自下以升"。

在新、旧《五代史》的《冯晖传》等史籍中有一些具体的事实。《旧五代史》本传云："会高祖（石敬瑭）班师，朝廷以晖为澶州刺史（治今河南濮城）。晋天福初，范延光据邺叛，以晖为马步都将，孙锐为监军，自六明镇渡河，将袭滑台，寻为官军所败，晖退归邺，为延光守城。明年秋，晖因出战而降，授滑州节度使、检校太傅。"即是说，冯晖自任澶州刺史，一直到石敬瑭建后晋初的七年间，均未升迁。直到后晋天福二年（937年），后晋天雄节度使兼中书令范延光率其所巡内刺史（即贝、博、卫、澶、相五州刺史）反叛后晋，以澶州刺史冯晖为马步都将（《资治通鉴》作"都部署"），率步骑二万循河西抵黎阳口（在今河北大名西南），再至六明镇（在今河南滑台北），为后晋杨光远军在其渡河时击溃，冯晖退还邺都。① 三年（938年）秋七月，"杨光远奏前澶州刺史冯晖自广晋（即邺都）城中出战，因来降……己丑，以晖为义成节度使（即滑州节度使，治今河南滑台）。"② 这正如墓志所云："南越波涛之路（指率军渡河），北穿砂碛之程，备历辛勤。"其职由刺史，跃升为节镇。

又正如墓志第六行下所云："晋天福戊戌岁（天福三年），白麻加光禄大夫、检校太保，授滑州节度使。守镇无渝，廉平有素政，塞民众之口，声腾大国之衢。"（《报告》

① 《资治通鉴》卷一八一，后晋天福二年六月、七月条。
② 《资治通鉴》卷一八一，后晋天福三年七月条；又见《旧五代史》卷七七《晋高祖纪三》，内还记有"检校太保"衔。

最后一句标点有误）白麻，指唐宋时朝廷制书，因用白麻纸书写，故称"白麻"。内云所加之"光禄大夫、检校太保"，前者可补史之阙，后者与《旧五代史》卷七七《晋高祖纪三》记为"检校太保"同，证明上引《旧五代史·冯晖传》作"检校太傅"误。

墓志以下记长兴四年（己亥，939 年）以后，冯晖两度任朔方军节度使，直至后周广顺二年卒于任内的情况，是其一生最重要的事迹。关于此，下面将专门探讨。

其实，墓志重要的价值还在其卒后，所记其家族的情况。志文第二十二行下云："壬子年（即周广顺二年）五月二十五日薨于公署，享年五十九矣。癸丑（广顺三年）夏末，赠卫王。呜呼叙实，翠岳倾而神伤；哽咽言真，骊珠碎而曰惨。"关于冯晖卒年的讨论见上述，其卒后封赠"卫王"，是在广顺三年，而非《五代会要》卷一一《封建》所云之广顺"二年六月"（见《报告》第 57 页）。后四六句，表示哀痛之情。

墓志第二十三行下接记（为便于阅读，眉目清楚，适当分段录之）：

> 王中山郡夫人王氏，男孟曰继勋，癸丑年（广顺三年）沽洗月（三月）亡，朔方节度衙内都部署使、金紫光禄大夫、检校司徒、荣州刺史、左散骑常侍，同时陪葬。男美，银青光禄大夫、检校

太子宾客。仲曰继朗，丁未年（后汉天福十二年，947年）三月二十五日亡，朔方军节院使、银青光禄大夫、检校工部尚书，同时陪葬。季曰继玉，癸丑年夷则月（七月）亡，朔方军节院使、银青光禄大夫、检校左散骑常待，同时陪葬。男丑儿。次曰继洪，乙卯年（周显德二年，955年）七月廿八日亡，摄朔方军节度推官，同时陪葬。次曰继昭，朔方军子城使、银青光禄大夫、检校国子祭酒。长女师姑儿，出家，癸卯年（943年）十月十四日亡，同时陪葬。次曰三姐，未适他门。次曰舍慈，出家，证惠大师。

夫人杜氏，癸卯年七月十三日殒，同时祔葬。男继远，朔方军衙内都部署使、银青光禄大夫、检校刑部尚书。女惠明，出家，宝懿大师。

夫人马氏，无子。

王阿姊，适王氏，男令丰，朔方军左马步都虞侯、银青光禄大夫、检校太子宾客兼侍御史、飞骑尉。

堂弟延塞，行灵州左司马、银青光禄大夫、检校太子宾客兼侍御史。

室家增庆，世禄推贤，常敦举案之谦，每切过庭之训。同牢固禀，合卺弥彰，腾润色于仑堂（冈），铄精光于丽流。兰芳露殒，桂茂霜凋，俄倾半岳之峯，适堕中河之日。

王南阳郡夫人贾氏，显德四年丁巳（957 年）八月十五日倾逝于灵州官舍，享年五十二焉，同时祔葬。男拎休（即继业），西陲袭庆，南阳孕灵，类董卓之仪形，爰谢玄之器度；经纶有智，通变多机，匪膺间代之才，曷处超伦之事。推诚翊戴功臣，朔方军节度，灵、环等州观察、处置、管内营田、押蕃落、度支、温池榷税等使，金紫光禄大夫，检校太傅，兼御史大夫、上柱国、陈留县开国男，食邑三百户。长女大姐。次女二姐。次男说，银青光禄大夫、检校太子宾客。次女丑姐。次女迎弟。

太傅以父母及诸骨肉封树纪迹，志铭流芳，俾陵谷变而长标，使天地恒而不泯，显德五年（958 年）日卜葬于邠州新平县临泾乡禄堡村。爰取龟谋之吉，仍观马鬣之宜，桐阃冀就于玄扃，玉匣将臻于夜壑，应沓承旨，顾敢怠搜罗，旌列绩于繁文，载鸿猷于翠琰，怀兹罔极，厥勒铭焉。其铭曰（下略）

上引墓志文，详细记述了冯晖家族成员的亲属关系、职衔、死亡日期，是唐五代以来出土墓志中较为少见的例子。从《报告》冯氏家族子、侄、外甥等任朔方军节度的各种官职的分析，得出冯氏家族已成为"以血缘关系为主体的独立藩镇"，与五代大多数藩镇的情况相似。其次，《报告》据《宋史》卷二五三《冯继业传》及《资治通鉴》卷二九〇周广顺二年六月记，冯晖卒，"其子牙内都虞候继业杀其兄继勋，自知军府事"的记载，认为墓志撰者隐瞒了继业杀兄而立的事实，有意将其兄继勋、继玉死期改为晖卒后一年的广顺三年，暗示二人死非正常。其四兄继洪死于显德二年，也有可能非正常死亡。并举例证明五代藩镇内部，为夺取权力，兄弟相残、子弑父叔的情况累有发生。以上论述均正确，不再赘述。仅有以下几点补正：

1. 《报告》据《宋史·冯继业传》辨析了继业杀兄，自为留后，是在"晖疾"之时，而非晖卒之后，是正确的。继业，《宋史》本传云其"字继宗"，而墓志却名之为"拎休"，此为其别名耶？殊不可解。《宋史》本传又记其"幼敏慧，有度量，以父任补朔方军节院使，随父历邠、孟，及再领朔方，皆补牙职"。"朔方军节院使"一职，与"墓志"记其兄继朗、继玉职同。而上引《资治通鉴》记冯晖卒之前，继业任"牙内都虞候"（《旧五代史·冯晖传》作"朔方衙内都虞候"），此可能为前后任职的不同。值得注意的是上述文献所记继业"皆补牙职"及"牙内都虞候"，即掌握朔方军节度内之"牙兵"，握有军权，故其杀兄政变得以实现。

又继业正式继其父被任为"朔方军节度，灵、环等州观察、处置、管内营田、押蕃落、度支、温池榷税等使"
是在北周显德元年（954年）正月。①《旧五代史·冯晖传》
记继业为留后，"因检校太保"误,应如墓志云"检校太傅"。

《宋史·冯继业传》还记继业为朔方节度使后事，云
"恭帝时（960—961年），继业既杀兄代父领镇，颇骄恣，
时出兵劫略羌夷（主要是党项），羌夷不附，又抚士卒少
恩，继业虑其为变，以太祖（赵匡胤）居镇日尝得给事，
乃豫徙其孥阙下。建隆初（960年），来朝，连以驼马、宝
器为献。开宝二年（969年）赐诏奖谕，拜静难军节度使
（即邠州节度使）。三年，改镇定国军，吏民立碑颂其遗爱。
太平兴国初来朝，封梁国公，留京师。明年（978年），卒，
年五十一，赠侍中。"文中云，继业因"羌戎不附，谋迁内
地"之外，可能与其杀兄代父领镇的阴影，属下、亲属不
服，也有关系。其迁镇及任职，《旧五代史·冯晖传》记为
"皇朝乾德（963—968年）中，移于内地，今为同州节度
使"。乾德中与开宝二年相差数年，可能是议迁与实迁相差
的原故，其先迁为"静难军节度使"，此地为其父兄等的茔
地；后可能又迁任"定国军"（即武胜节度使，治今湖北邓
县）、"同州节度使"（治今陕西大荔）。直到北宋太平兴国
初留京师，次年卒。此后，关于冯氏家族的情况，再不见于
史籍。

———————

① 《资治通鉴》卷二九一，后周显德元年正月条。

2. 墓志记述冯晖正夫人中山郡夫人王氏，生有五男和三女。长女师姑儿，出家，先于冯晖卒于癸卯年；次女三姐，未嫁；三女舍慈，出家，法号证惠大师。夫人杜氏生有一男一女。女惠明，出家，号宝懿大师。夫人贾氏，与正夫人王氏一样，有"郡夫人"的名号，此可能为其子继业杀兄为留后之后的封号；其有女四人，均未出家。因此，除正夫王氏长女早年出家以外，其余一女未嫁，一女出家；夫人杜氏一女出家，可能均与继业杀兄继勋一事有关，即作为继勋之亲妹、堂妹为避祸，或看破红尘而出家。

3. 墓志记："太傅（继业）以父母及诸骨肉封树纪迹……显德五年（958年）日卜葬于邠州新平县临泾乡禄堡村。"即是说，继业杀兄代父领镇后，过了6年，于显德五年卜葬于邠州。此中原因，有如《报告》所说"当与冯继业政变、巩固地位有关"外，也与他杀兄自称留后之后，遭到其兄同母弟继玉、堂弟继洪等的反对，不能及时卜葬其父有关。后继玉、继洪先后被杀后，继业才掌握了权力，又时逢其生母贾氏于显德四年卒，故其于显德五年才卜葬其父母及诸骨肉。

这里还有一个问题，即为何继业不就近于灵州或其附近而选择较远之邠州葬其父母及诸骨肉？原因主要是五代时朔方军节度使所辖地区，是五代诸政权西面的边地，也是少数民族聚居之地，内地政权的使臣、粮饷运至灵州，也多派军护送，葬于该地区不够安全。其次，邠州与灵州邻近，且为五代从内地至灵州所经之地。冯晖也曾任过邠州节度使（静难军节度使），故继业选择此地为其家族茔地。墓志称冯晖等葬地在"邠州新平县临泾乡禄堡村"，应即发掘的晖墓所在之彬县底店乡前家嘴村。可见五代时，远在今陕西彬县地区的县、乡、村的地方行政组织还是较为健全的。

二、朔方军节度使冯晖事迹考索

墓志在记述天福三年冯晖任滑州节度使后，接着云："己亥（天福四年，939 年）春，灵武、清河太尉事，故千门疊（《报告》作"迭"误）起，一境灾缠，深边染患以思医，圣主开坛而择将。当时制命，改转功臣兼加食邑，除灵武节度使。"后晋天福四年正月，时任朔方军节度使的张希崇（有"太尉"衔）卒，朔方境内"羌胡（主要是党项诸部）寇钞，无复畏惮"，① 急需派任新节度使，因此，朝廷才任命"强暴之名，闻于遐徼"的冯晖任灵武节度使。"②

灵武节度使，又称灵州节度使、朔方节度使、朔方军节度使，治灵武（今宁夏吴忠西），其初建于唐开元九年十

———————————

① 《资治通鉴》卷二八二，后晋天福四年正月条；《旧五代史》卷一二五《冯晖传》。

② 《旧五代史》卷一二五《冯晖传》。

月，是唐代北御突厥、回纥，西防羌戎，拱卫京畿之重镇。① 唐末，藩镇割据，灵州为原灵武列校韩逊所据，逊自称朔方节度使。梁贞明初（约915年）韩逊卒，其子韩洙继任为灵武节度使，五代后梁、后唐累加其官爵。直到后唐天成四年（929年），韩洙卒，后唐明宗以其弟韩澄为朔方军节度观察留后。时灵州有列校李宾（一作李匡宾）聚众作乱，韩澄不能平。于是韩澄在同年十月遣使赍绢表乞朝廷命帅，后唐明宗即以原磁州刺史康福充朔方、河西等军节度，灵、威（治方渠，今甘肃环县）、雄、警、凉等州观察处置、度支、温池（一作"盐池"）榷税等使。② 此为内地政权再次遣派节度使管辖朔方的开始。此后，康福（后唐天成四年至长兴三年在任内）、张从宾（长兴末任职）、③张希崇（长兴四年至清泰三年在任内，后晋天福元年至四年第二次复任）先后任朔方节度使。天福四年张希崇卒，朝廷任冯晖朔方节度使。

墓志第九行下接着记："王之到任也，沉机护塞，设法苏民，来万里之梯航，服四郊之种落。俄更五稔，斗变一方。天福有六辛丑岁（941年），恩命改功臣，加检校太傅，

---

① 李鸿宾：《唐朝朔方军研究》，吉林人民出版社2000年版，第101—104页。

② 《新五代史》卷四六《康福传》；《资治通鉴》卷二七六，后唐天成四年十月条。

③ 《旧五代史》卷九七《张从宾传》。

播美勤王，垂休莅职，动宸岩之企望，集庶俗以攀留。"据史籍载，冯晖上任后，很快就解决了灵州存在的两大问题：

一是灵州自后唐开成四年为内地政权直接管辖以来，"市马籴粟，招来部族，给赐军士，岁用度支钱六千万。自关以西，转输供给，民不堪役，而流亡甚众"。冯晖在安定境内秩序之后，"广屯田以省转饷，治仓库、亭馆千余区，多出俸钱，民不加赋，管内大治"。① 又"天福中，官吏言：朔方军自康福、张从宾、张希崇相承三正市马和入籴蕃客赏赐、军州俸禄、供军戎仗，三司岁支钱六千万。自晖镇临已来，皆以己物供用"。② 此即志所谓的"沉机护塞，设法苏民"。而墓志所云"俄更五稔，斗变一方"，是说其任职五年，境内大治。

二是灵武境内蕃部众多，特别是青冈、土桥子之间的西路党项诸部，剽掠贡使、商旅，贡使、商旅行此必以兵护送，严重地阻碍了中西方陆路交通。冯晖采取对诸党项部"推以恩信"的政策，"部族怀惠，止息侵夺"，③ "自是人不带剑，道不拾遗，境无寇盗，市无游惰，狱无枉挠，吏无缁畫，四民道释，威得其所。"④ 史文虽不免夸饰，但辖境安定小康是无疑的。他采取的具体办法是，乘党项诸部最强

① 《新五代史》卷四九《冯晖传》。
② 《册府元龟》卷四八五，"邦计部·济军、输财"条。
③ 《新五代史》卷四九《冯晖传》。
④ 《册府元龟》卷六七七，"牧守部·能政"条。

大的酋长拓拔彦超至灵州来谒，留之不遣，起第城中，赐予丰厚。彦超既留，于是党项诸族不敢抄暴于外，争以羊马为市易，"期年，有马五千匹"。① 于是从关中长安，经庆州、方渠（今甘肃环县）、青冈（青刚川）入旱海，再经耀德，至灵州，再由灵州至河西，这条中西方陆路通道较为畅通。② 此即墓志所云"来万里之梯航，服四郊之种落"。

正因为如此，后晋朝廷于天福六年加其检校太傅，多褒美之。

墓志第十行下云："晋少主开运乙巳（开运二年，945年）抄秋，麻制加特进、检校太尉，移镇邠州节度使，离边也，制置极多，积粮草一百万。赴任也，贡献不少，进驼马五六千，并人马衣甲器械全。末几，诏衔新平，入统禁旅，侍卫步军都指挥使、北面行营先锋、马步军都指挥使。雄藩恋德，凤阙钦风，扬李枚（牧）之佳声，振赵奢之美誉。丙午（开运三年）中春，降麻加开国公，移镇河阳节度使。"

开运二年秋，后晋朝廷在白麻加封冯晖"特进、检校太尉"的同时，将其移镇"新平"，即邠州节度使（又称静难军节度使，治新平，今陕西彬县）。据史载，朝廷之所以采取这一措施，是因冯晖在灵武任内"马多而得夷心"，惧

---

① 《新五代史》卷四九《冯晖传》。
② 拙著《五代时期的丝绸之路》，《文博》1991 年第 1 期。

其后坐大为患，故将其调任邠州节度使，未上任，又除陕州节度使（保义节度使），接着又召为"侍卫步兵都指挥使，领河阳节度使（治今河南洛阳）"。墓志可补正，晖入统禁旅时还有"北面行营先锋、马步军都指挥使"衔，以及移镇河阳，是在开运三年春，并加封开国公事。墓志还补充上述晖在朔方任内的业绩："积粮草一百万"，"赴任也，贡献不少，进驼马五六千，并人马衣甲器械全"，还将晖比为战国时名将李枚（"枚"为"牧"之误）、赵奢，而加以赞誉。

墓志第十三行下又记："军权正系，藩翰方临，民严化理之条，士肃清通之令。其年琅琊太傅在朔方不谐蕃汉事，有失军民情，玉石俄焚，烟尘骤起，遽见飞章告急。朝野佥曰能安彼俗者，非王不才，敕可再授朔方军节度使。"冯晖从灵武移镇后，后晋朝廷以王令温（即墓志所记"琅琊太傅"，时领彰武节度使）为朔方军节度使，王令温在任内"不存抚羌戎，以中国法绳之，羌胡怨怒"。原为冯晖留于灵州城内的党项大酋拓拔彦超和石存、也厮褒二族联合，攻围灵州，杀令温弟令周。令温上表告急。① 此即墓志所云"不谐蕃汉事，有失军民情，玉石俄焚，烟尘骤起，遽见飞章告急"。

此时领河阳节度使冯晖，知朝廷原忌其强大，调离灵

---

① 《资治通鉴》卷二八五，后晋开运三年二月条。

武，故后悔莫及，并希冀再次出镇灵武。为此，他厚赂权臣冯玉、李彦韬，适逢灵州令温告急，于是后晋遂于开运三年（946年）六月复以冯晖为朔方节度使，领关西兵赴任，又以威州（即方渠，天福四年升为威州）刺史药元福为行营马步军都指挥使，为晖裨将，共赴任灵武。① 墓志仅记，朝野举荐晖复镇灵武，而隐去了上述事实。《新五代史·冯晖传》记晖为再镇灵武，曾上表自请，甚至"愿得自募兵以为卫"，"乃募得兵千余人"云云。

墓志第十五行下叙述晖再次出任朔方节度使途中之景况："偏师总领，十道齐征，潼关出而意气高，玉塞趋而山河迥。仲秋中旬十有三日，蓦青崿之险路，破玄化之狂戎，煞破万余人，血流数十里，承胜王沓届于庭焉。"史籍记其赴任途中情况，有更为详细的叙述：开运三年八月，冯晖等一行从威州，经青冈峡（即墓志所记之"青崿"，地在今甘肃环县北与宁夏接界处）至灵州，经七百里"旱海"。② 当他们刚过旱海抵辉德（在灵州南）时，糇粮已尽。党项大酋拓拔彦超等数万，"布三阵，扼要路，据水泉，以待晖

---

① 《资治通鉴》卷二八五，后晋开运三年二月条；《旧五代史·冯晖传》等。

② 按，《资治通鉴》卷二八五胡注云："赵珣《聚米图经》曰：盐、夏、清远军（在青冈峡西）间，并系沙碛，俗谓之旱海。自环州（即威州）出青刚川，本灵州大路。自此过美利寨，渐入平夏，经旱海中，难得水泉。至耀德清边镇入灵州。"此为方渠至灵州的大道。

军"。冯晖遂遣使贿彦超求和，彦超许之，但不退兵。药元福对晖说："彼知我军饥渴，邀我于险，既许和解而日中未决，此岂可信哉？欲困我耳。迁延至暮，则吾党成禽也。"冯晖惊问："奈何？"元福说："彼虽众而精兵绝少，依西山为阵者是也，余不足患。元福请以麾下骑先击西山兵，公但严阵不动，俟敌少却，当举黄旗为号，旗举则合势进击，败之必也。"晖从其策，果然大败彦超，得以进入灵州。①

冯晖抵灵州后，墓志第十六行下接着云："孤城解难，众庶咸安，乡村励其耕农，堡障回其戍守。丁未（后汉天福十二年，947 年），直纶恩加检校太师。边庭肃静，寰海沸腾，弥坚奉国之心，固守全家之节。戊申岁（乾佑元年，948 年）夏初，汉高祖加同中书门下平章事，功勋转重，问望潜隆，昴（《报告》作'昂'误）星更耀于台星，鹤塞恒清于雁塞。其年季冬，加兼侍中，戴蝉冠而道亚，栖虎帐以名高，达识彀中，沈谟术内。乾佑二年（949 年）己酉，汉少主加兼中书令，洪蒙德重，犹龙誉振于九围；激滟池深，浴凤光凝于五色。广顺元年辛亥，周高祖降册备礼封王，加推诚奉义同德翊载功臣，开府仪同三司、检校太师、兼中书令、陈留郡王，食邑七千五百户，食实封一千五百

---

① 《资治通鉴》卷二八五，后晋开运三年八月条；《宋史》卷二五四《药元福传》等。

户。七元阃败，三盗明侵，既蒲柳以难任，且金玉而何守……"① 以上较详细记述了冯晖复任朔方军节度之后，后汉、后周朝廷赐其官爵名号，与史籍相合，且多有补充，不赘述。唯乾佑元年后汉高祖刘知远加其为"同中书门下平章事"（《旧五代史·冯晖传》亦有记载）一职，此乃唐代以来宰相之名，故民间传彬县冯晖墓是"冯宰相"之墓，当有所据。

冯晖两次任朔方军节度使，史称其前后"抚绥边部，凡十余年，恩信大著"。② 在五代，内地割据，战乱频仍，时处于西北的灵州一带，在冯晖任节度使期间，境内大治，社会安定，是十分难得的。其次，唐末五代灵州、庆州（治今甘肃庆阳）一带是党项诸部（史称为"西部党项"）聚居之地，因此如何处理和管辖党项诸部，维护内地政权与河西、西域的交通，是任朔方节度使的重要职责和维护境内安定的首要条件。冯晖能较好处理好与党项诸部的关系，故其能取得上述的政绩。相反，王令温及晖子继业在朔方节度使任内，未能处理好与党项诸部的关系，其结果只有离任。③

---

① 墓志下接上节记晖卒事引文。
② 《新五代史》卷四九《冯晖传》。
③ 关于五代时历任朔方节度使与其境内党项诸部的关系，参见拙著《唐代党项》，广西师范大学出版社 2006 年再版本，第 119—132 页。

三、甬道壁画、彩绘砖乐舞图像考

冯晖墓甬道东、西壁是壁画与彩绘相结合的两组乐舞图像，发掘《报告》有详细的描绘和附图。在此之前有杨忠敏、阎可行撰《陕西彬县五代冯晖墓彩绘砖雕》（《文物》1994 年 11 期）；罗丰撰《五代后周冯晖墓出土彩绘乐舞砖雕考》（《考古与文物》1998 年 6 期，下简称"罗文"），对甬道东、西壁的两副乐舞图像有所研究和考释。特别是罗丰所撰文，对乐舞人物服饰、乐器及类别，作了详细、深入的考释，提出了一些新的、精辟的见解，且多为以后发掘《报告》所吸取。但是，仍有一些问题值得进一步讨论。下面拟在罗文和《报告》的基础上，作进一步的探讨和补正。

1. 关于东、西甬道乐伎所弹奏的乐器，罗文与《报告》分别考释如下：

罗文：东壁（从北向南排）舞者之后，男乐伎所执乐器，依次为方响、箜篌、拍板、腰鼓、曲项琵琶、大鼓、（两胡人舞者）、横笛、觱栗（角?）、横笛、笙、箫。西壁（由北向南排）舞者之后，女乐伎所执乐器，依次为方响、箜篌（仅余下半砖，从东壁推测出）、拍板、腰鼓、曲项琵琶、大鼓（两男舞者）、横笛、觱栗（角?）、觱栗（角?）、笙、箫。

《报告》所释东、西壁乐器大部分同罗文，其中仅东、

西壁罗文所记之"大鼓",作"答腊鼓"。"角?",作"觱栗"。（图二、三）

图二　甬道东壁乐舞图像局部（采自《报告》第14页上）

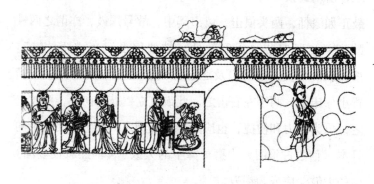

图三　甬道西壁乐舞图像局部（采自《报告》第14页下）

关于东、西壁乐伎所击"大鼓"或"答腊鼓",笔者以为均有欠妥之处。大鼓,有两种含义,鼓形体大、声振高,

周伟洲学术经典文集

俗称为大鼓。有传统雅乐中用的大鼓，如罗文中引用的《周礼·地官》、《考工记》等均有记载，也有宫廷大型乐舞，如《破阵乐》之类，有时用"大鼓"。但是，唐代广义的"燕乐"，如十部乐，坐、立部伎，法曲，胡部新声等宴享音乐乐器，均未见记有"大鼓"者。五代冯晖生前宴乐歌舞中，不可能用雅乐之"大鼓"。至于《报告》云此鼓为"答腊鼓"，则更差之远矣。答腊鼓，唐宋有关乐书记载："答腊鼓，制广羯鼓而短，以指揩之，其声甚震，俗谓之揩鼓。"① 此图像为乐伎双手各执一杖击鼓，显然大不同。

　　笔者认为此鼓为双杖所击之鼓，应为"两杖鼓"，也即是"羯鼓"（图四）。唐南卓撰《羯鼓录》云："羯鼓出外夷乐，非中国之鼓，故曰羯鼓……鑲如漆桶，下以小牙床承之，击用两杖……"《通典》卷一四四《乐四》也说"羯鼓正如漆桶，两头俱击，以出羯中，故号羯鼓，亦谓之两杖鼓"。② 唐段安节《乐府杂录》鼓架部也记有"两杖鼓"。按，宋代陈旸《乐书》及唐五代墓葬文物中所绘羯鼓均横置小牙床上，两手左右击之。此鼓直立，鼓面向上，双杖击之，更为有力和便捷，也应是羯鼓应用之一种。罗文引录的日本《信西古乐图》中狮子舞中的大鼓、《韩熙载夜宴图》中的大鼓，应皆为羯鼓。

---

① 《旧唐书》卷二九《音乐志二》；《通典》卷一四四《乐四》。
② 《旧唐书》卷二九《音乐志二》。

至于东西壁乐伎吹奏是"角?"或是觱栗？显然，罗文有误，《报告》云觱栗确。事实上，罗文已详细考证了觱栗的由来、吹奏方法及与竖吹管长的"尺八"的区别，认为是觱栗，但在后列表中，又否定之，而以"角?"代之，且将其余各部觱栗，均误为"角?"可能系笔误。

图四　甬道东、西壁两杖鼓（羯鼓）伎（采自《报告》
　　　附图版十二、三十一）

又罗文及《报告》均认为东、西壁乐伎所执之"腰鼓"，也有进一步讨论的必要。云此男、女两乐伎执为腰鼓，基本上是正确的，但是唐宋时腰鼓有多种名称和演奏方法。正如罗文所说，一般腰鼓是用双手拍击，而此两乐伎是一手执杖（槌）击，一手拍击。他又引用《通典》、《文献

通考》记西壁女乐伎所击为"正鼓";引《梦溪笔谈》卷五
《乐律》等,记宋时"杖鼓",一头扙击,"一头以手拊之,
则唐之汉震第二鼓也"。所谓正鼓、和鼓、汉震第二鼓等是
指多种腰鼓在乐曲演奏中的地位。据上引《旧唐书》、《通
典》等记载,"都昙鼓,似腰鼓而小,以槌击之。毛员鼓,
似都昙鼓而稍大"。故笔者认为,西壁用一槌击较细之腰鼓
为都昙鼓,东壁用一槌击较粗大之腰鼓为毛员鼓。
(图五)

图五　甬道东壁毛员鼓伎、西壁都昙鼓伎(采自《报
告》附图版十、二十七)

此外,笔者认为,罗文、《报告》所云之"箜篌"为胡

乐器，又称竖箜篌，而且是竖箜篌中的角形箜篌。箜篌，原也是中国内地传统乐器，据《通典·乐四》记："箜篌，汉武帝使乐人侯调所造，以祀太一，或云侯晖所作。其声坎坎应节，谓之坎侯，声讹为箜篌……旧说一依琴制。今按其形似瑟而小，弦用拨弹之，如琵琶也。"此即文献所记之"卧箜篌"，似琴瑟，置于腿或几上弹奏。因其音量小，后渐被筝、琴、瑟所替代。

另有由中亚、印度传入之箜篌，竖立弹奏，故时称之为"竖箜篌"，即现代称为"竖琴"者。同上书云："竖箜篌，胡乐也。汉灵帝好之。体曲而长，二十二弦，竖抱于怀中，用两手齐奏，俗谓之擘箜篌。凤首箜篌，箜颈有轸。"[1] 据中外学者研究，传入中国内地的竖箜篌，源于西亚两河流域，早在公元前4000年在西亚两河流即出现了竖箜篌，不久即流播于埃及和希腊半岛，以后传入中亚、印度，再传入中国新疆、河西及关中、河南等地。

竖箜篌又可分为两种类型，即弓形箜篌和角形箜篌。最早出现的弓形箜篌，它是受弓箭的弓和弦能发声的启发，而创制的。其特点是长长的弓形梁，共鸣箱在其下方，琴弦仅3至10根，"箜颈有轸"，易断裂。到公元前1900年角形箜篌出现后，则逐渐取代了弓形箜篌。角形箜篌其特点是长而大的弓形即为共鸣箱，其下端有一横梁，与弓形成直角，其

---

[1] 《旧唐书》卷二九《音乐志二》等记载相同。

弦较多，一般为 22 至 23 弦。中亚地区的箜篌基本上使用的角形箜篌，故北朝至唐宋所见箜篌图像均为角形箜篌。

弓形箜篌后在印度较为流行，公元 1 世纪后，随着佛教传入中国内地新疆、河西等地，印度的弓形箜篌也传入，称为"凤首箜篌"，因其弦少、易断裂等原因，实用较少，仅在"天竺乐"、"高丽乐"和"骠国乐"乐器中，见有"凤首箜篌"。① 因其华丽和弓形首多雕有凤首等图案，故在新疆、敦煌石窟中，表现佛界乐舞时，多绘有凤首箜篌。②

角形箜篌早在南北朝出土墓葬文物中就有图像，如北周安伽墓石屏风彩绘雕乐舞图像等，其弓形共鸣箱下端有一缺口，再与一细长的横梁连接成直角。这种类型的角形箜篌是公元 6 世纪后流行于中国内地及中亚的箜篌。国外学者称之为"半音器"箜篌，并认为，"这种半音器竖琴（箜篌）的共鸣箱下面与一个细长的琴梁相连，琴梁另一端抵住从共鸣箱悬垂的小铁栓。如此细的琴梁能承受住琴弦紧绷的巨大拉力，真是一种机械学的奇迹"。他们根据这类半音器箜篌较早出现于东方的中国，而认为它的最早发源地是中国，③ 是

① 《旧唐书》卷二九《音乐志二》"天竺乐"、"高丽乐"；《新唐书》卷二二二《骠国传》。
② 关于凤首箜篌，可参见高德祥：《凤首箜篌考》，《中国音乐》1990 年第 1 期。
③ 见 B. 罗尔格仁《佛教和前佛教世界的音乐》，载 C. E. 博斯沃思等主编，刘迎胜译《中亚文明史》第 4 卷下，中国对外翻译出版公司 2010 年版，第 526 页。

竖箜篌传入中国后，中国乐人改造及中国化的产物。上述五代冯晖墓彩绘砖东、西壁男、女乐伎所弹奏之角形箜篌即属于这种半音器角形箜篌。

如上所述，笔者以为，东壁乐伎所执乐器，依次为：方响、角形箜篌、拍板、腰鼓（毛员鼓）、曲项琵琶、两杖鼓（羯鼓）、（两胡人舞者）、横笛、觱栗、横笛、笙、排箫（此排箫制作与唐代一般排箫不同之处，在于箫两边伸出有双手握的柄，且管数较少）。西壁（由北向南排）舞者之后，女乐伎所执乐器，依次为方响、角形箜篌（仅余下半砖，从东壁推测出）、拍板、腰鼓（都昙鼓）、曲项琵琶、两杖鼓（羯鼓）、（两女扮男舞者）、横笛、觱栗、觱栗、笙、排箫（同东壁之排箫）。

2. 冯晖墓甬道东、西壁彩绘砖前壁画，分别绘有东壁中年男子胸前执一竹杆；西壁一女扮男装者，胸前亦执一竹杆（服饰，罗文、《报告》均有记述，从略，以下关于舞、乐伎服饰均同此）。罗文对此有详细考释，认为系宋代乐舞中手执竹杆之"竹竿子"，即"致辞者"，指挥整个乐舞活动。《报告》因之。其所论均正确，不赘述。

唯两壁"竹竿子"之后，彩绘砖上，各为一在圆毯上戴花冠的男、女舞伎，罗文否定了上引杨忠敏、阎可行撰《陕西彬县五代冯晖墓彩绘砖雕》以为此两舞伎为"巫师"一说，认为"冯晖身为后周大员，应熟知凶礼习俗，似不宜用'巫舞'殉葬"。此说甚是。但此两舞伎在歌舞中扮演什么角色？罗文并未涉及。

　　笔者认为，此两戴花冠之男、女舞伎应是流行于宋代"队舞"中的"花心"。所谓"花心"，最早可能源自唐代之花舞（柘枝舞），唐乐史撰《柘枝谱》记："花舞者着绿衣偃身合成花，即柘枝舞，有花心者是也。"[①] 到宋代宫廷及上层贵族的流行歌舞，即燕乐（宴乐）中，有"队舞之制"。[②] 队舞中除有上述在队舞前的"竹竿子"（致辞者）外，一般还有一名处于中心位置的独舞或独唱的人物，有时还担负朗诵诗词，或担负与"竹竿子"对答的任务，此即"花心"。[③] 甬道东、西壁在"竹竿子"后，即各有一名正垂手舞蹈的、戴花冠的舞伎（东壁为男，西壁为女），与东、西壁乐伎中间的各两名舞伎服饰、地位不同，显然是"队舞"中的"花心"。（图六）

　　3. 在研究、讨论了冯晖墓甬道乐舞图像中的乐器、舞伎之后，对此图像所表现乐舞类别、形式等问题，罗文及《报告》均有所论述。

---

① 《说郛》卷一〇〇，《说郛三种》，上海古籍出版社1988年版，第4602页。

② 《宋史》卷一四二《乐志十七》。

③ 南宋史浩撰《鄮峰真隐大曲》对诸多大曲表演程序的记述；参见王克芬：《中国舞蹈发展史》，上海人民出版社1989年版，第246—248页。

图六　甬道东、西壁"花心"伎（采自《报告》附图版四、二十三）

　　罗文认为，唐代乐舞发展到"晚唐间只有雅、俗之分，而无胡、俗之别"。又引《新唐书》卷二二《礼乐志十二》开首记"隋文帝始分雅、俗二部"及俗乐乐器一段后，云冯晖墓砖雕上的乐器，"大部分与之吻合，属俗部乐无疑"。按，罗文所引《新唐书》一段是追叙北周、隋代情况，时乐有雅、俗之分，凡雅乐之外皆为俗乐，所列乐器也为一般俗乐之乐器，而非是专门一部"俗部乐"及乐器。唐以后胡乐兴起，俗乐中才有各种不同性质的乐舞类别。安史之乱后，胡、汉乐合流，一直到宋代。其流变情况，在宋代沈括

337

周伟洲学术经典文集

的《梦溪笔谈》中有很好的总结:"外国之乐,前世自别为四夷乐。自唐天宝十三载,始诏法曲与胡部合奏。自此乐奏,全失古法。以先王之乐为雅乐,前世新声为清乐,合胡部者为燕乐。"① 关于"燕乐",又作宴乐,有广、狭之分:狭义者,专指唐初十部乐中之"讌乐",后又扩展到十部乐,坐、立部伎,胡部等宴享音乐;中晚唐至宋,广义的燕乐,包括了雅乐之外的所有音乐,也如隋代的"俗乐",也即沈括所云"合胡部者为燕乐"。② 正如冯汉骥先生对五代前蜀王建墓出土石棺东南西三面伎乐图像的分析及对燕乐的理解一样,认为其表现的乐舞大的类别,"无疑地是属燕乐系统的,特别是中国化了的龟兹乐系统"。③ 但也有的学者不同意此说,认为在唐初是雅、胡、俗三乐,唐末是雅、俗二乐的对立,燕乐是宋人的概念。④ 但无论是燕乐、俗乐,均指雅乐之外的艺术性音乐。因此,判断冯晖墓甬道乐舞图像,总的系属燕乐或俗乐,均可,但笔者倾向于属燕乐,云其属"俗部乐",则欠妥。

至于《报告》云冯晖墓甬道乐舞图像表现是"散乐",

---

① 沈括:《梦溪笔谈》卷五《乐律一》,上海书店 2009 年版,第 38 页。

② 王昆吾:《隋唐五代燕乐杂言歌辞研究》,中华书局 1996 年版,第 13—25 页。

③ 冯汉骥:《前蜀王建墓内石刻伎乐考》,《四川大学学报》1957 年第 1 期。

④ [日]岸边成雄:《燕乐名义考》,《东洋史研究》第 1 卷第 2 号。

则误，其引《辽史》卷五四《乐志》记散乐乐器组成与图像乐器相近而得出此结论。散乐，唐宋时是指杂戏、幻术之类，"非部伍之声"；① 辽代散乐"俳优、歌舞杂进，往往汉乐府之遗声"，② 其含义已扩大至歌舞杂进之类。因此，将非辽属之五代的冯晖宴享乐舞称之为散乐，则欠妥。

4. 冯晖墓甬道乐舞图像，从大的方面看，应属唐末五代的燕乐，其形式如罗文所说，为坐、立部伎中的立部伎一类（其含义与唐代已有区别），因东、西壁两队歌舞伎均站立演出。五代前蜀王建墓石棺乐伎全部坐着演奏，故冯汉骥先生称之为坐部伎一类。

不仅如此，从冯晖墓甬道东、西壁两组乐舞来分析，其形式已接近于流行于北宋时之"队舞"。关于"队舞"，唐朝早已出现，但处于萌芽阶段，经五代至北宋，"队舞"日趋完善和成熟。据《宋史》卷一四二《乐志十七》记宫廷队舞："队舞之制，其名各十。小儿队凡七十二人"；下列有柘枝队、剑器队、婆罗门队、醉胡腾队等十队；另记有"女弟子队凡一百五十三人"，下列有菩萨蛮队、感化乐队等十队。据学者研究，宋代队舞的角色主要就有"竹竿子"、"花心"、"四角"（群舞演员）、"后行"（乐伎）等。每一部"队舞"表演形式不完全一样，但有大致相同的程

① 《旧唐书》卷二九《音乐志二》。
② 《辽史》卷五四《乐志》。

序：开始多由竹竿子、花心先上场，竹竿子致词，或与花心对答，然后乐舞队表演后，竹竿子再致词，引队出场。① 冯晖墓甬道两队乐舞，已具备了宋代"队舞"的基本特征：各有竹竿子、花心一名、乐伎十一名和舞伎二名，是宋代队舞之雏形。冯晖墓甬道两队乐舞，恰好反映出它上承唐代，下启宋代队舞的事实，在中国音乐舞蹈史研究上具有重要的价值。这也正如上引罗文中所说："要之，冯晖墓砖雕乐舞正处于唐、宋乐舞发展阶段的一个中间环节，有着承上启下的重要作用。"

5. 最后，如果要进一步分析冯晖墓甬道东、西壁乐舞图像，是属唐五代燕乐中何种乐舞类别，则较为困难。因为图像表现的乐伎所执乐器是否完整？不清楚。舞者舞容也只是择其一瞬间的舞姿，难以判断。不过，从两队舞中的乐器组成，以及舞者族属及舞姿，可以作一推测：两队舞十一种乐器，大部分为唐代以来胡部乐器（角形箜篌、腰鼓、觱栗、两杖鼓、曲项琵琶），也有传统清乐与胡部共有的乐器（笙、横笛、排箫、拍板、方响），且多与西凉乐、龟兹乐、胡部新声等乐器组合相似。② 五代乐舞又基本承袭晚唐合胡

① 南宋史浩撰《鄮峰真隐大曲》有对诸多大曲表演程序的记述；参见王克芬：《中国舞蹈发展史》，上海人民出版社 1989 年，第 246—248 页。

② 见罗文所列冯晖墓与王建墓、西凉乐、龟兹乐、燕乐（狭义"燕乐"）、胡部新声乐器组成对照表。

部的"燕乐"。因此,笔者推测甬道东壁的队舞,为唐健舞类型,因两舞者为有胡髯之胡人,为唐以来已经变化的龟兹乐舞,或如宋宫廷队舞中的"醉胡腾队"之雏形。甬道西壁的队舞,仍为健舞,两舞者为女扮男装之汉人,故是否为流行于唐宋时的"柘枝舞",或宋宫廷队舞中的"柘枝队"之雏形?据史载,北宋名臣寇准特喜柘枝舞,"会客必舞柘枝,每舞必尽日,时谓之'柘枝颠'"。① 冯晖亦如是耶?

至于冯晖墓甬道两队舞所用乐曲曲式,《报告》云为唐代"大曲",基本正确。在唐代,上述龟兹乐、柘枝引,皆为教坊大曲,② 且两大曲之下还有许多相关曲名,大曲为数支乐曲的结合。③ 唐大曲曲式结构,一般为散曲、中序(拍序)和入破。宋代大曲曲式,如宋人王灼《碧鸡漫志》卷第三说:"凡大曲有散曲、靸、排遍、攧、正攧、入破、虚催、实催、衮遍、歇指、杀衮,始成一曲,此为大遍。"又云:"后世就大曲制词者类从简省,而管弦家又不肯从首至尾吹弹,甚者学不能尽。"即是说,自唐至宋代,宫廷、上层贵族宴乐中并不一定完整演奏大曲,而往往只选择大曲中的一段,进行演奏,称"摘遍"。如《梦溪笔谈》所说:

① 沈括:《梦溪笔谈》卷五《乐律一》,上海书店2009年版,第37页。
② 任半塘:《教坊记笺订》,中华书局1962年版,第147、157页。
③ 王昆吾:《隋唐五代燕乐杂言歌辞研究》,中华书局1996年版,第151、157—158页。

"……裁截用之则谓之'摘遍'"。① 一般歌舞多取大曲中最精彩的"入破"一段,独立成曲,又名"曲破"。"洞晓音律"的宋太宗,就"凡制大曲十八","曲破二十九"。② 冯晖墓甬道东、西壁两队舞图像可能即反映"曲破"时,歌、舞、乐齐作之景象。

（原载于《中华文史论丛》2012 年第 2 期）

---

① 沈括:《梦溪笔谈》卷五《乐律一》,上海书店 2009 年版,第 36 页。
② 《宋史》卷一四二《乐志十七》。

19 世纪前后西藏与拉达克的关系及划界问题

一、19 世纪前拉达克是中国西藏的一部分

拉达克（Ladwags），即今西藏阿里以西，以列城（Leh）为中心的地区。此地原为西藏阿里的一部分。公元 7 世纪初，吐蕃兴起于中国西南的西藏高原，其名王松赞干布逐渐统一了高原各部，建立了一个强盛的吐蕃政权。就在吐蕃政权正式建立前后，今拉达克地区即为吐蕃所征服，成为其组成部分之一。

据敦煌发现的古藏文吐蕃历史文书记载，早在松赞干布父囊日松赞（gnam ri srong btsan）时，吐蕃王室即与象雄（Zhang zhung）王联姻，并征服了象雄。囊日松赞死后，象雄等属国叛离，幼年亲政的松赞干布再次征服象雄，并将其妹赞莫（公主）赛玛噶（Sad mar kar）嫁与象雄王李聂秀

（Legmyirhya）。后因李聂秀与赞莫不和，松赞干布遣军攻李聂秀，"将一切象雄部落均收归于治下，列为编氓"。① 历史文书《大事纪年》记此事发生在唐文成公主至吐蕃和亲之后三年，即公元 644 年（唐贞观十八年）。② 象雄，当时包括后称之为拉达克在内的西藏阿里地区。中国汉文史籍称为"羊同"。③《册府元龟》卷九五八外臣部邑二记："大羊同国，东接吐蕃，西接小羊同，北接于阗，东西千余里，胜兵八九万。"《唐会要》卷九九大羊同国条记载相同，并说：其国曾于唐贞观五年（631 年）、十五年（641 年）遣使至唐朝贡，"至贞观末，为吐蕃所灭，分其部众，散至隙地"。羊同位置"北接于阗（今新疆和田）"，正是今阿里的位置，除大、小羊同外，羊同地区可能还有许多部落，正如上述吐蕃历史文书所说，是"一切"象雄部。汉、藏文献所记羊同正式并入吐蕃的时间（贞观末），亦大致相合。

吐蕃对象雄的统治情况，上引敦煌发现的吐蕃历史文书《大事纪年》中有一些记载。如牛年（653 年），赞普曾任命布金赞（Spuggyimrtsan）、玛穷（rmachung）为象雄之岸本（mngan 吐蕃官制中财务官——译注者）；狗年（662

_____

① 王尧、陈践译注：《敦煌本吐蕃历史文书》，民族出版社 1992 年版，第 145 页。
② 王尧、陈践译注：《敦煌本吐蕃历史文书》，民族出版社 1992 年版，第 145 页。
③ "羊同"，应即为藏文象雄（Zhang zhung）之汉文译音。

年）、猪年（675年），吐蕃在象雄征集供亿和大料集（即征发户丁、粮草劳役等——译注者）；牛年（677年），象雄叛；羊年（719年）征集象雄和玛儿（Mard）的青壮兵丁等。① 在文书的小邦邦伯家臣世系中，开首即列象雄，其王为"阿巴之王李聂秀"。② 由此可见，包括拉达克在内的象雄（羊同）在7世纪松赞干布时起，即为吐蕃政权的一部分，作为小邦而存在。这种情况一直延续到公元9世纪40年代统一的吐蕃王朝瓦解为止。

公元841年，吐蕃赞普朗达玛（glang dor ma）死后，统一的吐蕃政权瓦解。据藏文史籍载，吐蕃王室朗达玛孙基德尼玛衮（Sgyi lde nyi ma mgon）约于公元9世纪末逃到象雄的布让（又译作乍布郎、普兰等，今西藏普兰），娶象雄王室女没庐氏，将象雄各部收归治下，总称为"阿里（Mn-gar – ris）"。他有三子，故将阿里地区分成三部分，命长子日巴衮（rig pa mgon，又作贝吉日巴衮或贝吉衮）掌管玛域（mar yul）地区，次子札西德衮（bkhr shis lde mgon）掌管布让地方，三子德祖衮（lde gtsug mgon）掌管象雄古格

---

① 上引王尧等《敦煌本吐蕃历史文书》第145、146、147、151页。内"玛儿"，据王尧考释，即指玛域，今拉达克地区。可见，当时玛域之名已出现，为象雄之一部。

② 《敦煌本吐蕃历史文书》，第173页。

（gu ge，今西藏札达地区）之地。① 长子日巴衮所领有的
"玛域"，即大致与近代的拉达克地相当。成书于公元 1434
年的《汉藏史集》和近代流传的手抄本《拉达克王统记》
两书，简约地记述了日巴衮所领有的玛域的范围，两者的记
载并不一致。如《拉达克王统记》说：长子贝吉衮，掌握
阿里玛域及具黑弓者属民。其范围包括："东至日土、色卡
果来之德秋噶波、仓地之热瓦玛波、旺列之米格帕朋山头。
西部到达克什米尔之拉杂、多布巴坚以上。北部至色卡果波
以内。"② 而《汉藏史集》则记："……命长子贝吉衮统治
玛域、努热，次子德祖衮统治象雄（古格）、吉觉、尼贡、
如托（即日土）、普兰、玛措等六个地方，幼子扎西尼玛衮
统治迦尔夏、桑格尔。"③ 这种记载的不同，反映了尼玛衮
分封三子的领地并不十分明确，且时有变动。显然，尼玛衮
之分领地于三子，最初应是一个政权分封领地的性质，而非
是形成三个独立的王国。但是，以后三子在各自的领地实行
统治，渐渐形成为三个相对的割据政权。这种情况，也不足

---

① 《布顿佛教史》（《佛教史大宝藏论》），郭和卿汉译本，民族出版
社 1986 年版，第 181 页；陈庆英译《汉藏史集》，西藏人民出版
社 1986 年版，第 128—129 页；两书记载不完全相同。段克兴译
《阿底峡尊者传》，西北民族学院研究所印本 1981 年版，第 48
页；《拉达克王统纪》（藏文本），西藏人民出版社 1987 年版，第
42—43 页。诸书记载亦不尽相同。
② 《拉达克王统记》（藏文本），第 42 页。
③ 上引陈庆英译本，第 128—129 页。

为怪，因为自 9 世纪 40 年代后，整个西藏高原就形成了各地方势力割据的局面。尼玛衮三子各自形成的地方势力，只不过是当时西藏西部三个割据的地方政权而已。

又据《汉藏史集》记："吉德尼玛衮先到上部，将上部各地收归治下，总称为'阿里'"；分封三子后，"产生了'阿里三围'（mngar ris shor gsum）的名称。"① 可见，阿里一词是在统一的吐蕃政权瓦解之后才出现的。9 世纪末，尼玛衮据阿里后，原称为"象雄"（羊同）的地方就统称为阿里，象雄一词后即专指古格地区。而"阿里三围"一词的出现，正反映了尼玛衮分封三子后，形成的三个地方割据势力。

西藏高原经过四百多年的分裂割据，至公元 13 世纪最终统一于中国元朝。元朝在中央设宣政院，直接管理在今西藏地方所置的"乌思、藏、纳里速古鲁孙等三路宣慰使司都元帅府"，下属"纳里速古儿孙元帅府"，设元帅二员。② 纳里速古儿孙，即藏文"阿里三围"的译音，包括玛域、古格和布让，即大致相当于尼玛衮三子所封之地。《汉藏史集》说："上部纳里速古鲁孙，普兰（布让）是被雪山围绕，古格是被石山围绕，芒域（即玛域）是被河流围绕。"③ 元朝中央政府是否管辖到阿里三围，也就是说，今

---

① 上引陈庆英译本，第 128—129 页。

② 《元史》卷八七《百官志三》。

③ 上引陈庆英译本，第 186—188 页。

拉达克地区是否归元朝所管辖，与西藏其他地方一样，也归
入了中国元朝的版图呢？上引《汉藏史集》等藏文典籍，
记载了火猪年（1287 年），元朝曾派遣和肃与乌努汗二人，
与萨迦本钦宣努旺秋（dpon chen gzhon nu dbong phyug）一
道，清查了西藏地方户口，其中"上部纳里速古鲁逊"（阿
里三围）几处人口，"有二千六百三十五户。在领主管辖下
的纳里速的人户，为六百七十六户"。与此相应的是，元朝
在西藏地方建立驿站。"藏地方的人户再加纳里速地方的人
户支应四个大驿站，每站一百人。"① 由此可见，元朝在包
括今拉达克地区的"阿里三围"设官置守，清查户口，修
建驿站，行使着有效的行政管辖，今拉达克（玛域）是当
时中国元朝领土的一部分。

明朝继元朝之后，统治西藏地方，于洪武八年（1375
年）在阿里三围（包括玛域）正式设立"俄力思军民元帅
府"等行政机构，进行管理。② 现存明洪武六年（1373 年）
二月，明太祖封俄力思（阿里）军民元帅诏书记："……朕
君天下，凡四方慕义来归者，皆待之以礼，授之以官。尔搠
思公失监，久居西土，闻我声教，能委心效顺，保安境土，
朕用嘉之。今设俄力思军民元帅府，命尔以元帅之职，尔尚
思尽乃心，谨遵纪律，抚其部众，使疆土靖安，庶副朕委任

---

① 上引陈庆英译本，第 128—129 页。
② 《明实录》卷九六《太祖实录》洪武八年正月。

之意。可怀远将军、俄力思军民元帅府元帅，宜令搠思公失监。准此。"① 此洪武六年诏，可能仅为封官，而元帅府实未建立。八年，方正式设置。

到了 16 世纪的明末，西藏各地方势力、各个教派纷争不已。其中最主要的第悉藏巴汗的势力亦日益衰弱。在西藏西部阿里三围之一的玛域（此时已称为拉达克）受到兴起于印度西北的莫卧儿（Moghul）帝国的侵扰，一度为其所控制，成为其藩属。但是，这种局面并没有维持多久。公元1642 年，和硕特蒙古固始汗势力进入西藏，大力扶植新兴的格鲁派（黄教），并击败了第悉藏巴汗，以卫藏地区行政事务委于第五世达赖喇嘛及其第巴（sde pa），建立了蒙古汗与达赖喇嘛第巴的联合统治，格鲁派的势力在西藏日益增长。这就引起了西藏信奉其他教派的地方势力的不满和反对。公元 1643 年，以主巴噶举派实力为中心的西藏藩属布鲁克巴（今不丹），拒绝向西藏贡米，与西藏发生了战争。而此时的拉达克王德雷南杰（bde legs rnam rgyal，约于1675—1705 年在位）是以主巴噶举派大喇嘛为国师，故其为声援布鲁克巴，派军攻占了阿里的古格、日土等地。

1663 年莫卧儿帝国新皇帝奥朗则布（Aurangzeb）出巡

---

① 西藏社会科学院等编《西藏地方是中国不可分割的一部分》（史料选辑），原件见该书图版，西藏人民出版社 1986 年版，第93—94 页。

至克什米尔时，拉达克重新受到帝国的侵略威胁，便派遣使团向莫卧儿帝国再次表示归顺和实践过去进贡的诺言，并答应建造一座清真寺，铸造硬币等。但当奥朗则布离开克什米尔后，拉达克王德丹南杰（bde ldan rnam rgyal）即忽视莫卧儿帝国的要求。两年后，莫卧儿帝国又派遣使臣以武力相威胁，迫使拉达克暂时屈从莫卧儿帝国。①

拉达克被迫倾向莫卧儿帝国，自然损害了西藏地方政府原与拉达克的臣属关系。加之拉达克支持主巴噶举派的不丹，并侵占西藏西部的古格、日土等地。这一切使西藏地方政府再也不能容忍下去。

在这种形势下，蒙古汗王达赖汗（固始汗孙）和五世达赖喇嘛、第巴桑结嘉错（Sangs rgyas sgya mtsho）相议，于公元1679年（一说1681年）派出一支蒙藏联军反击拉达克的进攻。担任统帅的是达赖汗堂兄弟噶丹才旺贝桑波（dgav ldan tshe dbang dpal bzang po），他原为管理后藏札什伦布寺附近市场的僧官，奉命还俗后，率领蒙藏军队，经过近三年的战争，将释迦嘉措指挥的拉达克军队赶出了古格、日土等地，并一直打到列城附近。德雷南杰请来了莫卧儿帝国的军队，蒙藏联军受挫。② 莫卧儿帝国的介入，使蒙藏联

---

① See L. petech, The Kingdom of Ladakh（950—1842），Roma，1977，P. 63—64.（以下汉译简称为伯戴克：《拉达克王国》）。
② 伯戴克：《拉达克王国》，第71—76页。

军退兵，从而使其进一步加强了在拉达克的控制。据史料载，1683 年莫卧儿帝国军队撤离拉达克后，噶丹才旺在准噶尔军队的支持下，毁坏了列城的堡寨，使拉达克王屈服。[①] 又据《拉达克王统记》等书载，1683 年或 1684 年拉达克与西藏在布鲁克钦米邦旺波（Brug chen Mi - pham dbang po，1641—1717）等的调解下进行商议[②]。地址在丁莫岗（Ting mas gang）。规定拉达克将原占的古格、日土等地归还拉萨管辖，拉达克仍为西藏的藩属，各守旧土；拉达克每年派遣使团向拉萨进贡；西藏约定西部所产羊毛通过拉达克转卖，每年运销至拉达克若干驮砖茶及羊毛等。[③] 然

---

① 伯戴克：《拉达克王国》，第 71—76 页。

② 伯戴克：《拉达克王统记》（藏文本），第 59—60 页；第仁旺杰著《颇罗鼐传》，汤池安译本，西藏人民出版社 1988 年版，第 25—26 页；参见王森《西藏佛教发展史略》，社会科学出版社 1987 年版，第 189—190 页。《颇罗鼐传》中说，拉达克王请来了莫卧儿军队，虽取得了一些胜利，但最后为噶丹才旺所击溃，因五世达赖出面调停，双方停战。

③ 上引《拉达克王统记》，第 60—62 页。按《拉达克王统记》所记的 1683 年拉达克与西藏的协议，未见有正式签约的文本。可能只是双方代表按传统的惯例各自恢复旧有领土和贸易关系的口头承诺，根本不是一个正式条约，更不是划分边界的条约。就是关于这一协议产生的年代，目前就有 1683 年、1684 年和 1687 年几种说法。参见《中华人民共和国政府官员和印度政府官员关于边界问题的报告》（中方），1961 年汉文本，第 13—14 页；A. 兰姆《中印边境》，民通汉译本，世界知识出版社 1966 年版，第 35 页。

而，有关这一议定在其他藏语文文献，如《五世达赖喇嘛
传》、《颇罗鼐传》中并没有记载。《颇罗鼐传》中，只提到
噶丹才旺应噶举派名僧纳若达巴（rnams ni bstonpa）的请
求，接见了拉达克王，将列城、比吐、尺塞等七个宗和庄园
赠与他。[①] 由此，拉达克重新成为西藏的藩属，而此时莫卧
儿帝国在各地起义浪潮的冲击下日趋衰弱，其对拉达克的控
制也逐渐削弱，乃至最后消失。

到18世纪初，中国清朝中央政府逐渐加强了对西藏地
方的管理，于1716年（清康熙五十五年）派军入藏平定准
噶尔部对西藏的侵扰，派官员驻藏，并命原拉藏汗属下贝子
康济鼐管理前藏，台吉颇罗鼐管理后藏。公元1727年（清
雍正五年），西藏地方政府噶伦阿尔布巴等杀康济鼐，造成
动乱。清朝平定动乱后，赐颇罗鼐贝子衔，总理全藏事务，
并正式留正副大臣两人，领川陕兵二千，分驻前后藏。就在
颇罗鼐总理全藏事务的时期，西藏地方政府加强了对拉达克
的管理，使之重新纳入了中国西藏的版图。清乾隆五十七年
（1792年）所刊的《西藏志》（有和宁写的序言）记载，颇
罗鼐长子朱尔吗特策登驻防于"阿里噶尔渡"（今西藏普兰
北）。又记："查阿里地方甚大，稍西北乃纳达克（拉达克）

---

① 《颇罗鼐传》（藏文版），四川民族出版社1981年版，第43页。
上引汤池安汉译本，第27页，关于这段译文不甚准确，漏掉了
噶丹才旺将七城堡、庄园赠与拉达克王事。

酋长得中南木查尔地土;一半系谷古结塞(即古格)地土。谷古结塞酋长之女与朱尔吗特策登为妻。三部通好。其纳达克、谷古结塞二姓,乃新抚之地。"① 所谓"新抚之地",乃是对统一全国的清朝中央政府而言,其实拉达克早在元朝时就已成为中国版图的一部分。清嘉庆年间(1796—1820年)官方修纂的《嘉庆重修大清一统志》卷五四七记西藏阿里诸城时,就有"拉达克城(即列城),在喇萨西南三千五十余里,其所属有札石刚、丁木刚、喀式三城。毕底城(在列城西南),在喇萨西南二千八百里……已上诸城,每户出兵一名,但设宗布木,无丁布木官"。

就是到 19 世纪初,中国清朝政府仍然在西藏拉达克地区行使着有效的行政管辖。如公元 1828 年(清道光八年),拉达克部长(即甲本,藏文"王"的音译)还奉驻藏大臣松廷的密令,截拿由今新疆南部窜逃至拉达克的张格尔余众。次年七月,拉达克部长差头人阿密克来藏禀称,有张格尔余众一百余人逃至拉达克,时驻藏大臣惠显即令押解至藏。惠显在上报清廷的奏折中说:"该处(拉达克)向与西藏通好,隔一二年差人来藏,(向)达赖喇嘛呈送布施;遇有与西藏交涉事件,俱禀明驻藏大臣请示办理。即以西藏沿边各部落而论,如布鲁克巴、哲孟雄(锡金)之类,虽非

---

① 《西藏志》疆圉条,《西藏志、卫藏通志》,西藏人民出版社 1982年版,第 9 页。

唐古特（西藏）所属，番子（拉达克）实归驻藏大臣管辖。"① 清廷因拉达克部长擒送张格尔余众有功，特加恩赏给该部长及小头目萨莫等顶翎绸缎。②

以上历史事实充分证明：拉达克在 9 世纪以前是吐蕃政权的一部分；13 世纪作为西藏一部分的拉达克又统一于中国的元朝，成为中国西藏的一部分；一直到 19 世纪 30 年代以前，拉达克都在中国清朝中央政府的管辖之下。③

二、19 世纪 30—40 年代多格拉对拉达克的侵占及其与西藏的战争

早在 18 世纪 60 年代，克什米尔西南部印度旁遮普（Punjab）邦锡克（Sikh）人摆脱了衰弱的莫卧儿帝国的统

---

① 《道光八年七月十三日驻藏办事大臣惠显、广庆奏为遵旨查明推依博特系拉达克由》，明清档案馆录副奏折，民族类藏族项第 970 卷第 7 号。

② 吴丰培增辑《清代藏事辑要》，西藏人民出版社 1983 年版，第 398 页。

③ 这一事实，凡是尊重历史，不抱任何偏见的学者都是承认的。比如，英国史学家马克斯韦尔（N. Maxwell）在其著名的《印度对华战争》一书中，引用 A. P. 鲁滨《中印边境争端》一文说：在 19 世纪，"认为拉达克是西藏的一部分大体是最妥当的，其地位与西藏高原的河谷地带中的其他小邦十分相似。它们都对拉萨政府有某种从属关系。拉萨政府的权力来自达赖喇嘛的超凡的地位，而由喇嘛寺院组织管辖之下的、政教合一的体制加以贯彻。西藏当时毫无疑问是在中国控制之下。"（《印度对华战争》汉译本，世界知识出版社 1981 年版，第 15 页。）

治，建立起一个国家，首都是拉合尔（Lahore）。而当时克什米尔是处于阿富汗杜兰尼族的统治之下，1819年锡克国统治者兰吉特·辛格（Ranjit Singh）利用统一的阿富汗国家崩溃的机会，夺取了克什米尔等地。在这次征服战争中，由于克什米尔南部查谟（Jammn）地区多格拉族（又译作道格拉族）统治者古拉伯·辛格（Gulab Singh）帮助锡克人，故兰吉特·辛格让他当上了查谟土邦的总督，附属于锡克王国。多格拉查谟统治者古拉伯·辛格野心勃勃，他企图向东北方面扩张，占领西藏西部的拉达克，甚至整个西藏，以及中国新疆的叶尔羌等地，以控制整个喜马拉雅西北的贸易。

拉达克地区历史上就是连接印度与中国新疆南部、西藏，甚至中亚贸易的枢纽。特别是在19世纪初，从新疆的喀什噶尔、叶尔羌运往印度的茶、丝绸、金银、马匹等商品，大部分是通过喀喇昆仑山口到达拉达克的列城，然后再销售到印度平原。而印度运往新疆南部的鸦片、皮革、香料等商品，也是通过拉达克这条古老的商路的。不仅如此，拉达克还担负着中国西藏与印度旁遮普、克什米尔贸易中转的重要作用。当时闻名世界的商品——克什米尔围巾（披肩）的原料，就是来自西藏西部的羊毛。因此，每年西藏西部的羊毛、茶砖、盐等，经由拉达克而转销到克什米尔、旁遮普等地的数量甚巨。①

　　而西藏与其领地拉达克之间的贸易关系，又是与其存在的政治关系紧密联系在一起的。如前所述，自 17—18 世纪以来，拉达克重新归于中国清朝西藏地方政府所管辖。拉达克每年派遣一个称为"洛恰"（Lapchak）的使团，"洛恰"即藏文"lo phyag"，意为"年贡"，故"洛恰"使团即"年贡"使团，即"每年进贡"的使团。使团经噶大克（Gartok，今西藏噶尔雅沙）至拉萨进贡，并向达赖喇嘛供奉礼品，表示政治上的从属关系。这一使团同时也带有商团，在西藏从事贸易。西藏拉萨每年则派出以达赖喇嘛官商为首的贸易使团，称为"恰巴"（Chap ba）或"茶使"（teaman）至拉达克列城，带去茶砖等商品，进行贸易，带回印度或欧洲的丝织品和其他工业产品。② 双方这种往来称作"lo phyag gzhung tshong"，意为"年贡公商"。这两个使团的性质虽然不相同，但均联系着两地的贸易。

　　正因为拉达克在交通和贸易方面处于如此重要的地位，当多格拉的古拉伯·辛格势力增强时，首先就将拉达克作为

_____

① 铃木中正：チベットをあぐゐ中印關系史，昭和三十六年一橋書房刊，第 221—230 页；G. J. Alder, British lndia's Northern Frontier, 1865—1895, Longnans, London, 1963（下简称阿尔德《英属印度的北部边疆》）。

② A. Lamb, British lndia and Tibet, 1766—1910, Routledge and Kegan Paul, London and New York, 1986, pp. 44—46. 此书初出版于 1960 年（以下简称兰姆：《英属印度与西藏》）。

其扩张的目标。1834 年 7 月，古拉伯·辛格命其克什瓦尔（Kishtwar，在今查谟东北）地方长官瓦希尔·俄拉瓦·辛格（Wazir Zorawar Singh）① 率领约 5000 名全副武装的士兵，从克什瓦尔越过马努（Maryum）山口，突然侵入拉达克领地。拉达克人毫无准备，没有任何抵抗，直到 8 月中旬，才有由拉达克大臣率领的 5000 武装人员与多格拉军队激战，但因武器装备很差，被多格拉击败。多格拉军队继续向北深入，占领了一些要塞和地区。此时，拉达克王策巴南杰（Tse pal namgyal）艰难地组织了一支军队进行抵抗，但均遭败北。俄拉瓦·辛格准备向列城推进时，得到了英国东印度公司代理人艾得逊（Henderson）博士与拉达克王在一起的报告，就停止了进攻。后来，他通过锡克王国向东印度公司了解到艾得逊到达拉达克是违反了公司的指令，公司无意干涉兰吉特·辛格的北侵行动。在弄清这一情况后，已过去了三个月，冬天到来了。此时，俄拉瓦·辛格遂照会拉达克王，如果他交出 15000 卢比的赔偿的话，多格拉军队将撤回。

拉达克王及大臣们准备接受这一条件，但王后却阻止这样做，她组织了近 2 万名兵士的军队开往列城西边的木尔布（Mulbe），杀了来收取赔款的多格拉使者，拉达克军队从多

---

① 瓦希尔（Wazir）系重要大臣名号。1823 年古拉伯·辛格将此号赐与俄拉瓦·辛格。此人即汉文资料所记之"俄斯尔"或"倭色尔"。

格拉军后面迂回进攻，使之受到一定的损失。然后，拉达克军有四个月停止了进攻，失去了将多格拉人侵者赶出领土的宝贵机会。1835年4月，拉达克与多格拉在浪卡孜（Lang ka tse）附近展开了决战，结果拉达克军溃败，多格拉军没有遇到什么抵抗，向列城推进。拉达克从此一蹶不振，其王写信要求和谈。双方代表先后在巴果（Bazgo）和列城进行谈判，协议未成，5000名多格拉兵士就开进了列城。多格拉侵略军在列城呆了四个月，他们恢复了拉达克甲本（王）的统治，但其已处于锡克王国属下查谟大君古拉伯·辛格控制之下，成为其附属国。拉达克王每年向多格拉支付20000卢比贡金，并交付战争赔款50000卢比。多格拉代表常驻列城。

1835年10月，俄拉瓦·辛格率多格拉军队返回。当他离开列城到达西边的喇嘛让如（Lama Yuru）时，就传来拉达克人起来反抗的消息，迫使他急忙返回，血腥镇压了人民的反抗。不久，当多格拉人几乎回到了查谟的时候，又传来了拉达克反抗的消息。当时，拉达克王在一些大臣的鼓动下，囚禁多格拉在列城的代表，没收在拉达克的多格拉人的财产。冬天到来，大雪封山，道路不通，拉达克人相信多格拉军队不会很快到来。然而，俄拉瓦·辛格却以惊人的力量，绕过一条十分艰巨的道路，急行军到达列城。他废除原拉达克王，以首席大臣俄珠丹津（Ngorub Stanzin）为拉达克王；强索战争赔款所欠的13000卢比；修筑列城要塞，留驻300名多格拉士兵。1836年3月，俄拉瓦·辛格返回查谟，并带走了新甲本的儿子及一些拉达克要人作为人质。拉达克人的这些反抗，还得到了当时处于锡克王国控制下的克什米尔统治者的支持，因为他不愿西藏的羊毛贩运到查谟，而损害了国内的织造围巾的工业。但是，在1836年镇压了拉达克的反抗后，古拉伯·辛格调整了与锡克统治者兰吉特·辛格的关系，交纳了30000卢比的贡金，得到了兰吉特·辛格对他入侵拉达克的许诺。

不久，拉达克人再次掀起反抗多格拉入侵者的斗争。1837年春，俄拉瓦·辛格不得不再次率军进入拉达克，进行残酷的镇压。拉达克新甲本俄珠丹津向南边的司丕提（Spiti，汉文资料作毕底）逃亡，但为多格拉军追获，被囚于列城。多格拉人又重新将原甲本策巴南杰立为王，策巴南杰承诺交纳年贡和支付额外的军费。到1839年初，俄拉瓦·辛格第四次率军侵入拉达克，目的还是镇压拉达克人的反抗斗争。从此，多格拉在拉达克才逐渐巩固了自己的统治。①

从1834年起至1839年止，大约五年多的时间内，拉达

---

① 关于多格拉侵占中国西藏拉达克，中国史书一般记载均十分简约。此处系主要根据下列著作写成：Chaman Lal Datta, Ladakh and Western Himalayan Politics: 1818—1848, The Dogra Conquest of Ladakh, Baltistan and West Tibet and Reactions of other Powers, New Delhi, 1973, pp. 107—117；下简称 C. L. 达塔书。W. D. Shakabpa, Tibet: a political history, Yale University press, 1967, pp. 176—177；下简称夏格巴书。前引铃木中正书，第238—239页等。

克各阶层的人民断断续续地掀起反抗多格拉侵略军的斗争，迫使俄拉瓦·辛格先后四次率军进入拉达克进行血腥镇压。但是，拉达克反对多格拉入侵者的斗争仍未结束。对多格拉入侵当时属于中国西藏的拉达克，据中国资料记载，拉达克王曾派人至拉萨要求保护和支持，然而当时的清朝驻藏大臣却"拒之弗纳"，致使拉达克最终陷入多格拉的手中。①

多格拉查谟大君古拉伯·辛格侵占了拉达克后，又于1840年出兵侵占了拉达克西北的巴尔提斯坦（Bal tistan，又称小西藏）。到1841年，多格拉即开始了向中国西藏西部的入侵。据中外文献的记载，古拉伯·辛格入侵西藏的原因，从经济方面来看，主要是为了直接控制西藏西部的羊毛，使之能全部通过拉达克运销到克什米尔（包括查谟地区），阻止一部分羊毛运入拉达克南边英属领地巴沙赫（Bashaher）。其次，是掠夺传闻中西藏阿里的金矿和寺院财

① 黄沛翘：《西藏图考》卷六《藏事续考》。

物。① 政治方面的原因，则是因 1839 年锡克王兰吉特·辛格死后，锡克王国开始崩溃，各地割据，而查谟的古拉伯·辛格乘机控制了克什米尔、拉达克及巴尔提斯坦等地。野心勃勃的古拉伯·辛格还企图吞并中国西藏及新疆的叶尔羌，在中亚建立一个独立的王国。其次，由于英国的势力已向旁遮普渗透，锡克统治者和古拉伯·辛格还企图在拉达克至喜马拉雅山的另一侧的尼泊尔之间建立一系列要塞，并与尼泊尔结盟，共同抗拒英国势力的侵入。

因此，在 1841 年初，古拉伯·辛格任命俄拉瓦·辛格为主帅，积极作好入侵西藏西部的准备。入侵军队大约有6000 人，其中克什米尔、查谟士兵只有 3000 人，其余是拉达克和司丕提人。同年 4 月，俄拉瓦·辛格分兵三路侵入西藏西部。一支由古兰·坎（Gulan—khan）率领，先从甘里（Hanle）南下，然后进入西藏的则布龙（杂仁宗，今西藏札达西）、达巴噶尔（今西藏札达南），击败了当地居民的

---

① 《西藏奏疏》卷一，道光二十一年九月二十五日孟保奏折中引噶布伦策垫多古等禀称："因拉达克头人等希图唐古特（西藏）所属之堆噶尔本（噶大克）等处地方出产褐子（羊毛），并有金厂，随勾结森巴（多格拉）番众以朝雪山为名，闯入唐古特边界……"（西藏学汉文文献编辑室 1985 年编印本，第 9 页）又 1841年英印西北省政府秘书汤姆逊（Thomason）在给上级的报告中写道："这次锡克人向东部扩张行动的最直接的目的，是为了阻止部分羊毛从中国的鞑靼流入巴沙赫（Bashaher）而只到克什米尔市场，达到对原毛贸易的专营。"（转见上引 C. L. 达塔书，第130—131 页）。

抵抗，掠夺寺院，随后向东至噶大克。中路一支由罗诺·桑鲁（Nono Sannum）率领，由甘里沿今西藏拉楚河而上，直趋噶大克。俄拉瓦·辛格亲自率领 3000 人的军队，由北路沿班公湖南推进，于 6 月 5 日攻占茹妥（日土），然后也向西藏阿里地区地方长官噶本驻地噶大克进攻。三路军队在噶大克会合后，沿古老商道向东进攻，途中击溃了噶大克噶本组织的当地军民的抵抗，从今拉阿错和玛法木错两湖之间南下，向西藏西部重镇塔克拉噶（Taklakot，即补人宗，今普兰）进攻。①

清朝驻藏大臣孟保于同年 6 月初得到堆噶尔本营官（即噶大克噶本）关于拉达克头人勾结森巴（Sing pa，藏族对多格拉人的称呼）入侵西藏的报告，即遣前藏代本比喜（Spel bzhi，即汪曲结布）赴堆噶尔本"防范查办"。8 月 15 日（旧历六月二十九日），孟保接比喜禀报，知茹妥、堆噶尔本已失陷，随即增兵，并派噶伦策垫夺吉（即索康才多，Zwr kang tshe rdor）和足美策旺班觉尔（即多喀·居美策旺，Mdo mkar Vgyutmed）前往增援。② 9 月，补人为多格拉人攻占，比喜战败后，退守。此时，西藏西部阿里杂仁、补人、茹妥、达坝噶尔、堆噶尔本五处均失陷。多格拉人知西藏噶伦到达，送信约和，"令唐古特许给银两，方将贼众撤

————————
① 见上引 C. L 达塔书，第 132—134 页。
② 《西藏奏疏》卷一，孟保道光二十一年七月十七日奏折。

回"，遭西藏方面的拒绝。① 西藏各阶层人民纷纷行动起来，支持藏军，赶在大雪封山之前，将粮饷运到前线。清朝中央政府亦谕令孟保："贼势猖獗，自应添派番兵，以资堵御。除前次派往番兵一千三百名外，著再行拣派如琫二名、甲琫四名、定琫二十名，前后藏番兵五百名，兼程前往。"②

此后，各地藏军在噶伦索康、代本比喜等的率领下，包围了补人等地的多格拉军队。时冬天到来，大雪封住了道路，多格拉军士不耐严寒，而且供给困难，西藏军队于各处发动攻击，取得了一些胜利。1841 年 12 月 11 日至 14 日，双方决战于多玉（Do－yo，藏文作"rdo khyu"，在玛法木错南）一带，多格拉溃败，其头目俄拉瓦·辛格右肩中弹落马，为藏兵用长矛刺死。③ 俄拉瓦·辛格死后，多格拉军开始全面崩溃。到 1842 年 3 月，藏军先后收复了被多格拉侵占的所有地区。据驻藏大臣孟保估计，藏军"杀毙森巴头目四十余人、贼匪一千五百余名，投降者八百三十余名"。④ 俘虏及投降的多格拉及拉达克人以后大部分定居于西藏，只有少部分后来返回。

---

① 《西藏奏疏》卷一，孟保道光二十一年九月二十五日奏折。
② 《清宣宗实录》卷三五七，道光二十一年九月甲子（1841 年 10 月 27 日）上谕。
③ 决战的详细情况，见《西藏奏疏》卷一，孟保道光二十一年十二月十七日奏折；上引 C. L 达塔书，第 137—140 页；上引夏格巴书，第 178 页等。
④ 《西藏奏疏》卷一，孟保道光二十二年十二月初七日奏折。

西藏军队击溃了多格拉入侵军后，为多格拉征服和奴役的拉达克、巴尔提斯坦各阶层群众再次掀起了反抗多格拉人的斗争。西藏地方政府也通过被俘的拉达克的要人，派遣人员返回拉达克、巴尔提斯坦等地鼓动和支持人民的反抗。1842年4月，由比喜率领的西藏军队进至列城，与起义的拉达克军联合，攻围列城，但未成功。当克什米尔的古拉伯·辛格得知俄拉瓦·辛格战死后，他立即派遣了一支5000名装备精良的部队，由德旺·哈里·卡得（Dewan Hari Chand，《西藏奏疏》中作叠洼）等的率领下，向拉达克进军。接着，锡克王国又有几千援军相继开往拉达克。5月，多格拉援军到达列城，西藏军队后撤到离列城40英里的车里（Chinri）附近。经过一番休整后，多格拉援军与藏军展开了激战，结果藏军败退至班公湖南的咙沃玛（klugyogma，《西藏奏疏》作咙沃）。多格拉军队分兵血腥镇压了拉达克、巴尔提斯坦各地的起义之后，集中力量对付藏军。双方对峙着，并打了几仗，互有胜负。西藏军队营地扎在一条狭窄的河谷低处，最后多格拉军拦住河上游，用水灌入藏军营地，藏军溃败。据印度、拉达克方面的资料说，藏军首领噶伦索康、代本比喜等被俘，大部分藏军被杀。① 索康、比喜后参加了双方的停战和谈，比喜后来被提升为噶伦，成为西藏地方最有势力的夏札家族。②

1842 年 9 月 17 日（藏历水虎年八月二十三日），以西藏噶伦索康、代本比喜为一方，与多格拉代表于列城举行谈判，最后签订了停战协议。从目前所见到的协议文本似乎有两种文本，一为波斯文，一为藏文。两种文本文字出入较大，而且文中未规定以哪种文本为准。"仅仅这一点，就有足够的资料可以使练达的外交家们辩论几代了。"③ 尽管如此，据西藏地方政府所存两种文本来看，④ 双方各自承诺的要点，两种文本一致的（有的表述不太一致）方面有：（1）双方停战，永远保持友好关系，各自承认双方旧有的边界，而不用武力改变这条边界；（2）双方按以前的办法进行贸易（即西藏羊毛、盐等商品全部通过拉达克转卖），并彼此

---

① 上引《拉达克王统记》（藏文本）第 88 页；C. L. 达塔书第 148—149 页等。《西藏奏疏》卷一，孟保道光二十二年十二月初七日奏折中则云："该贼暗将河之上流砌立长堤，灌我下游营盘，噶布伦当将官兵移至高阜紧要之处，设法抵御……该贼因连次败衄，遂派小头目热登及通事阿密足来营求和……"
② 毕达克（又译作伯戴克）：《西藏的噶伦协札旺曲结布》，载《拉鲁纪念文集》1971 年巴黎出版，中译文（耿升译）载《国外藏学研究译文集》第 1 辑，西藏人民出版社 1986 年版，第 252—268 页。
③ A. 兰姆：《中印边境》（汉译本），第 49 页。
④ 见上引夏格巴著作附录一—二，第 327—328 页。

周伟洲学术经典文集

为对方官方贸易者提供免费运输及食宿；（3）克什米尔一方"将不会阻止从拉达克往拉萨的贡使"等。①

从这一协议签订经过和内容来分析，它完全是一个停战后双方保证互不侵犯和维持旧有的边界和贸易的换文，而签字的双方代表仅代表各自国家的地方当局，皆未经过各自中央政府的批准。② 显然，这一协议不是一个关于划定边界的条约，协议中只提到维持双方的旧界（传统习惯线），因此，它只是一个双方表示互不侵犯的停战协定。藏文只称作"甘结"，实际只是保证书。③

其次，1842年多格拉、西藏地方官员的换文（协议），表面上似乎是双方平等，维护战争前的传统边界和贸易惯例，然而，事实上，却没有能解决多格拉古拉伯·辛格侵占西藏拉达克的问题。对于中国西藏地方政府来说，因战争最后受挫，而未能将多格拉入侵者赶出西藏的拉达克，仅满足于协议中所订拉达克"年贡"照旧的虚名。清朝中央政府在战争过程中，虽然多次指示驻藏大臣孟保和西藏地方政府反击多格拉人对西藏阿里的侵占，但是，仅听信孟保等人奏报，陶醉于胜利之中，驻藏大臣孟保对于藏军孤军深入受挫及双方换文的具体内容并不十分清楚（或是有意歪曲）。他

---

① 《拉达克王统记》（藏文本），第89页等。
② 参见上引兰姆《中印边境》第68—69页引斯特拉彻语。
③ 同上引中印官员《关于边界问题的报告》（中方），第15—16页。

在道光二十二年十二月初七日奏折中，将八月十三日（公历9月17日）多格拉与西藏的停战协议，称为多格拉、克什米尔"同具悔罪、永远不敢滋事切实甘结"。① 总之，清朝中央政府及驻藏大臣根本没有考虑到拉达克被多格拉人侵占的事实，致使拉达克继续为多格拉古拉伯·辛格长期侵占。

尽管如此，1841—1842年西藏与多格拉的战争在中国西藏历史上仍然占有十分重要的地位。战争的性质，是中国西藏人民抗击多格拉外来侵略者的一场正义战争。多格拉统治阶级对西藏西部的入侵，激起了西藏各阶层人民的坚决抵抗。在清朝驻藏大臣和西藏地方政府的共同指挥下，西藏人民同仇敌忾，几乎动员了西藏农牧区各地人民，储运军粮。驻扎什伦布的七世班禅和其他上层人士也"捐资助赏"。为此，清朝加封班禅额尔德尼"宣化绥疆"封号，萨玛第巴克什（即甘丹赤巴）"懋功"封号。② 西藏地方军队在武器比较低劣、装备不全的情况下，能充分利用地形和气候的变化，吃苦耐劳，英勇奋战，不怕牺牲，最终将入侵者击溃，收复失地，巩固了祖国西藏西部的边防。这一历史功绩是名垂青史的。

在战争过程中，清朝正陷于英国进攻沿海一带的鸦片战争的困境中，无力直接抽调内地军队和物资援助西藏地方，

周伟洲学术经典文集

---

① 《西藏奏疏》卷一，孟保道光二十二年十二月初七日奏折。
② 《清宣宗实录》卷三七一，道光二十二年四月戊申条。

只是责成驻藏大臣和西藏地方政府守土御敌。更为严重的是，清朝政府对多格拉统治者长期侵占原属西藏的拉达克的事实，没有清醒的认识，采取了不闻不问的态度，甚至害怕西藏地方官员"借事贪功，不顾后患"，再次与多格拉人发生战争。这一切为中国西藏西部边疆造成了无穷的后患。然而，也应看到清朝政府及驻藏大臣孟保等在指挥、协调西藏地方抗击多格拉入侵中，仍然起到一定的积极作用。战争基本结束后，清朝政府也采取了一些措施，加强西藏西部的边防，如同意驻藏大臣孟保的建议，在堆噶尔本"添设防范挖金番民"500 名，"并于前后藏拣派熟悉操演之戴琫一名、如琫二名、甲琫二名、定琫四名，前往驻守，教习技艺"，"以资防范"。[①]

三、1846—1847 年中英关于西藏、拉达克的划界问题

锡克王国及其附属的克什米尔等地，早已是英国殖民主义者所建东印度公司觊觎的对象。那里不仅是一个有发达的农业和水利灌溉系统的地区，而且也是通往阿富汗、中亚和中国的交通要道。到 19 世纪初，英国殖民主义者已占领了印度大部分地区，其北部已与锡克王国相连。当时，英国完成了工业革命，进一步加强了殖民主义的扩张。在印度北

_____

① 《西藏奏疏》卷一，孟保道光二十二年四月二十二日奏折及上谕。

部，英国企图使阿富汗臣属于自己，并在中亚的市场上站稳脚跟，以与南下的俄国对抗。对于当时还属于中国西藏的拉达克，英国当时虽然还没有直接吞并的野心，但仍然有一些值得注意的活动。如 1819 年有一个东印度公司的马匹事务督理穆尔可夫特（W. Moorcroft）曾窜至拉达克进行"探险"活动，策动拉达克投靠英国。由于当时英国政策是与锡克国兰吉特·辛格保持友好，兼并拉达克时机远未成熟，因此拒绝了穆尔可夫特的建议。[①] 1841—1842 年多格拉入侵西藏西部，独占羊毛贸易，损害了英国殖民主义者的利益，因此英国准备出面干涉，可是很快多格拉遭到失败，停战协议签订，基本恢复了原状，英国也随之放弃了干涉的打算。[②]

到 1843 年，英国派遣军队吞并了印度河下游的信德（Sindh），并着手准备对最后一个独立的印度国家——锡克王国的进攻。而此时的锡克王国也因国内封建领主和藩属势力增长，以及他们之间的相互斗争，而日益衰弱，有些藩属相继独立。如前述的查谟土邦统治者古拉伯·辛格，于1841 年 4 月后控制了整个克什米尔，"公然企图在旁遮普北方边境把查谟和克什米尔，以及他所征服的伊斯卡德罗和拉

---

① 见上引 G. J. 阿尔德《英属印度的北部边疆（1865—1895 年）》第二章第一节 1869 年以前英国对东突厥斯坦的政策；A. 兰姆：《英属印度与西藏》，第 47—49 页等。

② A. Lamb, Britain and Chinese Central Asia, The Road to Lhasa 1769 to 1905, Routledge and Kegan Paul, London, 1960, pp. 69—72.

达克组成一个统一的领地。"① 这一切为英国创造了征服锡克王国的有利时机。1845 年底至 1846 年，英国发动了第一次对锡克王国的战争，结果以锡克人失败而告终。战后，英国还不敢立刻兼并旁遮普地区，因为锡克仍有数千人的武装力量，故英国保存了锡克国家，但通过签订条约（1846 年 3 月 9 日的《拉合尔条约》）加以控制。在战争过程中，克什米尔、查谟统治者古拉伯·辛格背叛了锡克王国，保持了所谓的"中立"，因此战后，英国为了奖励古拉伯·辛格的"中立"，允其以一千万卢比"购买"印度河东部和拉维（Ravi）河西部，包括查巴（Chamba）直到拉胡尔地区。后来，英国将其中的库鲁（Kulu）和曼德（Mandi）置于自己的管理之下，免除了古拉伯·辛格所付一千万卢比的四分之一。

当时，英国考虑到古拉伯·辛格如今已摆脱了锡克王国的控制，有可能再次向中国西藏西部发动进攻，以达到垄断西藏羊毛的专利，有损于英国的经济利益。加之此时英国已与中国清朝政府在鸦片战争后处于和平时期，不愿古拉伯·辛格挑起与中国西藏的战争，以妨碍其侵略势力向中国内地的渗透。这正如当时英印政府官员克宁汉（A. Cunningham）所说："掠夺的希望和复仇的愿望也许会引诱他（指古拉伯·辛格）重复像 1841 年那样进军拉萨的领土，看来这并

---

① ［苏］安东诺娃等主编《印度近代史》（中译本），三联书店 1978 年版，第 351 页。

非不可能的事。这样的事立刻会停止织围巾的羊毛输入我们的领土，使我们诸邦同西藏一点点商务全部中止。我们同中国皇帝的和平关系，也可能由于中国皇帝陛下不明白印度的统治者和克什米尔的统治之间有何区别而发生相当的麻烦。……英国政府决定消除在东方一切争端中最普通的原因——悬而未决的边界。"① 为此，英国在 1846 年 3 月 16 日与古拉伯·辛格签订的《阿姆利则条约》中，还特别明文规定"古拉伯·辛格在没有得到英国允许之前，不得随意变更他的边界线"，并明确提出要组织划界委员会，划定古拉伯·辛格东部与西藏的边界线等。这就是英国要求与中国清朝政府划定拉达克与西藏边界的起因。

英国希望这段边界的划定，应由英国、中国清朝和克什米尔三方派委员一起进行。因此，1846 年 8 月英印总督哈定（A. Hardinge）先通过英国香港总督德庇时（S. J. Davis）向清朝两广总督耆英转呈了要求划定拉达克和西藏的边界及修改 1842 年多格拉与西藏停战协议中有关全部商品通过拉达克转卖的条文要求。同时，英印政府又通过所属巴沙赫（Bashaher）山邦一名官员，将哈定同样内容的信件交给西

---

① A. Cunningham, Ladak, London, 1854, p12, 转见上引兰姆《英国与中国中亚细亚》，第 73 页等。

藏噶大克噶本，转呈驻藏大臣。① 哈定在信中说：他希望中国西藏地方当局派遣官员，一起划定英国所属克什米尔（古拉伯·辛格领地）与西藏边界，并取消1842年西藏当局与拉合尔政府协议中的某些条款，"因为这些部分具有对于英国政府及其属地的利益极为有害的性质。"②

清两广总督耆英接到德庇时转来信件后，复函称："克什米尔与西藏，既有相沿界址可循，自应各守旧疆，无庸再行勘定。"至于修改协议内容，耆英误解为英国欲在西藏贸易，故援引《中英五口通商附粘善后条款》（1843年10月8日）只准在五口通商的规定，"是五口之外，断不容增添别口"，而加以"概行驳斥"。③ 而驻藏大臣琦善接到转呈来的哈定信件后，代噶大克营官拟了一封给库鲁部长的回信，以早已与森巴定约为由，拒绝了英国提议修改1842年全部商品经由拉达克转卖的条款。其目的，据琦善说，是为了让英国向森巴争议，"自相蛮触，俟其胜负区分，或可相

---

① 据中国文献，转呈驻藏大臣的哈定信件的是库鲁（Kulu）部官员，见《筹办夷务始末》卷七七，道光二十七年正月初七驻藏大臣琦善奏折，中华书局1964年版，第3061页。

② 《1846年8月4日哈定勋爵给拉萨—噶大克的长官等及西藏当局的信件》，转见兰姆《中印边境》中译本附录一，第166—168页。

③ 《筹办夷务始末》卷七七，耆英道光二十六年十二月辛未奏折，第3056页。

机酌办"。① 清朝政府对上述耆英、琦善的处理均表同意，并要求他们继续调查、了解情况，严密防范。② 不久，琦善派遣噶伦诺依金彭前往噶大克等地，"借以查边为由，暗为设法开导，先行固结民心"。③

到 1847 年初，耆英又接德庇时来文，内称："定界一事，只欲指明旧界，并非另定新界，亦无须委员往勘。其通商一节，系因加治弥耳（克什米尔）夷人本与西藏贸易，现拟仍照旧章，亦不另议新约，与来五口通商之口英商无涉等情"。耆英上奏清廷，以为英人"为正论所屈，妄念已息。"④ 同年 8 月 7 日（阴历六月二十六日）和次年（1848年）1 月 5 日（阴历道光二十七年十一月二十八日），耆英先后两次收到德庇时转来哈定来文，声称该国已派委员到克什米尔边界查勘，请中国委员立即前往等。然而，来文中"其所派夷目何人，何时前往西藏，文内并未明晰声叙"。⑤ 在这种形势下，清廷谕令驻藏大臣斌良、穆腾额和已升任四川总督的琦善，"商派委员，前往访查。如该夷实有夷目来至后藏，即跟同确查加治弥耳向与西藏通商旧界，详慎办

---

① 《筹办夷务始末》卷七七，第 3061—3064 页。
② 《筹办夷务始末》卷七七，第 3058，3064 页。
③ 《筹办夷务始末》卷七七，第 3105 页。
④ 《筹办夷务始末》卷七七，第 3068 页。
⑤ 《筹办夷务始末》卷七七，第 3101，3123 页。

周伟洲学术经典文集

理"。① 驻藏大臣穆腾额即于 1848 年 6 月 10 日（阴历五月初十日）复派噶伦诺依金彭到噶大克，于各地细心查访，结果是各处俱属安静，亦未见英国划界委员。②

　　然而，英国根本未等中国清朝政府的答复和所派划界代表，即于 1846 年夏天组织了第一届划界委员会，由克宁汉和阿格纽（V. Agnew）任委员。他们在没有中国委员参加的情况下，于 8 月 2 日从西姆拉出发，用了几个月的时间，划定并绘制了拉胡尔、司丕提与古拉伯·辛格领地之间的边界线。到 1847 年初，英属巴沙赫土邦官员向英印政府报告说，有中国官员（指噶伦诺依金彭）到了噶大克，可能是中方划界代表。然而，英印总督哈定却认为，这是为了阻止英方委员越过西藏边界而派来的。因此，他于同年又组织了第二届划界委员会，由克宁汉、斯特拉彻（H. Strachey）和汤姆逊（T. Thomson）博士为委员，他们仅只从司丕提到班公湖这一段西藏与拉达克边界上确定了若干点。③ 这次英国的划界，不仅没有中国清朝方面的代表，就是古拉伯·辛格所遣克什米尔代表亦采取不合作的态度，因此，实际上划界工作无法正常进行，英国单方面所划定的这条边界也是非法的、无效的。

----

① 《筹办夷务始末》卷七七，第 3124—3125 页。
② 《筹办夷务始末》卷七七，第 3146 页。
③ 参见上引兰姆《中印边境》（中译本），第 63—69 页。

以上就是 1846 年至 1847 年中英关于划定拉达克和西藏边界问题谈判的经过，这是中外学者根据大量档案和文献基本搞清楚了的历史事实。然而，遗憾的是，1960 年在中印官员关于边界问题的谈判中，印方竟然引用 1847 年初中国清朝两广总督耆英给英印政府的复函中所说"既有旧界"，"无庸再行勘定"之类的话，来证明拉达克、西藏边界"不仅是周知的，而且是充分清楚地确定了的"。"至于这条边界线的确切位置，已经提出了其他证据表明它就是印度地图所标明的界限。"① 既然这条边界线是早已确定的，为什么英国政府在 1846—1847 年一再要求中国清朝政府派代表共同划界？如果这条边界早已确定，那么它的具体走向如何，有何文件（双方都承认的）可证？这一系列最简单的问题，印方是无法正面回答的。因为拉达克与西藏原来均系中国的领土，它们之间的分界从未经正式划定，只有一条传统的习惯线。印方提出的依据根本不能成立，甚至连西方学者对此也加以嘲笑。如 A. 兰姆在其所著的《中印边境》一书中写道："现在印度政府利用过去中国温和的答复来求得安慰，未免带着某种讽刺的意味。"②

以后的历史事实亦证明，英国于 1846—1847 年单方面

① 见上引中印官员《关于边界问题的报告》（印方），第 60 页。
② 兰姆《中印边境》（中译本），第 64 页。协议全文见上引夏格巴书附录三，第 328—329 页。

划定的拉达克和西藏边界是无效的。拉达克与西藏一直维护着旧有的传统习惯线，双方的贸易亦照常进行，甚至拉达克每年派往拉萨的洛恰使团的"年贡"及双方官方贸易使团也仍然继续着。如公元1852年，拉达克与西藏因贸易发生了纠纷，即当年西藏地方政府商团没有按惯例将足够数量的砖茶运入拉达克贩卖，拉达克因此拒绝提供一定数量的马匹运砖茶，为此，双方发生争执。翌年（1853年），西藏噶大克噶本派了两名管事与拉达克官员进行商谈，双方订立了一个重申过去双方贸易的协议。这一协议签字者为双方地方官员，无拉达克和西藏地方政府之批准手续。文中虽然有各自维持旧界和贸易的条文，但它亦绝不是一个边界条约，而只是双方地方官员重申过去贸易惯例的协议。①

从上述19世纪前后拉达克与西藏的关系及中英关于划定拉达克和西藏边界谈判的历史事实，可以得出下列结论：

（一）在19世纪30年代多格拉古拉伯·辛格侵占拉达克之前，拉达克是中国西藏的一部分。其间，莫卧儿帝国曾一度征服拉达克，以其为藩属，但随着莫卧儿帝国的衰亡，拉达克重新归属于中国清朝西藏所管辖。

（二）1834年后，多格拉查谟大君古拉伯·辛格用武力侵占了拉达克，并于1841—1842年对西藏西部发动进攻，

———————

① 协议全文见上引夏格巴书附录三，第328—329页。

遭到西藏的反击。西藏军队先胜后败。最后，双方签订了停战协议，提出维持传统旧界，互不侵犯；拉达克年贡照旧及保持过去双方贸易惯例。协议没有解决拉达克的归属问题。这一协议不是一个关于边界的条约，所谓维持双方的"旧界"，是指双方传统的习惯线。

（三）1846—1847 年，多格拉克什米尔大公古拉伯·辛格的领地沦为英国的藩属土邦，英国为限制他的发展及取得与西藏贸易的利益，向中国清朝提出划定克什米尔东部与西藏边界和修改 1842 年协议的某些规定的要求。在没有得到中国清朝正式答复和没有清朝派出的划界代表参加的情况下，英国单方面两次组织进行划界工作，自然是无效的。而拉达克与西藏的边界一直是以传统的习惯为准，一直到 20 世纪 50 年代，这段边界从未经中国政府与英印或印度政府正式划定。

（原载于《中国藏学》1991 年第 1 期）

驻藏大臣琦善改订西藏章程考

一、问题之提出

琦善，字静庵，满洲正黄旗人。道光二十年至二十二年初（1840—1842 年）鸦片战争期间，时任两广总督的琦善，向英国妥协退让，代英向清廷恳求在香港寄居，因而获罪，被革职锁拿回京，家产查抄入官。① 但不久，在道光二十三年（1843 年）十月，清廷重新起用，"赏已革热河都统琦善二等侍卫，为驻藏大臣"。② 到道光二十六年（1846 年）十二月（1847 年 2 月）因在藏有功，清廷赏其二品顶戴，调

---

① 道光朝《筹办夷务始末》，中华书局 1964 年版，第 803—804 页。
② 《清宣宗实录》卷三九八，道光二十三年十月庚戌。

任四川总督。① 其任驻藏大臣任内仅三年有余。

在琦善任驻藏大臣三年多时间，正是内地及西藏多事之秋。时西藏地方内部上层矛盾渐为激化，清廷中央对西藏地方管理松弛，外国列强加强了对西藏地方的觊觎等。琦善上任后，首先假七世班禅额尔德尼等之名义，制造了西藏摄政诺们罕策墨林寺法台阿旺降白楚臣（ngag – dbang – dpal – tshul – khrims）以及前任驻藏大臣孟保等的冤案；曾一度引起拉萨色拉寺僧众的反对和扰乱。② 其间，他与驻藏帮办大臣钟方上奏《酌拟裁禁商上积弊章程》二十八条。③ 此后，又陆续奏请对西藏原订章程内容作了改革。此外，琦善还处理英国要求划定拉达克与西藏阿里边界，④ 以及遵旨遣送潜入拉萨的法国传教士约则噶毕（即嘉伯特，J. Gabet）、额洼

① 《清宣宗实录》卷四三七，道光二十六年十二月庚午。

② 《清宣宗实录》卷四一〇、卷四一一、卷四一二、卷四一四等；[法] 古伯察著，耿升译：《鞑靼西藏旅行记》，中国藏学出版社 1991 年版，第 517—520 页；中国藏学研究中心等合编：《元以来西藏地方与中央政府关系档案史料汇编》(3)，中国藏学出版社 1994 年版，第 926—946 页。参见张庆有《琦善与策墨林诺们汗》，《西藏研究》1990 年第 2 期。

③ 奏折全文见张其勤原稿、吴丰培增辑《清代藏事辑要》，西藏人民出版社 1983 年版，第 417—430 页。

④ 周伟洲：《19 世纪前后西藏与拉达克的关系及划界问题》，《中国藏学》1991 年第 1 期。又有的著作，如噶玛降村编著《藏族万年大事记》（民族出版社 2005 年版）说："清朝驻藏大臣琦善不顾全藏上下僧俗官员和全体藏族人民的反对，将拉达克割让给英国（第 245 页）。"这纯属误解。

哩斯塔（即古伯察，E. R. Huc）由四川返国等事件。①

其中，琦善改订有关西藏章程一事，清代及后世批评及论述颇多，是清代西藏历史上的重大事件，对清代后期藏事影响深远。如宣统元年十一月，驻藏大臣联豫上奏称："……自琦善以兵权、财权尽付番官，驻藏大臣属下仅粮台及游击以下文武数员，制兵则久成防次，习气甚深，由藏召募者且多亲附藏人，设有缓急，皆不足恃……"②又《清史稿》卷五二五《藩部八》也说："……琦善寻奏改章程二十八条，又奏罢稽查商上出入及训练番兵成例。故事，商上出入所有一切布施金银，均按季奏报。自琦善奏定后，而中国御藏之财权失。又驻藏大臣及兵丁俸饷，向由福康安在廓尔喀经费内拨交商上生息，以资公用。及琦善议改章程，将生息取消，一切由商上供给。迨后中国驻藏一切开支，藏人渐吝供给，而不知当日实有赀本发商生息，并非向商上分肥。总之，乾隆所定制度荡然无存矣。"

琦善任内是否改定章程，使清中央政府对西藏地方财政、兵权丧失，甚至令"乾隆所定制度荡然无存"呢？这在清代藏族历史上是一个大问题。20世纪80年代以来，国

①　吴丰培增辑《清代藏事奏牍》上，中国藏学出版社1994年，第293—294页；上引［法］古伯察著，耿升译：《鞑靼西藏旅行记》，第530—544页。

②　《宣统政纪》卷二四，宣统元年十一月戊申条。

内有的论著基本上同意上引联豫及《清史稿》的说法；① 也有学者，如邓锐龄先生曾专门撰文讨论、研究此事。② 多吉才旦主编之《元以来西藏地方与中央政府关系研究》上册（中国藏学出版社 2005 年版）、苏发祥著《清代治藏政策研究》（民族出版社 2001 年版）等著作也均涉及到这一问题。然而，上述论著对琦善在驻藏大臣任内，改订藏内章程的事实及评价多有不同。本文即在以上论著研究的基础上，对这一问题作进一步的探讨。

二、关于琦善等奏呈《酌拟裁禁商上积弊章程》

道光二十四年九月二十六日，琦善与驻藏帮办大臣钟方在处理摄政诺们罕阿旺降白楚臣被控各款的过程中，了解到西藏地方各种积弊，以"曷若明定章程，俾知遵守"，"俾众咸知，凛遵法守"为由，向清廷呈《酌拟裁禁商上积弊章程》，共二十八条。同年十一月初四日，道光帝朱批："该部议奏，单并发。"③ 十二月初四日（丙申），理藩院遵

① 吴丰培、曾国庆：《清代驻藏大臣传略》，西藏人民出版社 1988
年版，第 162—163 页。
② 邓锐龄：《关于琦善在驻藏大臣任上改定藏事章程问题》，《民族研究》1985 年第 4 期。
③ 奏折及附《章程》全文见上引《元以来西藏地方与中央政府关系档案史料汇编》（3），第 928—935 页。

旨，对《章程》逐条以予议覆。① 其主要内容有：

其一，是关于对原有章程及"旧典"的重新申明和补充。

在重申旧典方面有：

琦善等奏二十八条《章程》中，第一条"……嗣后仍钦遵特旨，驻藏大臣与达赖喇嘛、班禅额尔德尼平等，其掌办之呼图克图，大臣照旧案仍用札行，不准联路交接，以庸政体"。

第二条，与廓尔喀、哲孟雄等外番交涉事，"应请悉遵定例，无论事之大小，均呈明驻藏大臣代为酌定发给，不准私自授受，违者参革，以重边疆"。

第二十六条，重申原理藩院则例，"番民争讼，分别罚赎，不得私议抄没"。

第二十七条，重申减轻番民乌拉差役，"应请嗣后驻防官兵应用乌拉，照嘉庆二十三年玉麟等所定，按品级应付章程办理，不准逾额；番目应用乌拉，照嘉庆二年松筠等所拟，按照官职大小定数应付，毋许增添；其番目族戚及跟役等，均不准擅用乌拉，以苏民困。违者分别斥革处分"。

在旧典原则下，革除流弊，补充规定方面有：

————————————

① 　按，张其勤原稿、吴丰培增辑《清代藏事辑要》，西藏人民出版社1983年版，第417—430页，全文录理藩院议复文，且将时间置于十一月"丙申"，十一月无"丙申"，仅十二月有"丙申"（初四日），或为十一月"丙戌"（二十三日），或为十二月丙申之误，暂以后者为准。

第三条，"地方遇有不靖，无论唐古特所属及外番构难，均先详查起衅根由，是否由于官民债事激成，严行惩办，再行拟定，不准如前先用兵，冀图冒功，违者参革，以慎重旅"。

第四条，"达赖喇嘛正副师傅，乾隆年间，并未动辄保奏，应请嗣后如果教授多年，俟达赖喇嘛任事之时，仰候恩出自上。不准驻藏大臣如前滥行保奏，以崇体制"。

第五条，"达赖喇嘛年至十八岁，应请仿照八旗世职之例，由驻藏大臣具奏请旨，即行任事。其掌办之人（指摄政），立予撤退。所有掌办印信，或照成案送京，或封贮商上，请旨遵行，不得仍有捺压专为掌办之人，以杜结纳"。

第六条，"达赖喇嘛之父母，向由商上拨给庄田房屋，用资养赡……应请嗣后达赖喇嘛呼毕勒罕出世，一经入瓶掣定，奉旨唯作呼毕勒罕，其父母应得庄房，即由商上拨给，不准藉放推延，以示体恤"。

其二，因摄政制的施行而出现的流弊，采取对摄政权力限制的规定。

第七条，鉴于"掌办印务（摄政）威权已重"，再兼达赖喇嘛师傅及噶丹寺池巴，"权要并于一人，易滋舞弊而莫敢谁何。应请嗣后掌办商上事务之人，不准保充正副师傅及噶勒丹池巴，以昭限制"。

第八条，"噶勒丹池巴请照后开旧规，于年久苦修深通经典喇嘛中保充，不准以呼图克图诺们罕充补，以滋佝论职衔大小，不论品行高低之弊"。

第九条，"掌办事务手下之札萨克喇嘛，只准其管本寺事务，不准丝毫干预商上公事。同其余喇嘛，均只准补其本寺之缺，不准补商上之缺，与占他寺差使。其商上当差之人，亦不准补掌办事务寺中之缺，庶界限得以划清"。

第十条，"掌办事务之人，各有庄田、百姓，尽可役使，不准再用商上乌拉，以苏民困。其熬茶布施，应自出己资办理，不准交商上番目代办，以免商上贴补"。

第十一条，"掌办印信，存掌办之人寺中，其钥匙照旧交总堪布佩带，遇有文书，公同钤用；其商上办事中译，仍住公所，不准移赴掌办之人私寺，以免滋弊"。

第十二条，"掌办之人不准将商上田地、人民擅行给与寺院及送与亲友。各寺院亦不准向掌办之人私行呈请，将商上庄田赏作香火养赠。违者将掌办参革，分别追还商上，以儆专擅"。

第十三条，"达赖喇嘛从前赏给世家及百姓田地，不准私行呈送及典卖与掌办寺院。违者追出归还商上，以杜贪营"。

其三，对商上仔仲喇嘛、除营官外僧俗官员、喇嘛、堪布等有关人数、品级及升转诸事，参酌旧章，作了新的补充规定。

第十四条，"商上仔仲喇嘛，应照嘉庆十一年奏定一百六十名定额，不准再有增益……该仔仲系闲散喇嘛，并无品职，未便如乾隆年间福康安所奏，骤补四五品大缺，应请俟该仔仲充当三年后，以七品执事及七品喇嘛营官补用"。

第十五条，"商上仔仲乏人，从无向外寺挑取旧规……今查商上原有拉木结札仓寺一所，现有学经喇嘛，应请嗣后仍循旧规，不准向外寺挑取，倘商上人数不敷，只准向拉木结札仓寺内挑取。以商上寺中之人当商上之差，既符旧规，且杜流弊"。

第十六条，按照旧章，详加考订，规定了除营官外，僧侣官员之人数与品级（原文略）。

第十七条，规定喇嘛升转办法（原文略）。'

第十八条，调整、补充旧章程中，官员升迁不合理之处。如"今查仔琫、商卓特巴系四品之缺，大中译系六品，即升四品，已觉过优，且前藏并无济仲喇嘛，只有仔仲，乃未经授职之人，骤升四品，更属躐等。应请嗣后仔琫、商卓特巴缺出，以五品之业尔仓巴、协尔帮、硕第巴、密琫升补"等。

第十九条，凡僧俗官员，"凡六品以上及有关地方之七品营官升调，均应呈请大臣会同拣放外，其余悉遵照章程，自行秉公办理，按季报查，违者查参"。

第二十条，商上厨房供差及管门第巴等微职，则以达赖喇嘛之意，照旧办理。

第二十一条，"僧俗营官，各应归还本缺，不准互相侵占。其有从前将喇嘛营官作为寺院香火养赡者，即作为占一僧缺，不准又以俗缺令喇嘛管理"。

其四，对寺院堪布补放作了规定。

第二十二条，"各寺补放堪布，大寺拣拟五名至七名，小寺拣拟三四名至五名不等，以及拣补、调补、轮署等项，各寺均向有成规，应仍其旧外，应请嗣后必须查其出家实在已逾二十余年，确系经典深通，攒大、小昭时曾经考取格西蓝占巴名色者，方准开单呈请补放。不准以年轻资浅、经典欠深、并未考取格西蓝占巴者越次补放，致启贪缘之弊。其充当堪布缘事具辞者，或回籍，或静居本寺，不准擅行他往营谋升调。违者斥革，逐出寺院，将掌办之人参奏，以肃清规"。

第二十三条，规定拉萨三大寺池巴补放之新规定，"不准如前不计年分浅深，曾否通晓清规，贿买贿卖，越次补放，致坏清规。违者革去喇嘛，逐出寺院，将掌办之人参奏，以肃清规"。

第二十四条，规定补放噶丹寺池巴之资历、升补办法，"不准越次超升，以杜贪谋，致坏清规之弊"。

第二十五条，"嗣后建修寺院，无论职分大小，一遵理藩院定例，不准有碍民地、民房。违者许被害之人告发，处分退还。其喇嘛只准在寺焚修，不准如前干预公事，动辄联名具呈，或代人乞恩，或代人报复，效讼棍所为。违者将该寺堪布及掌教之喇嘛斥革，仍查明起意之人，严行治罪"。

其五，重申对藏兵数额及外番来藏贸易抽办课税之规定。

第二十八条，"唐古特番兵应照额挑补足数，以重操防。除老弱兵丁，业俱查出更换外，应请嗣后责成该管各员，认真训练，不得稍形短少苦累。其有相沿各处当差出资雇替者，均责成戴琫查明撤退归伍。违者照例治罪，以实兵额。其来藏贸易之外番，应抽收税课，现在悉令噶布伦等查照旧章，毋许增添勒索，以示怀徕，而免争端"。

理藩院在逐条议覆之后，提出："所有臣等拟议该大臣所定以上《章程》二十八条，如蒙谕允，所有臣院西藏通制所载条款，多与《章程》不符，且多未备，请即将不符条款删除，自奉旨后，统以新定各章为断。所有此次新章，并该大臣折内所称旧有成规各事宜，及前后藏一切现行规则，请旨敕下驻藏大臣琦善等造具汉字清册一分，钤盖印信，移咨臣院，以便稽核，而备考订。余均如所请。"得旨："依议。"又从道光二十五年驻藏大臣琦善覆理藩院文卷来看，① 上述《章程》二十八条，确为清廷颁布施行，并存理藩院。

然而，在光绪年编纂的《钦定理藩院则例》卷六一至六二《西藏通制》中，却没有收入琦善等奏准之《章程》二十八条。正因为如此，有学者甚至认为，"从后来的史实看，此一章程并未贯彻执行"。② 此说不确，因光绪年续修之《理藩院则例》大都沿袭道光年修纂本，以后改制多未

---

① 文卷载上引张其勤原稿、吴丰培增辑《清代藏事辑要》，第 430 页。
② 苏发祥：《清代治藏政策研究》，民族出版社 1999 年版，第 192 页。

列入。我们以为，此《章程》二十八条在当时确已贯彻执行，只是以后随着清朝的衰落，贯彻实行不力而已。更何况此《章程》总的精神，是对旧章的重申、补充、完善，重在"裁禁商上积弊"，而非另立章程。

邓锐龄先生对此《章程》曾作过仔细分析，他认为改订之二十八条，"一方面是振作以往驻藏大臣的积弱之势……另一方面是削弱并限制代办（摄政）的权力……把这二十八条原文与乾隆五十八年的卫藏《章程》比较，可以发现琦善对于前藏僧俗官员的职别品级的规定比福康安等奏上的《章程》更加充实细密，在僧俗官员升转次序上也做了一些订正"。"所以，从新《章程》全文来看，驻藏大臣的职权并不因这次改革而受到削弱。"[1] 我们基本同意邓先生的意见。

三、关于琦善奏罢稽查商上收支问题

乾隆五十八年《钦定藏内善后章程二十九条》第八条规定："达赖喇嘛与班禅额尔德尼之收支用度等，此前驻藏大臣从未过问。今钦遵'达赖喇嘛与班禅额尔德尼专注释教利乐，事无巨细，概由众亲随从代行，难免中饱舞弊等情。嗣后著由驻藏大臣审核，凡有隐情舞弊等情，即予惩

---

① 前引邓锐龄《关于琦善在驻藏大臣任上改定藏事章程问题》文。

处'之上谕，著令开列收支清单，于每年春秋二季报送驻藏大臣衙门审核"。① 然而，就在道光二十四年九月后，琦善等又上奏改订上述章程，以驻藏大臣稽查商上及札什伦布收支，难以分辨其中何者为其"自奉"，无需稽查，何者为例应需用，需要稽查，且"青稞、糌巴、奶渣、酥油、羊腔、果木、盐斤各项琐屑异常，而折色、本色、采买、变卖、回礼、番平、番钱名目互异，又系番语番文，目所未经，有名无实"，因而恳请"嗣后商上及札什伦布一切出纳，仍听该喇嘛等自行经理，无庸驻藏大臣涉手，以崇政体之处，出自圣主鸿兹"。同年十二月二十七日（己未），理藩院遵皆议覆："自因今昔情形不同，为因时制宜起见，应否如该大臣等所请，伏候圣裁。"② 同日，道光帝谕军机大臣等，"兹据（部议）奏称，商上布施出纳向由驻藏大臣稽查核办，但凭商上呈开，仍属有名无实。嗣后商上及札什伦布一切出纳，著仍听该喇嘛自行经理，驻藏大臣毋庸经管。将此谕令知之。"③

这是对乾隆五十八年《钦定藏内善后章程二十九条》第八条的重大改订，因原章程所订此条，是代表清朝中央政

① 见上引《元以来西藏地方与中央政府关系档案史料汇编》（3），第828页。
② 上引张其勤原稿、吴丰培增辑《清代藏事辑要》，第433—435页。
③ 《清宣宗实录》卷四一二，道光二十四年十二月己未。

府驻藏大臣行使对西藏地方财政的监督权。尽管因种种原因，此监督权已"有名无实"，但琦善等奏准放弃此权，无疑大大削弱了清朝中央对西藏地方的管理，造成了一些恶果。无怪乎清末驻藏大臣联豫等批评琦善将"财权尽付番官"，"中国御藏之财权失"也。

与此相关的问题是，上引《清史稿·藩部八》所说，琦善还议改《章程》，取消由福康安在廓尔喀经费内拨交商上生息，以资公用的经费，致使迨后中国驻藏一切开支，藏人渐各供给。所谓"福康安在廓尔喀经费"，是指乾隆五十七年与廓尔喀战后，抄没沙玛尔巴资产（约六万四千余两），按《钦定藏内善后章程二十九条》规定，此项款作为新建三千藏军口粮之费，并"将此估变银两分交各营官按二分生息，以所得息银散给番弁番兵"。可是，驻藏大臣及驻防清军的俸禄、饷银等经费是由清廷支付，每年由四川解往，根本不用上述抄没沙玛尔巴财产生息之银两。正因为如此，以前学者对上述《清史稿》所说，有些困惑不解。①

原来，在道光九年（1829年）六月，时驻藏大臣惠显等奏准，"将此积存银（即抄没沙玛尔巴财产所折银两）提出一万两发交番商，照唐古特向例按二分生息，每年可得息银二千两，作为新增之息。如有因公调遣番弁番兵事件所需

_____

① 见上引邓锐龄：《关于琦善在驻藏大臣任上改定藏事章程问题》文。

口粮，即于此项新增生息银两内酌量动用，始无调派之事，亦可使公项宽裕，办理公事不致掣肘，实于达赖喇嘛商上大有裨益"。"自道光十年为始，仍于年终将生息银数及有无动拨之处造册报部"。① 此或系上引《清史稿》所说的"廓尔喀经费内拨交商上生息，以资公用"的一笔经费。

但是，道光二十四年十二月，清廷准依琦善奏请嗣后驻藏大臣毋庸经管商上财政收支后，原生息之抄没沙玛巴生息经费也归商上管理，使驻藏大臣不能因公动用，经费日绌。

四、关于改订藏兵和驻防清军建置章程问题

关于额设藏军及驻防清军的建置，早在乾隆五十八年《钦定藏内善后章程二十九条》内，均有明确规定。但自此以后，有关藏军及驻防清军各项建置日渐松弛，弊病丛生，战斗力削弱。道光二十四年初，琦善任驻藏大臣不久，即奏称驻防清军"原系三年一换，例准雇役番妇代司缝纫樵汲"，后因更换日少，清军与番妇所生子，"现已十居以二三"；而新换防清军只能为后补，生活日形苦累。同年七月初一日（丙寅），道光帝谕令：如此"仍旧因循，年复一年，不但帑项有亏，且恐在营弁兵渐成唐古特族类"；"著

---

① 上引《元以来西藏地方与中央政府关系档案史料汇编》（5），第2238页；《清宣宗实录》卷一五八，道光九年七月乙卯。

该大臣嗣后遇换防之期，即行照例更换，少准留防。其有欠项者，酌量给发，俾令糊口有资，余均尽数扣还……"①

接着，在同年八月，道光帝接到琦善奏称，自前驻藏大臣文蔚至孟保等将藏应存火药、铅子等滥借给摄政诺们罕，至今尚欠，以致营中不敷操练事。道光帝大发雷霆，谕令查明历次药斤等项，估价后，由前驻藏大臣文蔚等六人赔偿，交部议处，并立即将所缺火药、铅子照数制造，解交前藏。② 又上述琦善等奏准之《酌拟裁禁商上积弊章程》的第二十八条中，也有对藏军"应照额挑补足数，以重操防"的规定。

此外，在琦善调任四川总督前后，还奏请将道光二十一年孟保任内，奏改原章程额设三千藏军十分之五为鸟枪，十分之三为弓箭，十分之二为刀矛的规定，裁刀矛一项为弓箭，又改鸟枪与刀矛各占十分之五，裁弓箭，得到清廷的批准。③

以上琦善奏准关于藏军和驻防清军的措施和改革，对革除积弊、加强军队战斗力，均有一定的作用。但在当时清廷腐败和内忧外患的形势下，施行的效果是有限的。

在改订藏军及驻藏清兵建置章程方面，影响最大、后世

---

① 《清宣宗实录》卷四○七，道光二十四年七月丙寅。
② 《清宣宗实录》卷四○八，道光二十四年八月丙辰；卷四○九，道光二十四年九月戊辰。
③ 《清宣宗实录》卷四四六，道光二十七年八月戊辰。

争议最多的，还是以下两端：

其一，道光二十五年，琦善等奏："西藏所属哈喇乌苏（即今西藏那曲）以外按年派员巡查卡伦，只属具文，徒滋扰累"。同年八月初六日（乙未），道光帝谕内阁："哈喇乌苏既设有营官，著即责成该营随时防范，所有按年派员巡查之处著即行停止"。① 近代学者多引此事，而指责琦善放弃巡边之责。② 此或即上引《清史稿》及联豫奏折中，指责琦善放弃西藏兵权的又一证据。

如果仅以上述琦善等的奏请而论，他只是奏请停止按年派兵巡查哈喇乌苏边外卡伦，而非完全放弃巡边操练之责。事实亦如此，就在奏停按年派兵巡查哈喇乌苏边外卡伦后一年，即道光二十六年（1846年），时任驻藏帮边大臣瑞元还"自前藏起程赴后藏三汛校阅营伍，访询各处边界，均属安靖"。③ 又如《清实录》咸丰二年（1852年）三月癸酉记："驻藏办事大臣穆腾额奏报校阅前藏官兵春操情形。得旨'朕近闻汝心神恍惚，办事不能用心，并有称汝不见属员高卧衙斋者。若果属实，于边疆要地深有关系，可据实奏来。若有一字欺瞒，难逃朕鉴'。"按乾隆五十七年（1792年）十二月二十八日福康安等条奏酌定善后事宜各款一折内，明

---

① 《清宣宗实录》卷四二〇，道光二十五年八月乙未。
② 如上引吴丰培、曾国庆《清代驻藏大臣传略》，第163页；上引苏发祥《清代治藏政策研究》，第192页。
③ 《清宣宗实录》卷四三〇，道光二十六年闰五月戊申。

确规定驻藏大臣"每年于春秋两季，奏明轮往巡查（前后藏），顺便操演……"① 而上引咸丰二年驻藏大臣穆腾额所奏，至少在形式上驻藏大臣每年巡边及操演之惯例仍在执行。但是否真正实行，连咸丰皇帝在旨令中明显表示对此有所怀疑。

其二，道光二十六年（1846 年）闰五月二十四日，琦善上奏，以"原因番兵新设，事属初创，既未谙悉操练，不得不令官兵指授"，今已于"演习枪炮之法已明悉"为由，"请嗣后番弁兵丁一切操防事宜，均责成噶布伦（噶伦）等经理，经禀驻藏大臣核办，倘有废弛疏懈，即行参奏；其官兵操练，责成驻防将备管理，庶营务各有专责，遇事不致推诿"。② 从同年六月二十四日琦善等《为藏军粮饷及武器事致噶伦札》中，可见琦善所奏藏兵一切操防事宜，已交与噶伦经理。虽然札中规定噶伦等应将藏军各项事宜"酌情商讨，制定完善规章呈报"，但也是一具空文。③ 即是说，琦善奏准废除了原由清驻藏官兵训练藏军之章程。这一

① 张羽新：《清朝治藏典章研究》，中国藏学出版社 2002 年版，第116—117 页。按至乾隆五十九年五月，经驻藏大臣和琳等奏请，驻藏大臣每年春秋二次巡边巳改为每年五六月巡边一次（《卫藏通志》卷八）。
② 第一历史档案馆藏军机处录副奏折，转见上引《元以来西藏地方与中央政府关系档案史料汇编》(5)，第 2245—2246 页。
③ 上引《元以来西藏地方与中央政府关系档案史料汇编》(5)，第2246—2247 页。

旧章程，载于乾隆五十八年《钦定藏内善后章程二十九条》中第四、十三条。此乃有清朝中央政府控制西藏地方军队的含义在内，且使藏军具有了清军风貌及战斗力之色彩。更为严重的是，明为清朝中央政府仅废除对藏军训练的旧有章程，而事实上是放弃了对藏军所有的管理权，形成驻防清军与藏军"各管各营"的局面。

至此之后，藏军缺额、藏官役占藏兵以及番官益无顾忌等弊丛生。咸丰七年（1857年）三月，驻藏大臣赫特贺等在《条陈变通西藏藏兵营制章程清单》中，就痛切地说："自道光二十六年前大臣琦善奏改各管各营之后，每遇额兵缺出，该管番员任意停压，动辄累月经年。校阅届期，仍抽派番民足数，将届既不与闻，噶布伦亦视为故事，殊属不成事体。"① 清末，驻藏大臣联豫更是指斥琦善，尽将"兵权"付与番官。此乃琦善放弃清朝中央政府对西藏地方部分兵权，影响甚巨。

五、结语

关于琦善其人，道光二十六年（1846年）初，潜入拉萨的法国传教士古伯察有如下的描述："琦善虽已年长60

① 上引《元以来西藏地方与中央政府关系档案史料汇编》（5），第2248—2250页。

多岁，但我们觉得他精力充沛。其相貌无疑是我们在中国人中所遇到的最为庄重、最为和蔼可亲和最为才智横溢者……"且他曾因任两广总督，接触和了解西方较多，懂一些"洋务"。① 他以戴罪之身，重新起用为驻藏大臣，急于立功的心理，促使其较为勤勉任职，也非庸碌无能之辈。

在驻藏大臣任内，琦善看到西藏地方政府及藏军、驻藏清军多年积弊，奏陈《酌拟裁禁商上积弊章程》二十八条，重申、补充旧有章程，以加强驻藏大臣的权力，整顿和完善西藏地方吏治。又对藏军、驻防清军的若干弊端，奏请改革。这一切均有助于清朝中央加强对西藏地方的管理和自身军事力量的增强。然而，如前所述，在当时的形势之下，以上这些措施，收效不大。

可是，与上述琦善愿望相反的是，他奏请放弃对商上财政的审核权、奏罢训练藏军成例及停止派兵巡查部分地区（哈喇乌苏），对以后产生了不良的影响。虽然并非如联豫及《清史稿》等所说，使清朝丧失了对西藏地方的财权和兵权，使"乾隆所定制度荡然无存矣"。但这两个政策的改变，确有损于清朝中央政府对西藏地方的管理权，开启了今后驻藏大臣权力的削弱之端倪。琦善对此是难辞其咎的。当然，琦善及其之后，清朝中央对西藏地方管理之削弱，是应与清朝统治阶层在全国范围内力量的衰弱，外国列强的入侵

---

① ［法］古伯察著，耿升译：《鞑靼西藏旅行记》，第530—536页。

等各方面的原因有关。上述琦善在任内改订的上述两个章程，不过是这一衰弱过程之发端而已。

千里之堤，溃于蚁穴。琦善在任驻藏大臣三年多期间的所作所为，特别是改订章程一事，后世足将引以为戒。

（原载《中国边疆史地研究》2009 年第 1 期）

儒家思想与中国传统民族观

　　从古至今中国就是一个多民族的大国，为什么历经两千多年各民族虽有分裂有战争，然而最终还是统一在一个国家之内，民族问题不是很突出，中国历代当政者到底采取了什么样的民族政策？这的确是一个饶有趣味和很有意义的问题。当然，中国历史上统一的多民族国家的发展、巩固原因是多方面的，概括说来就是我们今天学术界正在深入探讨的"中华民族凝聚力"的问题。不过，历史上中国传统的民族观及其指导下的民族政策，也应是其中原因之一。中国历史上的民族观及民族政策有它的独特性，其中有值得今天借鉴的地方。

一

　　根据国内许多学者的研究，中国过去几千年当政者处理民族关系和执行的民族政策，追根溯源，还是扎根在中国传统的儒家思想民族观的沃土中，而萌芽形成于先秦时代。

　　大约在距今四千多年的夏朝，首先在今黄河中下游地区的各部落、部落联盟发展成国家，而今日汉族的前身华夏族（或称"夏族"、"华族"、"诸夏"等）也就随即形成。华夏族得名，即因夏朝而来。据《尔雅·释语》，"夏，大也"。①《尚书正义》释"华夏"一词说："冕服采章曰华，大国曰夏。"② 在夏国王畿周围还存在着许多与夏族亲疏不同，或有一定臣属关系的部落或部落联盟，称为"方国"。经过夏国几百年的统治，邻近一些国家人民皆融入华夏族之中，使华夏族不断壮大。兴起于黄河下游的、最后灭亡夏朝的"商人"即其中之一。

　　从商朝的建立至西周的灭亡，前后约一千六百多年，其间华夏族以融入商人、周人及四周各族而更为壮大。在西周末或稍后的春秋时，华夏族与其他民族的分别也逐渐严格，形成了华夏与四个方位民族的所谓"五方之民"（即"五大民族集团"）的概念。《礼记·王制》说："中国戎夷，五方之民，皆有性也，不可推移。"东方曰夷，南方曰蛮，西方曰戎，北方曰狄，"五方之民，言语不通，嗜欲不同"。③ 此

---

① 《尔雅注疏》卷一。
② 《尚书正义》卷一二。
③ 《礼记正义》卷一二。

时，华夏与四方之民的关系日益密切。公元前771年，西周王朝即为西戎犬戎等所灭，迫使周平王东迁洛邑。从此，中国历史进入春秋（东周）时代。

春秋时，戎狄"交侵"华夏，夷夏之别更为严格。于是华夏一些政治家、思想家，如齐国的管仲等，提出："戎狄豺狼，不可厌也，诸夏亲昵，不可弃也。"① 也就是说，他把四夷视为豺狼，认为他们贪得无厌；诸夏族皆亲近之人，相互不可遗弃。此外，还有的提出"非我族类，其心必异"，② "德以柔中国（华夏），刑以威四夷"③ 等观点。这种对华夏族以外的四夷极端歧视的思想，是与当时民族矛盾尖锐、各诸侯国之间政治斗争激烈的形势相关的，并且与华夏政治家提出的"尊王攘夷"的口号相一致。它代表了当时华夏思想家、政治家的民族观，即他们对民族的认识，只承认华夏族，而视四夷为禽兽，主张大肆挞伐。这一思想对后世也有很大影响，特别是当民族矛盾尖锐时，当政者往往会以此为理论依据，对戎狄的反抗进行武力镇压。然而，这一思想并非中国历史上民族观之主流。

到春秋末战国初，"尊王攘夷"的任务基本完成，以孔子为首的儒家登上了历史舞台。他们虽然也认为"夷夏有

① 《左传》闵公元年。
② 《左传》成公四年。
③ 《国语·周语》。

别"，主张"裔不谋夏，夷不乱华"，① 赞扬管仲"攘夷"的行动，说"微管仲，吾其被发左衽矣"。② 但是，以孔氏为首的儒家从"仁"的观点出发，不把四夷视为禽兽，而是认为华夏与戎狄只有尊卑之分，所谓"四海之内，皆兄弟也"，③ 就包含了这层意思。叔向所说"诸侯亲之，戎狄怀之"，④ 更是正确地表达了儒家对"四夷"偏重于"怀"（怀柔）的主导思想。

战国时，儒家这一思想得到进一步的发展，如孟子等人，鉴于当时夷狄多融入华夏的现实，对四夷的看法又进了一步。他曾大胆提出：舜和周文王，一是"东夷之人也"，一为"西夷之人也"，"得志行乎中国，若合符节，先圣后圣，其揆一也"。⑤《吕氏春秋·功名当染》亦说："善为君者，蛮夷反舌、殊俗、异习皆服之，德厚之。"可见，战国时以儒家为代表的思想家、政治家更多地消除了对夷狄的鄙视，不再视之为未开化之"禽兽"，主张用华夏的"德"去包容夷狄。这一思想成为历代政治家、思想家对"四夷""怀柔"的思想基础，影响极为深远。

至汉代，汉武帝提出要"德泽洋溢，施虏方外，延及

---

① 《左传》定公十年。
② 《论语·宪问》。
③ 《论语·颜渊》。
④ 《国语·晋语》。
⑤ 《孟子·离娄下》。

群生"，① 即要广徕"四夷"，教通四海。西汉刘安撰《淮南子》一书中，更是表现出夷夏一圈的进步思想。如《俶贞训》里说："……是故自其异者视之，肝胆胡越，自其同者视之，万物一圈也。"《齐俗训》说："胡貉、匈奴之国，纵体施发，箕踞反言，而国不亡者，未必无礼也。"五胡十六国时，少数民族纷纷内迁，并建立政权，其首领大多汉化较深，并以华夏正统自居，前秦氏族苻坚即是典型的代表。他认为夷狄是"非礼义之邦"，应以"羁縻之道，服而赦之，示以中国之威，导以王化之法"。② 隋文帝结束了南北的分裂割据，统一全国，他对"夷狄"的看法是："朕受命于天，抚育四海，望一切生人皆以仁义相向"，"溥天之下，皆曰朕臣，虽复荒遐，未识风教，朕之抚育，俱以仁孝为本"。③ 隋炀帝也有同样的思想，他曾说："今四海即清，与一家无异，朕皆欲存养，使遂性灵。"④ 隋末思想家王通（文中子），则以是否行"王道"（仁政）来臧否历代帝王，提出"天命不于常，惟归乃有德；戎狄之德，黎民怀之"。⑤ 唐太宗则更进一步，他曾公开宣布："自古皆贵中华，贱夷

---

① 《汉书》卷五六《董仲舒传》。
② 《晋书》卷一一三《苻坚载记上》。
③ 《隋书》卷八三《吐谷浑传》。
④ 《隋书》卷八四《突厥传》。
⑤ 《中说·王道篇》。

狄，联独爱之如一。"①

唐代以后，历代帝王和政治家们大都沿袭了前代对"四夷"怀柔的思想和政策。如明太祖一再申明："天下守土之臣皆朝廷命吏，人民皆朝廷赤子"；② "朕既为天下主，华夷无间，姓氏虽异，抚字如一"。③ 明成祖甚至宣称："华夷本一家"，④ 反对视夷狄为禽兽，认为"人性之兽，蛮夷与中国无异"。⑤ 到清代，中国统一多民族国家发展到一个新的阶段，清朝满族统治阶级提出"满汉一家"的口号。雍正帝甚至发表宏论说："且自古中国一统之世，幅员不能广远，其中有不向化者，则斥之为夷狄……在今日而目为夷狄可乎？……自我朝入主中土，君临天下，并蒙古极边诸部落俱归版图，是中国之疆土开拓广远，乃中国臣民之大幸，何得尚有华夷中外之分论哉！"⑥ 民国以降，孙中山先生主张的"五族共和"，应是这一民族思想进步发展的必然结果和总结。

正是基于这种较为进步的对民族的认识，以及华夏、戎狄不断同化、融合时现实，以孔子为代表的儒家在区分民族

---

① 《资治通鉴》卷一九八，唐贞观二十一年条。
② 《明史》卷三一六《贵州土司传》。
③ 《明太祖实录》卷五三。
④ 《明太宗实录》卷二六四。
⑤ 《明太宗实录》卷一二六。
⑥ 《大义觉迷录》，《清史资料》第4集，中华书局1982年版，第5页。

的标准上，有独特的见解。他们并没有以华夏、戎狄在语言、习俗、体质、血统等方面的差异，来区分民族，而是以"文化"（礼仪）作为标准来区分夷夏。《论语·八佾》中说："夷狄之有君，不如诸夏之亡也。"即是说，夷狄尚有君，而诸夏反而僭乱无上下之分。① 孔子甚至"欲居九夷"。② 可见，孔子认为夷狄并非事事不如华夏。清代学者康有为在《论语注》中释以上两句时，说："故夷狄而有德，则中国也；中国而无德，则夷狄也。"此话可以说，深得儒家关于民族思想之精要。又《春秋公羊传》隐公元年何休释《春秋》之意，将春秋之世分为三："所传闻之世"，"内其国而外诸夏"；"所闻之世"，"见治升平，内诸夏而外夷狄"；"所见之世"，"若治太平，夷狄进至于爵，天下远近小大若一"。当太平所见之世时，夷狄与华夏若一，是以夷狄接受华夏文化为前提的。唐代韩愈《原道》中对《春秋》的议论，说得更为透彻。他说："孔子之作《春秋》也，诸侯用夷礼，则夷之，进于中国，则中国之。"可见，以孔子为代表的儒家是以是否行仁义、知礼义来区分民族。凡是接受华夏文化的则为华夏，血统等因素可以不论。

　　这一区别民族的标准和思想，一直延续下来。我国著名学者陈寅恪先生在研究了北朝的历史文化后，得出结论说：

---

① 《四书章句集注》。
② 《论语·子罕》。

"在北朝时代文化较血统尤为重要。凡汉化之人即曰为汉人，胡化之人即曰为胡人，其血统如何，在所不论。"①

更有唐大中年间进士陈黯撰《华心》一篇，其因大食（今阿拉伯）李彦升进士及第，而发出感慨："夫华、夷者，辨在乎心，辨心在察其趣响；有生于中州而行戾乎礼义，是形华而心夷也，生于夷域而行合乎礼义，是形夷而心华也。"② 前述韩愈《原道》、康有为之《论语注》等，也均表达了儒家对于区分民族标准的观点。而历代封建政治家们采取的以"德"（仁义、礼义）去化育"四夷"，用夏变夷，羁縻怀柔等一系列的民族政策，也即建立在这一区分民族标准的理论之上。

二

先秦时，以孔子为代表的儒家在如何处理华夏与戎狄的关系上，提出了"裔不谋夏，夷不乱华"，"内诸夏而外夷狄"等思想。于是，就有了理想的民族布局模式的出现，那就是所谓的"服事制"。最早记载服事制的是《尚书·益稷》，提出"弼成五服"之说，《禹贡》、《周礼·夏官司马

---

① 陈寅恪：《唐代政治史述论稿》，上海古籍出版社1982年版，第17页。
② 《全唐文》卷七六七，陈黯《华心》。

职方》等先秦典籍也都提到五服或九服。服，即服事天子也。然而，对服事制阐述得最清楚、完整的，还是在《国语·周语上》中祭公谋父谏穆王时所说的一段话："夫先王之制，邦内甸服，邦外侯服，侯卫宾服，夷蛮要服，戎狄荒服。甸服者祭，侯服者祀，宾服者享，要服者贡，荒服者王……先王之训也，有不祭则修意，有不祀则修言，有不享则修文，有不贡则修名，有不王则修德，序成而有不至则修刑。"按此，以华夏族的周天子京畿为中心，四周为各华夏诸侯国，再外即是"要服"的蛮夷和"荒服"的戎狄。要服者必须向天子朝贡，荒服者要承认天子的统治地位；如有不贡、不王，则先"修名"、"修德"，即要名尊卑，动之以"德"；若再不贡不王，则将"修刑"，动用"刑罚之辟"、"攻伐之兵"了。服事制既是华夏儒家政治思想，也是他们处理民族关系的理想模式。

这一民族布局的思维模式，对后世影响更为巨大。历代政治家、思想家在处理民族关系时，往往会抬出这个"先王之制"作理论根据，将"四夷"排斥在外，要他们朝贡臣属。更重要的是，"服事制"中已孕育了以后历代统治者采取"怀柔"和"惩伐"两手制服"四夷"为方针的民族政策。

然而，服事制不过是一种理想的模式，它与现实毕竟有很大的距离。因为"四夷"与华夏的居地并非严格按理想的模式布局，且"四夷"因各种原因而大量内徙，与华夏族杂居错处，更因各族统治者为开疆拓土，要加强和扩大对其他各族的统治，故服事制的模式事实上是不存在的。于是，早在战国时，儒家针对华夷交错、融合的现实，又提出一种处理民族关系的思想。孟子对这一思想有清楚的表述："吾闻用夏变夷者，未闻变于夷者也。"① 即是说，他主张用华夏族的文化（礼仪等）去同化戎狄，使之变为华夏，反对用夷狄文化去变华夏为戎狄。这也就是上述历代政治家们所主张的用"德"去化育"四夷"。

儒家"用夏变夷"的思想，其实也是与他们对民族的认识和区分民族标准的看法是一致的。在他们看来，华夷的主要分别在于文化的分野，也就是文明与野蛮的差距，只要用华夏文化去"变"夷狄，就可以使之成为华夏。历代开明的君主和政治家就是以此作为政治理想之一。为此，他们采取了一系列的民族政策，以达到用夏变夷的目的。一般说来，历代当政者的"用夏变夷"之策，多带有强迫同化的性质。如将入徙或征服的戎狄纳入其地方行政体制的郡县之内，使之成为"编户齐民"；采取一系列统一的政令法律、文教等措施，去同化"夷狄"等。如贞观四年（630年），唐太宗灭东突厥后，朝议如何安置十万突厥降户，原王通弟子、中书令温彦博即主张迁之于河南（河套南），"教以礼

① 《孟子·滕文公上》。

法，职以耕农"。① 宋元丰七年（1084 年）立于今甘肃岷县一通题为《广仁禅院碑》的碑石，不仅提到"传曰用夏变夷，信哉其言乎"，而且总结了历代封建统治者用夏变夷之策，内云："恭惟圣主之服远也，不以羁縻恍忽之道待其人，必全以中国法教驭之。故强之并弱，大之凌小，则有甲兵、刑罚以威之；擅山泽，专障管，则或赋或禄以易之；鸟兽惊骇，则文告期会以束之；闲田沃壤，则置兵募士以耕之；书劳告勤，则金帛爵命以宠之；争讼不决，则置吏案法以平之；知佛而不知戒，则塔庙尊严以示之；日计之不足，岁计之有余，必世而后仁，尽在于是矣。"②

　　然而，历史上也有一些帝王不主张以华夏文化去同化"四夷"。如隋炀帝对降附的东突厥启民可汗要求"乞依大国服饰法用，一同华夏"的回答，是"先王建国，夷夏殊风，君子教民，不求变俗。断发文身，咸安其性，旃裘卉服，各尚所宜，因而利之，其道弘矣。"③此真可谓开明之策。

　　事实上，无论历代当政者是否采取强迫同化政策，夷夏之间的杂居错处，频繁交往，政治上的统属关系，经济、文化之交流等，往往形成入居内地的"四夷"自然地或自愿地接受华夏先进的文化。历史上进入内地建立政权的民族，

---

① 《新唐书》卷二一五《突厥传上》。
② 张维：《陇右金石录》卷三。
③ 《隋书》卷八三《突厥传》。

如十六国时建诸燕国的慕容部鲜卑，南北朝时建北魏的拓跋部鲜卑，建立元朝的蒙古族，建立清朝的满族等，表现得尤为突出。

三

由上可知，中国儒家传统的民族观，在对民族的认识和处理民族关系方面，存在着两种不同的、对立的观点：即视"夷狄"为禽兽和将"夷狄"兼容并包，内中华而外"夷狄"和用夏变夷。这两种对立的观点，又是统一的、辩证的，因时间、地点和形势的不同，分别为历代儒家政治家、思想家所采用，有时甚至是交替使用。

一般说来，当国内处于分裂割据或民族矛盾尖锐之时，当政者往往偏重于视"夷狄"为禽兽的观点，强调"戎狄荒服"，"夷不乱华"，主张对他们刑之以威，加以排斥或武力镇压。如西晋初，由于"四夷"大量内迁，民族矛盾逐渐尖锐，晋江阴令江统撰《徙戎论》，呼吁迁内徙各族于边境原居地，以符古代"地在要荒"之义，并说什么"非我族类，其心必异，戎狄志态，不与华同"。"其性气贪婪，凶悍不仁，四夷之中，戎狄为甚"。① 就是号称开明君主的唐太宗，在与薛延陀和亲问题上，出尔反尔，其内心仍然认

---

① 《晋书》卷五六《江统传》。

为："夷狄人岂知恩义？微不得意，勒兵南下，所谓养兽自噬也。"① 可见，他之所以最后找借口拒绝和亲，完全是对薛延陀逐渐强大的畏惧，与他宣言的爱"四夷""如一"，有很大的距离。

然而，当国内处于统一或民族矛盾相对缓和的时期，为政者则更多的是采用儒家兼容并包和用夏变夷之策，怀柔羁縻"四夷"。历代名君贤相莫不奉此为圭臬，并以之作为品评、臧否帝王、贤臣的标准之一。因此，这种观点和与之相应之民族政策，成为历史上中国民族观和民族政策的主流。

正是以上述儒家民族观为理论基础，两千多年来，多民族中国的民族关系中，统治民族（无论是汉族或其他少数民族）执行的民族政策的核心，就是怀柔和羁縻。目前国内学术界研究中国历代民族政策时，大都喜欢用"武功"与"文德"并用，或"怀柔"与"武力"并重，这一类的提法来概括某一时期较为开明的民族政策。这一结论自然是不错的。但是，这种政策或方式，历代封建统治阶级对于所有被统治的各族人民都是一贯采用的。他们对于"造反"的人民，无论是汉族或其他的少数民族，都是用武力镇压和利诱招抚的两手。其武力镇压时的野蛮屠杀、惩罚和掠夺，是不分什么民族的。因此，用武功与文德并用这一类意思概括历代开明的民族政策（即儒家传统民族观指导下的民族

————————————

① 《通典》卷一九九《薛延陀》。

政策），似觉空泛和笼统。在中国封建社会中，开明的民族政策的核心，应如上述，是怀柔和羁縻。它不仅贯穿在统治者与被统治民族友好相处或矛盾缓和的时期，而且也贯彻于统治者用武力镇压被统治民族的反抗，或者与周边各族发生各种性质的战争过程之中。而衡量统治民族采用的怀柔或羁縻的各种政策是否开明、进步，那就是看这些政策是否有利于减轻被统治民族的负担，促进各族之间的经济、文化交往；是否推进了各族社会的进步，有助于中国统一的多民族国家发展与巩固等等。

关于历代当政者怀柔羁縻"四夷"的措施，也是逐渐发展和完善的。当政者往往根据不同的对象，居地的远近，亲疏关系，而采取不同的办法。诸如敕封"四夷"各级首领，定期准允"四夷"朝贡、朝见，给"四夷"以大量赏赐，与"四夷""和亲"，让"四夷"子弟入侍、宿卫、质子、入太学等，来安抚、怀柔被统治各族。又以郡县、道、属国、护军、都护、羁縻府州、土司等一套地方行政制度，来管理被统治各族，使他们不同程度地享有自治的权利。当政者往往还用高于各族朝贡数倍价值的物品（一般是丝帛）还赠朝贡者。用赏赐、敕封、布施、协饷等方式去笼络"四夷"，在客观上有利于"四夷"的经济发展。

但是，一旦被统治的"四夷"起来反抗时，或者当政者为了开拓疆土，则当政者也会毫不迟疑地进行武力镇压或征服。然而在镇压、征服后，立即采用安抚、怀柔之策，以

周伟洲学术经典文集

达到安抚"四夷",使之逐渐变为华夏的目的。因此,中国儒家传统的民族观及其指导下的民族政策的基本核心,就是怀柔和羁縻。

上述儒家传统的民族观,可以说左右了中国两千余年,历代统治者均以此为理论根据,制定和执行其民族政策。它的核心是以兼容并包戎狄,用夏变夷为依据,怀柔羁縻各族(四夷)。这与儒家传统的"大一统"政治观是相辅相成的。因此,儒家传统的民族观对历史上中国各民族的统一和发展,对各民族的凝聚,均起了巨大的作用,有其成功的一面。这也就是中国两千余年来,虽几经反复,至今仍能成为一个统一的多民族的大国屹立于世界的重要原因之一。

但是,由于这一思想和政策本身,仍然是建立在民族歧视和压迫的基础之上的,而且各族统治阶级往往联合起来共同压迫和剥削各族人民,各地方官吏、将帅又多暴虐无道,加剧了民族矛盾。因此,历史上中国的民族矛盾和民族战争仍然层出不穷,也可以说是不可避免。从这一方面看,儒家的民族观仍然有很大的局限性,有其失败的一面。

(原载于《民族研究》1995 年第 6 期)

关于中国古代疆域理论
若干问题的再探索

一

关于中国古代疆域的问题，早在 20 世纪 50 年代以来，即在中国学术界引起了热烈的讨论，目前有关这一问题研究和讨论的学术史已有较为详细的评述。[①] 笔者曾在 20 世纪 80 年代发表一篇题为《历史上的中国及其疆域、民族问题》的论文，此文撰写于 80 年代初，参加当时国内学界有关中国民族关系理论的大讨论之时，最后正式发表在 1989 年

---

① 刘清涛：《60 年来中国历史疆域问题研究》，《中国边疆史地研究》2009 年第 3 期；达力扎布主编：《中国民族史研究 60 年》，中央民族大学出版社 2010 年版，第 37—47 页。

《云南社会科学》第2期上。其主要的观点有如下三点：

（1）我们所谓的"历史上的中国"不是指地域的、文化的概念，不是指文化类型和政治地位的概念，也不完全是指历史上那些自称为"中国"或被其他政权称之为"中国"的中国。而是指今天中国在历史上作为一个国家的情况，即"历史上的祖国"的意思。

（2）历史上的中国应指历史上我国统一的多民族国家，而历史上我国统一的多民族国家存在着统一和分裂的情况。因此，当统一的多民族的国家处于统一的时期，历史上的中国就是当时的统一的多民族政权，即由汉族或其他民族所建的中央集权的封建国家。在统一的多民族政权处于分裂时期，则由原统一的多民族国家管辖的民族和地区出现的政权，都应是当时中国的一部分。值得注意的是，在如何看待历史上我国统一的多民族国家统一和分裂的问题时，应首先将中国历史发展的过程当成一个整体来看，不能割断历史，抽出其中一段来孤立的分析，这样势必对分裂时期的中国各政权作出片面的结论。其次，中国历史上的统一和分裂都是相对的，绝没有与今天疆域一致的绝对统一；统一和分裂又是互相渗透，统一之中也可以出现小的、暂时的分裂割据（如明时北方的蒙古、瓦剌等），分裂之中也有局部的统一（如南北朝等）。①

（3）确定某一地方或民族是否属于历史上的中国，我们认为，只能用一个国际上也通用的标准，即行政管辖，即只有历史上中国统一的多民族国家管辖到的地方和民族，才是历史上中国的地方和民族。如果否认这个标准，用今天中国行政管辖范围内的民族和地方去套历史上中国的民族和地方，那就等于取消了历史上曾经存在过一个发展为今天的历史上的中国。当然，历史上的行政管辖与近现代的行政管辖应该是有区别的。历史上中国统一的多民族国家怎样才算是对一些地区和民族行使了有效的行政管辖？这一问题还值得进一步探讨。

笔者之所以较详细的引述上述观点，是因为在以后评述或引证上述观点的论著中，往往未准确地理解和转述上述观点，实际上仍以传统汉族所建立的政权（古代中国）或"中原统一王朝疆域"，来确定古代中国的疆域，此其一。其二，自20世纪90年代后，关于"统一多民族国家疆域问

① 关于中国历史上统一与分裂问题，请参见拙著《怎样看待我国历史上的统一和分裂》，载翁独健主编《中国民族关系史研究》，中国社会科学出版社1984年版，第144—158页。

题"的研究，又有了新的进展，一些新的观点和认识相继
发表。基于上述的原因，笔者试图仅就中国古代疆域若干理
论问题，发表一些看法，以期引起讨论，使这一问题的讨论
和研究更为全面和深入。

二

在上世纪 80 年代，学界讨论中国历史上的疆域问题，
首先是与讨论"历史上的中国"联系在一起的。而对"历
史上的中国"的理解，学界又多有歧义，有的学者从"中
国"一词的产生，历史上其含义的发展、变化来理解，有
的又认为"历史上的中国"是一个地域的、或文化的概念，
指文化类型或政治地位，等等。当时，笔者提出，讨论或研
究中国疆域和民族问题时，"历史上的中国"，"是指今天中
国在历史上作为一个国家的情况，即'历史上的祖国'的
意思"，即是一个国家的概念。因为只有国家才有其领有的
疆域和其管理的人口（包括多民族国家的各个民族）。

到 90 年代后，学界在研究中国历史上疆域问题时，一
般不再纠缠于"历史上的中国"的问题，而直接以"历史
上中国疆域问题"，或"古代中国疆域问题"立论。所谓
"历史上"和"古代中国"，应即是笔者上述的"今天中国
在历史上作为一个国家的情况"。事实上，中外学者常把中
国的历史分为史前的中国，指国家正式建立以前原始社会时

期的中国；古代中国，指正式建立国家至近代国家形成时期的中国，有学者又称之为"天下帝国"、"王朝时期"、"帝国时代"等；近现代中国（或分为近代中国和现代中国），有学者又称之为"民族国家"（nation – state）时期。只有古代中国和近现代中国才存在疆域问题，因为只有这两个大的历史阶段，才有国家的存在，也才有了疆域的问题。固然，国家与疆域是两个概念，但是，只有国家的出现，作为组成国家的要素之一的疆域才会存在。而古代中国的疆域与近现代中国的疆域概念又不完全相同。这些认识和理论，应是政治学和历史学的常识。

那么，首先如何认识和理解古代中国的疆域范围，如何确定其范围？这是从上世纪 50 至 80 年代以来，讨论最多，也最为重要和首先应解决的问题。上世纪 90 年代以来，沿袭 80 年代有关的讨论，可以说基本上形成了一种主流的观点：即古代中国的疆域是指近代中国疆域形成之前的疆域范围以内（有的以中国现有疆域范围，有的以 1840 年前或清初所达到的稳定的最大疆域范围），先后存在的政权，包括汉族或其他少数民族政权及其统治的区域（有的学者表述为：在这一范围存在的地区性、民族性政治实体及其范围）。① 这一观点事实上是对 80 年代白寿彝、谭其骧、翁独

周伟洲学术经典文集

---

① 葛剑雄：《历史上的中国：中国疆域的变迁》，上海画报出版社 2007 年版，第 25 页。

健等著名史学家观点的发挥和演绎。① 在 90 年代后，出版的系统阐述中国疆域史的专著，如刘宏煊著《中国疆域史》（武汉出版社 1995 年版）、葛剑雄《统一与分裂——中国疆域的变迁》（上海画报出版社 2007 年版）、林荣贵主编《中国古代疆域史》（黑龙江教育出版社 2007 年版）等，基本上都是采取以上的原则，来认识和处理中国古代疆域问题。

这一处理中国古代疆域范围的观点或原则，从研究中国历史或中国疆域史来说是完全正确的。因为在中国正式形成近代疆域时的范围以内，古代中国各个时期所建立的政权，无论是汉族或是其他少数民族政权，或是所谓的"中原王朝"或"边疆政权"的疆域，当然都是古代中国疆域的组成部分，都是中国疆域史研究的对象，因为历史上这些政权及其疆域最终都汇入到近现代的中国疆域之中。

但是，问题似乎又回到 80 年代争论的焦点上，即在中国近代疆域正式形成之前的各个历史时期的疆域，是处于不断发展、变化过程之中，因而用近代疆域范围来套各个历史时期的疆域显然是不科学的，是不能令人信服的。

于是，有的学者试图用古代中国疆域与现代领土观念的区别来解释，认为古代疆域并不是指一个国家或政权，而是指古代中国存在的地区性、民族性政治实体及其范围。② 诚

① 达力扎布主编：《中国民族史研究 60 年》，第 41—42 页。
② 葛剑雄：《历史上的中国：中国疆域的变迁》，第 8 页。

然古代中国疆域与现代领土观念是有区别的，如古代国家疆域的"疆界"与近现代国家领土的"边界"相比，区分不是十分严格和明确。比如，中国古代西汉与北方匈奴的疆界就有大片的中间地带，称之为"瓯脱"，唐朝与吐蕃清水会盟所划定的疆界，也有大片的中间地带的"闲田"。又如，古代与近现代国家确定疆域的标准，即行政管辖的方式均有所不同。但是，两者均应指国家所能控制的地区，有一定的地域范围，则是相同的。如按中国近代正式形成的疆域内，凡是在不同的历史时期，存在的地区性、民族性政治实体及其范围（也即是不论汉族或其他民族所建政权的疆域）都是当时古代中国的疆域，其实质还是以近现代正式形成的中国疆域取代了历史上中国不同时期的疆域，因而也是不能令人信服的。

那么，在古代中国的历史阶段哪一个或几个政权代表当时的中国及其疆域呢？有的学者则从中国古代各时期的不同政权都在争夺"正统"权，都认为自己是中国的正统政权。这是一个难以取得一致意见的大问题。于是，他们从"中国"的属性入手，探讨中国古代一般用"天下"来指称王朝的疆域。而且到清初中国近代疆域正式形成时，"天下"

与"中国"出现了重合的倾向,中国近代疆域正式形成。①
这是试图应用中国古代的"天下观"来解释古代中国疆域
历史发展和范围的一种新的探索。然而,中国古代的"天
下观"是中国历代王朝统治者及其政治家、思想家的一种
"独尊"的思想,即把自己的王朝视为天下之中心,其余各
地(即"天下")都是自己的臣属,他们的居地都是自己的
疆域。这一思想又是与中外学者探讨的中国古代的"朝贡
体系"或称为"中国世界秩序"紧切相关的。如按这一
"天下观",古代中国的疆域任何时期都是捉摸不定,或者
是无边无际的。这事实上是否定古代中国有疆域的存在,推
而广之,古代世界各国都不存在疆域问题。因此,我们不能
用古代中国的政治观和思想来认识今天我们面对的古代中国
疆域,这是显而易见的。

事实上,要讨论古代中国各个历史时期的疆域及其范
围,必须有一些中外学界大体认同的认识,或者说是前提,
即有:(1)我们讨论的"古代中国的疆域",是指古代中国
国家(政权,或称之为王朝)的疆域,有一个大致明确的
范围,而且是不断发展、变化的,并非是一个其他概念的、
固定不变的地域。(2)中国古代,至少在秦汉时就形成为

---

① 李大龙:《"中国"与"天下"的重合:古代中国疆域形成的历
　史轨迹》,《中国边疆史地研究》2007 年第 3 期;陈玉屏:《关于
　我国古代民族关系的一个重要理论问题》,《烟台大学学报》2005
　年第 4 期。

一个统一的多民族国家，在长期历史发展过程中，有统一，也有分裂，统一与分裂相互转化，构成了古代中国有连续性的历史，而且从未中断。

如果以上两个前提成立，那么中国古代的疆域在各个历史阶段是可以确定的。其依据就是基于古代中国是一个有连续性的统一的多民族国家，当国家统一时有统一的疆界，由统一走向分裂时，有分裂时期的疆界。也即是说，不同历史阶段的统一政权时期的疆域，就是当时中国的疆；不同历史阶段由原统一时期疆域中形成的所有政权，包括不同民族所建政权或边疆与内地所建政权的疆域，都是当时中国的疆域。而中国历史上的统一和分裂都是相对的，决没有与今天疆域一致的绝对统一；① 统一和分裂又是互相渗透，统一之中也可以出现小的、暂时的分裂割据（如明时北方的蒙古、瓦剌等），分裂之中也有局部的统一（如南北朝等）。

具体来讲，秦、汉时期，秦、汉政权就是当时的中国，是一个统一的多民族国家。北面的匈奴政权是与当时的中国（秦、汉）对立的政权。只有在南匈奴降汉后，这部分匈奴人及其所居的漠南地区才属于当时的中国。到公元前60年西汉政府在西域地区设西域都护府，行使有效的行政管辖，

---

① 中国历史上的统一，也是发展、变化的，只是相对的。有的学者认为，历史上中国统一的时期短，分裂时间长。这种看法与对"统一"的认识有关。笔者认为，中国历史上统一时间长，而分裂时间短。参见上引拙著《怎样看待我国历史上的统一和分裂》。

从此，西域地区归于历史上中国的版图。此外，秦、汉时期还管辖了一部分今天朝鲜和越南的领土，这些地区在当时应属中国的一部分。

东汉之后，进入魏、蜀、吴三国鼎立的分裂时期，此三国均从东汉政权中分裂出来，应为分裂时期的中国政权。其中曹魏曾管辖到西域地区（范围与汉时不完全相同）。以后，西晋有过很短时间的统一，接着又开始了东晋十六国、南北朝的分裂时期，这一时期各民族所建的政权，凡是曾属秦、汉、西晋及魏、蜀、吴等中国政权管辖范围内的，均应为当时中国政权。他们管辖的地区，也为当时中国的疆域。如十六国时鲜卑族所建的前燕、后燕、西燕、南燕、西秦、南凉，匈奴族所建之前赵（汉）、夏、北凉，羯胡所建的后赵，氐族所建的前秦、后凉，羌族所建之后秦，汉族所建的前凉、西凉、北燕、东晋，敕勒（丁零）族所建之翟魏等。南北朝局部统一时期，北方鲜卑族所建北魏、东魏、西魏、北周、北齐，南方汉族所建宋、齐、梁、陈等。此外，还有在西域地区的乌孙、悦般等。漠北的柔然，曾一度臣属于北魏，但北魏并未在漠北行使有效的行政管辖，我们可以把柔然视为北魏属国。

公元589年，隋朝统一全国，使我国统一的多民族国家得到了进一步的发展。隋的北面和原属中国的西域地区为兴起的突厥所据，583年突厥分为东、西两部，其中有一部分突厥人投隋，为隋所统治。隋又灭据青海、甘南等地的吐谷浑，设置郡县，青海大部归入中国版图。隋灭唐兴，重新建立大的统一的多民族中国。唐朝时先后击灭东、西突厥及东北边的契丹、室韦、靺鞨等，并设立郡县，从此漠北及东北等地纳入中国版图。

唐亡后，中国又形成五代十国的分裂局面，凡在原唐疆域内各族所建政权，均为当时中国的一部分。北宋时，中国形成了局部的统一，但北方的辽、西夏及河西、西域等地的政权，均应视为由唐分裂后形成的中国割据或地方政权。南宋、辽、金、西夏、西域等地政权也应视为分裂时期中国各政权。

元朝重新统一中国并有所发展，其中西藏地方归入祖国版图。元灭后所建的明代，虽然其疆域远不如元，但也应算作当时中国统一的多民族国家。从元朝分裂出的还有西域诸政权及漠北的蒙古、瓦剌等，当时也应算由元朝分裂后的中国地方政权。到清乾隆时，近代中国统一的多民族国家正式形成，近代中国的疆域也正式形成。1840 年鸦片战争后，中国边疆地区有一部分为外国列强所侵占，但基本上与今天中国的疆域大致相同。

只有按上述观点来认识中国古代疆域，才能真实地反映古代中国疆域在不同历史时期变化、发展的情况，反映出古代中国疆域时大时小，有伸有缩，而总的发展是由小到大的发展趋势；也能正确解释不在今天或清代疆域内，而在古代中国某一时期属于中国疆域内的朝鲜、越南部分地区；也能正确阐释为什么不能以汉族所建中原政权的疆域来代表古代中国的疆域，因为统一政权中有蒙古族所建元朝、满族所建清朝，这是古代中国统一多民族国家疆域发展和定型时期，至于分裂时期，由汉族之外的古代少数民族所建政权（及其疆域）那就更多了；也能正确阐释边疆民族地区，如今新疆、西藏、蒙古等地，在何时纳入古代统一政权疆域内，以后虽有分有合，但最终于清初仍在统一的中国疆域之内，成为近代中国疆域的组成部分。

三

在讨论古代中国疆域问题时，如前所述，现今国内学者多持一种观点，即认为研究古代中国的疆域问题，不能用近代主权国家（即"民族国家"）的概念来解析中国古代的疆域问题。近代主权国家，按西方学界的理论，主要由人民、领土和主权三要素构成，自然古代中国或古代世界各国不能以此来解读他们的疆域问题。但是，古代国家与近代国家，都是国家，且近代国家是由古代国家发展而来。用"国家"（或称之为"政权"、"王朝"、"汗国"等）来解读古代国家的疆域问题，则应是合乎历史事实和科学的。

关于国家的产生及本质、功能等理论，马克思主义经典作家有较为详细的论述，西方学者也有论述，在这里不作讨论。关于国家有政治统治职能和社会管理职能，则是公认的。问题在于古代国家是否有其一定的控制、管理的范围，即是否也有疆域的问题？作为有政治统治职能和社会管理职能的古代国家，其统治和管理应有一定范围和人民（包括各民族），这是常识。就是有自己独特的"天下观"、"国家观"的古代中国，实际上也有自己管辖的范围，即疆域。中国正史中的《地理志》所记述的各种地方行政制度（如分封制、郡县制、羁縻制等等），即有大致的疆界和疆域，否则《中国历史地图集》就画不出来，画出来也毫无意义。持"天下观"而否认古代中国有疆域变化的学者也承认，"这个'天下'，其地域在理论上是无限的，而实际上是有限的"，而这个"有限的地域"，"就是各族先民们在此生生不息的中华大地"。① 问题又回到上述我们不同意的以今天或近代中国的疆域去套古代中国的疆域的问题上来了。

那么古代中国疆域确定的标准是什么？笔者在《历史上的中国及其疆域、民族问题》一文中曾提出："只能用一个国际上也通用的标准，即行政管辖，即只有历史上中国统一的多民族国家管辖到的地方和民族，才是历史上中国的地方和民族。"当然，古代国家的行政管辖与近代主权国家的行政管辖不完全相同，但都有行政管辖的范围，即疆界和疆域是相同的。不同的是，古代国家管辖方式与其疆界与疆域

---

① 陈玉屏：《关于我国古代民族关系的一个重要理论问题》，《烟台大学学报》2005年第4期。

没有近代主权国家那样严格，管辖方式及本质有所变化。近代主权国家对边界与领土的观念更为强烈，且与国家主权紧密联系在一起。古代中国无论统一的或分裂时期的各政权都有一套管理自己控制地域（即疆域）的制度，其余古代世界各国也均有自己特点的管理疆域的制度。就古代中国而言，先秦时期的封建分封制，到秦汉以后的郡县制和在边疆少数民族聚居地区执行的属国制、都护制、羁縻府州制、土司制等，就体现出古代中国对其疆域的管辖制度。正是有了这些管理制度，才使人们对古代中国疆域的确定有了一个较为明确的标准，即凡古代中国统一或分裂时期的政权管辖到的地域都是古代中国的疆域。今天国内学界探讨的所谓"藩属体系"、"羁縻府州制"、"土司制"等，正是在确定古代中国边疆民族地区的归属及管理制度。如按古代中国封建的"天下观"、"国家观"的观点，所有的地方（天下）都是"王土"，都是古代中国的疆域，那岂不是十分荒谬，事实上否定了古代中国存在的疆域吗？这种古代中国"天下观"的游戏规则能使稍有头脑的人们信服吗？是符合古代中国疆域发展的历史事实吗？答案是否定的。

又自上世纪 90 年代以来，关于中国疆域问题（包括古代中国疆域问题）的研究更加深入，许多学者就中国疆域的形成、发展阶段（分期）、规律、特点等发表了许多高见，令人耳目一新。以下仅就上述问题，结合笔者前述关于古代中国疆界问题的看法，发表个人一些看法，以期引起讨论。

关于中国疆域发展阶段，即分期问题，上世纪90年代以来出版的有关中国疆域史的著作及发表的论文有分为四个阶段、五个阶段等不同的看法，分别将中国疆域的形成或初步形成定于秦汉时期，或春秋战国到东汉王朝末年，将清代或元明清时期作为中国疆域的奠定或中国历史疆域正式形成时期。① 以上的分期，是基于古代中国疆域以现今中国疆域或清初疆域为准的主流观点，回避了古代中国疆域在各个历史时期是否存在，及其具体发展、变化的情况，故没有将清初中国近代疆域的形成，或中国历史上疆域的最终定型，论述清楚。似乎中国的疆域最后奠定，或中国历史疆域正式形成于清代，在清以前都是中国疆域形成、发展的过程。

笔者认为，中国疆域发展阶段，应主要分为古代疆域和近现代疆域两个大的发展阶段。中国古代疆域又可分为古代疆域的初步形成期（夏商周至春秋战国）、形成期（统一的秦汉时期）、发展期（从分裂到再统一的魏晋南北朝至隋唐时期）、巩固期（由分裂的五代经宋、辽、金、西夏局部统一直到元代大统一时期）、最终定型期（明至清初）——即是向近代疆域的转化时期。中国近现代疆域又可分为列强侵略下疆域变化时期（1840年至1949年）及现代疆域时期

---

① 马大正：《中国疆域的形成与发展》，《中国边疆史地研究》2004年第3期；上引刘宏煊《中国疆域史》。

（1949 年至今）。

关于中国古代疆域形成的规律、特点及内在形成动因等理论问题，20 世纪 90 年代以来，学界也发表了一些具有独特见解和富有启发意义的论著。如杨建新的《"中国"一词和中国疆域形成再探讨》[1]；李大龙发表的一系列有关的论文，如《传统夷夏观与中国疆域的形成》[2]、《"中国"与"天下"的重合：古代中国疆域形成的历史轨迹》[3]、《中国古代藩属体制的几个问题》[4]；陈玉屏《关于我国古代民族关系的一个重要理论问题》；马大正《中国疆域的形成与发展》；于逢春《构筑中国疆域的文明板块类型及其统合模式序说》等。[5]

笔者认为，中国古代疆域（亦可称为"中国疆域"）的形成、发展规律，也即是其特征，主要有如下几点：

第一，中国古代统一多民族国家的疆域是按其国家统一、分裂、再统一的规律，有连续性地呈现出一个统一政权（王朝）的疆域和众多分裂割据政权的多个疆域的交替的模式。中国古代疆域即在这一过程中形成、发展、巩固，直到近代统一政权——清朝的疆域最后奠定，即近代中国疆域的

① 《中国边疆史地研究》2006 年第 2 期。

② 《中国边疆史地研究》2006 年第 1 期。

③ 《中国边疆史地研究》2007 年第 3 期。

④ 《学习与探索》2007 年第 4 期。

⑤ 《中国边疆史地研究》2006 年第 3 期。

形成。这种统一、分裂、再统一的疆域发展模式，在古代其他国家不多见，大多是统一分裂后，再没有原疆域内的再统一。之所以古代中国会形成这种疆域发展模式，原因很多，主要与古代中国历代国家政权的"大一统"政治观念及经济基础有关。①

　　第二，中国古代统一多民族国家的疆域形成和发展的形式，主要是各个历史时期统一政权或分裂割据政权向四周开疆拓土，以及四周边地各民族为内地的经济、文化所吸引，而自愿地、和平地纳入到内地统一或分裂政权之中，成为其疆域的一部分，而且以前者为主。这也就是上引杨建新《"中国"一词和中国疆域形成再探讨》一文中所说的"开拓式"和"嵌入式"。但是，必须指出的是，无论"开拓式"或"嵌入式"，都必须有一个前提，或者说是基础，即统一或分裂的各政权四周地区不是一次的军事的征服或和平的自愿归并而最终能成为古代中国疆域的一部分，古代中国与西方许多古代国家不同的是，历史上四周地区与内地长期的经济、文化交往，形成了连接双方的纽带，也即是统一的基础。因而，无论古代中国王朝如何更迭，如何分裂，有些地区又是如何进入或分出于统一政权之外，但是最终还是成为统一多民族国家疆域的组成部分。比如，西藏高原的吐蕃，于元代正式纳入统一的元朝的疆域之内，这是在唐、宋

---

① 参见上引拙著《怎样看待我国历史上的统一和分裂》。

很长时期吐蕃与内地政治（如和亲的甥舅之国）、经济、文化交流的基础上，才得以实现，并一直延续到明、清时代，成为近现代中国疆域的组成部分。

在这里，有一个问题困惑着某些学者，即他们认为：古代中国少数民族及其所建政权，只有被历史上统一的多民族国家的中国所征服，或者管辖到了，才算是"加入"或"归入"（纳入）古代中国的疆域，否则就不是。这不是以平等的态度对待少数民族，因为历史上这些民族本身就是中国人，他们活动的地域就是古代中国的疆域，根本不存在什么"纳入"和"归入"的问题。笔者以为，历史上一个国家和民族征服、兼并另一个国家和民族是常有的事，这是阶级社会中不可避免的事。我们承认历史上有一些民族和政权归并于当时的中国，不仅是正视了当时的历史事实，而且恰好正是尊重和承认各民族在自己历史发展过程中有独立发展自己民族文化的事实。在不同的历史时期，当他们成为古代中国的一部分后，用自己独特的文化丰富和发展了中华民族的历史和文化，从而对世界文化发展作出贡献。以平等的原则和今天的眼光来看待历史上中国的民族，并不等于用今天的情况（各民族一律平等的情况、今天中国疆域情况等）去代替历史上中国的民族和疆域的情况。当然，尽管历史上有些民族或地区在汇入中国统一的多民族国家之前，有自己独立发展的历史，但他们的历史，同样应是今天中国历史的组成部分。我们研究中国民族关系史的任务之一，就是要研究历史上各民族及其活动地域通过怎样的发展过程，最终汇合成为今天伟大的祖国的一部分。

第三，古代中国统一多民族国家有一整套传统的政治观、民族观和相应的边疆民族政策，如上述许多学者所论述的"大一统"、"天下观"、"服事制"、儒家的"夷夏观"、"用夏变夷"论，以及由此而产生的有关的边疆民族政策、朝贡体系、多样的地方行政制度（包括"藩属体制"），等等。这些传统的思想、观念和政策，基本上为古代中国汉族甚至其他少数民族所建立的统一或分裂割据政权的统治者及政治家、思想家等社会精英所沿用，并逐渐发展和完善。这些理论与制度既是决定古代中国疆域形成和发展的特点的重要因素，也是维系古代中国疆域统一、分裂、再统一的连续性模式的内在重要因素。

比如，古代中国无论统一或分裂的政权，对边疆少数民族地区采取的怀柔、羁縻政策，以及相应制定的与内地有所不同的各种制度（朝贡制、属国制、羁縻府州制、土司制等），其精神是"羁縻"，给予他们自治的权利（如首领世袭、不纳或少纳赋税等），并不时以屯田、互市、赈济、布施、协饷等名义，用财力、物力、人力帮助边疆地区发展。这对于维系古代中国边疆与内地的统一、经济文化之交流、民族之间的融合均有重要的意义和作用。

第四，中国古代统一多民族国家的疆域形成和发展的另一个特点，是它有一个以历代统一政权或相对统一政权大致相对集中的核心或称为政治、经济、文化的中心地区，也即是这些政权京畿所在地区。过去学者称之为"中原地区"，事实上，确切地说，在明代以前，这一核心地区在黄河中下游及长江中下游，明代后在今北京地区。这一核心地区是古代中国疆域的中心地带，其四邻是自秦汉统一多民族国家设立郡县制的广大地区，再向外即实行羁縻政策的边疆民族地区。正如一个圆的中心（京畿）及圆的边沿（边疆民族地区），没有圆的中心、核心就没有圆边，构不成圆；而没有圆边，也无所谓圆；中心、核心相对稳定，而圆边则处于经常拓展、变化之中。古代中国疆域正是有了历代统一或相对统一政权的核心，才有了对边疆地区的凝聚力，才有了上述古代中国疆域形成和发展的规律和特征。

以上中国古代疆域形成、发展的四个规律及特征是相互关联、相辅相成的，至于中国古代疆域形成、发展的内在形成动因，笔者以为即可在上述中国古代疆域形成、发展的规律和特征中找到答案，故不赘述。

（原载于《中国边疆史地研究》2011 年第 3 期）

周伟洲论著目录

一、著作类

《敕勒与柔然》，上海人民出版社 1983 年版，广西师范大学出版社 2006 年再版（此书曾获陕西省哲学社会科学优秀成果二等奖）

《英俄侵略我国西藏史略》，陕西人民出版社 1984 年版

《吐谷浑史》，宁夏人民出版社 1985 年版，广西师范大学出版社 2006 年再版

《汉赵国史》，山西人民出版社 1986 年版，广西师范大学出版社 2006 年再版（此书曾获陕西省哲学社会科学优秀成果二等奖）

《南凉与西秦》，陕西人民出版社 1987 年版，广西师范大学出版社 2006 年再版

《吐谷浑史入门》，青海人民出版社 1988 年版

《唐代党项》，三秦出版社 1988 年版，广西师范大学出

版社 2006 年再版

《吐谷浑资料辑录》，青海人民出版社 1992 年版

《中国中世西北民族关系研究》，西北大学出版社 1992 年版，广西师范大学出版社 2007 年再版（此书曾获陕西省哲学社会科学优秀成果一等奖、全国高校人文社会科学优秀成果二等奖）

《西北民族史研究》，中州古籍出版社 1995 年版

《陕西通史·民族卷》，陕西师范大学出版社 1998 年版

《英国俄国与中国西藏》（主编），中国藏学出版社 2000 年版（此书曾获全国高校人文社会科学优秀成果一等奖）

《边疆民族历史与文物考论》，黑龙江教育出版社 2000 年版

《长安与南海诸国》，西安出版社 2003 年版

《早期党项史研究》，中国社会科学出版社 2004 年版

《丝绸之路大辞典》（主编），陕西人民出版社 2006 年版（此书曾获第九届陕西省哲学社会科学优秀成果一等奖）

《唐代吐蕃与近代西藏史论稿》，中国藏学出版社 2006 年版

《西北少数民族地区经济开发史》（主编），中国社会科学出版社 2008 年版（此书曾获西安市哲学社会科学优秀成果一等奖）

《西北少数民族多元文化与西部大开发》（主编），人民

出版社 2009 年版（此书曾获第十届陕西省哲学社会科学优秀成果一等奖）

《藏史论考》，《西域文史论集》兰州大学出版社 2012 年版

《中国边疆经略史》（参与编著第三编第一、二、三、四章），马大正主编，中州古籍出版社 2000 年版（此书获中宣部"五个一工程"奖）

《西夏通史》（参与编著第二、三章），李范文主编，人民出版社、宁夏人民出版社 2005 年版（此书获中国人民大学第五届吴玉璋人文社会科学优秀成果一等奖）

二、论文类

《历史文献上关于唐安西四镇的称谓是怎样记载的?》，《历史教学》1964 年第 11—12 期合刊

《前凉金错泥筩》，《文物》1972 年第 6 期

《西安近年来出土的唐代银铤、银板和银饼的初步研究》，《文物》1972 年第 7 期

《近年来陕西发现的波斯萨珊朝银币》（与朱捷元合作），《考古》1973 年第 2 期

《西汉皇后玉玺及甘露二年铜方铲的发现》，《文物》1973 年第 5 期

《混进李自成起义军的一个内奸的自供状——剖析明末雷于霖的一份手书自传》，《文物》1974 年第 12 期

《陕西发现的两通有关明末农民战争的碑石》，《文物》

1974 年第 12 期

《明黄河图说碑试解》,《文物》1975 年第 3 期

《略论清代承德普陀宗乘之庙的土尔扈特全部归顺记碑》,《西北大学学报》1976 年第 1 期

《沙俄对我国西部地区的早期侵略》,《历史研究》1976 年第 3 期,后收入《苏修的谎言和历史的真相》一书,人民出版社 1977 年版

《陕西韩城西门大顺永昌元年城额》,《文物》1976 年第 10 期

《沙俄驻我国西部领事馆的罪恶活动》(与何玉畴合作),《西北大学学报》1977 年第 4 期

《塔什库尔干地区各族人民抗击外来侵略者的英勇斗争》,《西北大学学报》1978 年第 1 期

《蓝田出土的唐广明元年银铤》,《文物资料丛刊》1978 年第 1 辑

《西安地区部分出土文物中所见的唐代乐舞形象》,《文物》1978 年第 4 期

《略论碎叶的地理位置及其作为唐安西四镇之一的历史事实》,《新疆历史论文集》,新疆人民出版社 1978 年版

《甘肃张家川出土的北魏王真保墓志》,《四川大学学报》1978 年第 3 期

《试论吐鲁番阿斯塔那且渠封戴墓出土文物》,《考古与文物》1980 年创刊号

《从郑仁泰墓出土的乐舞俑说唐代音乐和礼仪制度》，《文物》1980 年第 7 期

《啒末考》，《西北历史资料》1981 年第 1 期

《古青海路考》，《西北大学学报》1982 年第 1 期

《关于柔然社会经济和政治制度的初步研究》，《中国史研究》1982 年第 2 期

《武威青嘴喇嘛湾出土大唐武氏墓志补考》，《丝路访古文集》，甘肃人民出版社 1982 年版

《关于云冈石窟的〈茹茹造像铭记〉——兼谈柔然的名号问题》，《西北大学学报》1983 年第 1 期

《唐末卢峻墓志》（与朱捷元合作），《考古与文物》1983 年第 1 期

《白兰考》（与黄颢合作），《青海民族学院学报》1983 年第 2 期

《关于吐谷浑的来源、迁徙和名称诸问题》，《西北史地》1983 年第 4 期

《关于土族族源诸问题之管见——兼评〈土族简史〉有关论述》，《青海民族学院学报》1983 年第 4 期

《魏晋十六国时期鲜卑族向西北地区的迁徙及其分布》，《民族研究》1983 年第 5 期

《怎样看待中国历史上的统一与分裂》，翁独健主编《中国民族关系研究》，中国社会科学出版社 1984 年版

《乞伏鲜卑与陇西鲜卑》，《西北历史资料》1984 年第 1

期

《秃发鲜卑与河西鲜卑》,《西北民族文丛》1984 年第 2 期

《长安发现唐智该法师碑》（与朱捷元合作），《考古与文物》1985 年第 4 期

《河北磁县出土的有关柔然、吐谷浑等族文物考释》,《文物》1985 年第 5 期

《赀虏与费也头》,《文史》第 23 辑，中华书局 1985 年版

《8 世纪中至 11 世纪初吐谷浑在河东的分布及活动》,《秦晋豫访古》文集，山西人民出版社 1986 年版

《十六国时期的"胡汉分治"》,《西北历史研究》1986 年号，三秦出版社 1987 年版

《魏晋时与匈奴有关的诸胡》,《中国民族史研究》文集，中国社会科学出版社 1987 年版

《唐代的安乐州与长乐州》,《西北史地》1987 年第 3 期

《也谈新疆维吾尔族族源问题》，林幹编《突厥回鹘历史论文集》，中华书局 1987 年版

《唐代党项的内徙与分布》,《西北历史研究》1987 年号，三秦出版社 1989 年版

《吐蕃与吐谷浑关系史述略》,《藏族史论文集》，四川民族出版社 1988 年版

《唐末党项拓拔部割据势力的形成与发展》,《西北民族研究》1988 年第 2 期

《唐代六胡州与"康待宾之乱"》，《民族研究》1988 年第 3 期

《评黄烈著〈中国古代民族史研究〉》，《历史研究》1988 年第 4 期

《大非与墨离》，《西北历史研究》1988 年号，三秦出版社 1990 年版

《历史上的中国及其疆域、民族问题》，《云南社会科学》1989 年第 2 期

《南朝蛮族的分布及其对长江中下游地区的开发》，《古代长江下游经济开发》文集，三秦出版社 1989 年

《公元 3—9 世纪岷江上游地区的开发及其在交通史上的地位》，《古代长江上游经济开发》文集，西南师范大学出版社 1989 年版

《马长寿及其所著〈碑铭所见前秦至隋初的关中部族〉》，《书品》1989 年第 4 期

《西北民族与光辉灿烂的唐代文化》，《西北历史研究》1989 年号，西北大学出版社 1991 年版

《试论隋唐时西北民族经济关系发展的特点》，《西北历史研究》1989 年号，西北大学出版社 1991 年版

《论魏晋南北朝时期北方的民族融合》，《社会科学战线》1990 年第 3 期

《吐蕃对河陇的统治及归义军前期的河西诸族》，《甘肃民族研究》1990 年第 3 期

《隋唐时期西北民族融合的趋势和特点》,《西北大学学报》1990年第3期

《三国两晋南北朝的边疆形势与边疆政策》,《中国古代边疆政策研究》,中国社会科学出版社1990年版

《略论唐太宗的民族观》,《中国民族史学会第二次学术讨论会论文集》,改革出版社1990年版

《关于敦煌古藏文写本〈吐谷浑(阿柴)纪年残卷〉的研究》(与杨铭合作),《中亚学刊》第3辑,中华书局1990年版

《吐谷浑对西北地区的开发》,《平准学刊》第2辑,商业出版社1990年版

《五代时期的丝绸之路》,《文博》1991年第1期

《可爱的多民族大家庭》,《中国的魅力》,法律出版社1991年版

《19世纪前后西藏与拉达克的关系及划界问题》,《中国藏学》1991年第1期

《关于维吾尔族族源问题——评吐尔贡·阿勒玛斯〈维吾尔人〉的有关部分》,《西域研究》1991年第2期

《六朝南北战争性质论》,《南京史志》1991年第3期及增刊

《国外关于敦煌藏文文献〈阿柴纪年〉的研究》(与杨铭合作),《国外中国学研究》第1辑,漓江出版社1991年版

《要认真处理好几个关系》（加强中国边疆史地研究笔谈稿），《中国边疆史地研究》1991 年第 1 期

《近年来国内隋唐民族史研究述评（1981—1988 年)》，《中国唐史学会论文集》三秦出版社 1991 年版

《唐代关中民族的分布及融合》，《中国历史地理论丛》1992 年第 3 期

《中国近十年来西域民族史研究的特点及展望》，《西域研究》1992 年第 4 期

《19 世纪西方探险家、传教士在我国藏区的活动》（与任真合作），《甘肃民族研究》1992 年第 4 期

《儒家文化的民族观》，《中华文化》创刊号 1992 年版

《关于中国民族关系的几个理论问题》，《中学历史教学参考》1992 年第 6 期

《1919 年至 1925 年的西藏政局及英国分裂西藏的侵略活动》（与唐洪波合作），《中国边疆史地研究》1993 年第 2 期

《马长寿教授的学术活动和治学方法》，《马长寿纪念文集》，西北大学出版社 1993 年版

《甘肃正宁出土北周造像题铭考释》，《马长寿纪念文集》，西北大学出版社 1993 年版

《漓茹考》，《中国历史地理论丛》1993 年第 2 期

《西藏和平解放前后帝国主义和外国扩张势力的阴谋活动》（与董志勇合作），《西藏民族学院学报》1993 年第 2 期、第 3 期

《帝国主义在甘青藏区的活动》，《安多研究》1993 年
创刊号

《一幅珍贵的清代新疆军事舆图》，台湾《历史月刊》
1994 年第 4 期

《西北民族与佛教传播》，《宗教研究论集》，西北大学
出版社 1994 年版

《西方与西藏地方关系史的研究硕果——〈早期传教士
进藏活动史〉》，《中国社会科学》1994 年第 3 期，英文版
《中国社会科学》1995 年第 3 期

《概说丝绸之路》，《国际汉学论坛》，西北大学出版社
1994 年版

《吐谷浑在西域的活动和定居》，《20 世纪西域考察与研
究》，中国社会科学出版社 1994 年版

《魏晋南北朝时期陇西李暠一族及其在中国历史上的地
位》，《陇西李氏文化专辑》1994 年版（内刊）

《新视角、新思路、新观点——评石硕〈西藏文明东
向发展史〉》，《中国藏学》1994 年第 4 期

《试论淝水之战的性质及苻秦失败的原因》，台湾《谢
太傅安石纪念论文集》1995 年版

《陕西北周墓葬主死葬地考》，《中国历史地理论丛》
1995 年第 1 期

《周人、秦人、汉人与汉族》，《中国史研究》1995 年
第 2 期

《元昊简论》，《光明日报》史林，1995 年 11 月 13 日

《儒家思想与中国传统民族观》，《民族研究》1995 年
第 6 期

《苏毗与女国》，台湾《大陆杂志》第 92 卷第 4 期

《吐谷浑历史文化概述》，台湾《历史月刊》1996 年第
6 期

《史念海先生对民族历史地理学研究的开拓与贡献》，
《史念海先生八十寿辰学术文集》，陕西师范大学出版社
1996 年版

《陕西北周墓葬与民族问题》，《魏晋南北朝史研究》，
湖北人民出版社 1996 年版

《魏晋南北朝时期少数民族的内徙及其社会形态变化之
研究》，《中国前近代史理论国际学术研讨会论文集》，湖北
人民出版社 1997 年版

《新发现的秦封泥与秦郡县制》，《西北大学学报》1997
年第 1 期

《"胡汉体制"与"侨旧体制"论——评朴汉济教授关
于魏晋南北朝隋唐史研究的新体系》，《中国史研究》1997
年第 1 期

《我的史学研究与史学观》，《我的史学观》，广东人民
出版社 1997 年版

《关于秦汉地方行政体制中的道》，《陕西历史博物馆馆
刊》第 4 辑，西北大学出版社 1997 年版

《唐"都管七个国"六瓣银盒考》，《唐研究》第 3 卷，北京大学出版社 1997 年版

《唐梨园新考》，《西北大学史学丛刊》第 1 集，三秦出版社 1998 年版

《从民族关系看魏晋南北朝隋唐的历史特征和地位》，《历史学报》（韩国）第 38 辑，汉城 1998 年版

《五代至宋陕北的党项及宋夏在陕北的争战》，《首届西夏学国际会议论文集》，宁夏人民出版社 1998 年版

《魏晋南北朝时期的护军制》，《燕京学报》第 6 期，北京大学出版社 1999 年版

《祝贺与希望》（笔谈），《民族研究》1999 年第 4 期

《西安碑林史研究的丰碑》，《光明日报》史林，1999 年 3 月 12 日

《新出土的四方北朝韦氏墓志考释》（第一作者），《文博》2000 年第 2 期

《陕西出土与少数民族有关的古代印玺杂考》（第一作者），《民族研究》2000 年第 2 期

《吉尔吉斯斯坦阿克别希姆遗址出土唐杜怀宝造像题铭考》，《唐研究》第 6 卷，北京大学出版社 2000 年版

《世纪之交中国边疆史地研究的回顾与展望》，《中国边疆史地研究》2001 年第 1 期，《新华文摘》2001 年 7 月全文转刊

《温国寺考》，《春史卞麟锡教授停年纪年论丛》（韩

国）2001 年版

《三至九世纪的南海诸国及其与中国南方诸政权的关系》，《燕京学报》第 10 期，北京大学出版社 2001 年

《黄帝与中华民族》，《黄帝与中国传统文化学术讨论会论文集》，陕西人民出版社 2001 年版

《再论"昆仑奴"与"僧祇奴"》，《敦煌学与中国史研究论集——纪念孙修身先生逝世一周年》，甘肃人民出版社 2001 年版

《我国西部的最早开发》，《西部大开发》2001 年第 3 期

《扶南乐与骠国乐》，《民族学通报》第 1 辑，云南大学出版社 2001 年版

《十六国官制研究》，《文史》2002 年第 1 期

《唐朝与南海诸国通贡关系研究》，《中国史研究》2002 年第 3 期

《多弥史钩沉》，《民族研究》2002 年第 5 期

《甘肃榆中出土慕容氏墓志释证》，《西北民族论丛》第 1 辑，中国社会科学出版社 2002 年版

《古代西北少数民族多元文化的发展与变异》，《中国历史地理论丛》2003 年第 3 期

《新疆史前考古与最早的经济开发》，《西域研究》2003 年第 4 期

《唐长安与南海诸国的佛教文化交流》，《西北民族论

丛》第2辑，中国社会科学出版社2003年版

《西汉长安与南海诸国的交通及往来》，《中国历史地理论丛》2003年第4期

《霤与白霤考辨》，《社会科学战线》2004年第1期

《统万城遗址出土的青铜十字牌考》，《统万城遗址综合研究》，三秦出版社2004年版

《十六国夏国新建城邑考》，《统万城遗址综合研究》，三秦出版社2004年版

《隋虞弘墓志释证》，《中外关系史：新史料与新问题》，科学出版社2004年版

《〈周书·王士良传〉补正》，《北朝史研究——中国魏晋南北朝国际学术研讨会论文集》，商务印书馆2004年版

《西北少数民族多元文化的历史与现状》，《西北民族论丛》第3辑，中国社会科学出版社2004年版

《陕北出土三方唐五代党项拓拔氏墓志考释——兼论党项拓拔氏之族源问题》，《民族研究》2004年第6期

《晚清"新政"与新疆维吾尔族地区近代经济的萌芽》，《陕西师范大学学报》2005年第1期

《两汉时期新疆的经济开发》，《中国边疆史地研究》2005年第1期，人大复印报刊资料《经济史》2005年第3期全文转载

《长安子午谷金可记摩崖碑研究》，《中华文史论丛》2006年第1期

《吐谷浑的历史与文化》，《文明》2006年第11期

《新疆建省前后维吾尔族地区经济的凋敝与复苏》，《西北民族论丛》第4辑，中国社会科学出版社2006年版

《新疆近代维吾尔族为主体的民族分布格局的形成和发展》，《西域文史》第1辑，科学出版社版2006年版

《1930—1933年西藏与康、青战争之研究》，《西藏民族学院学报》2007年第1期

《1932年至1933年西藏的政局》，《思想战线》2007年第3期

《关于十四世达赖喇嘛坐床典礼的若干问题》，《中国边疆史地研究》2007年第2期，人大复印报刊资料《宗教》2007年第5期全文转载

《公元三至九世纪新疆地区的民族及其变迁》（第一作者），《西北民族论丛》第5辑，中国社会科学出版社2007年版

《〈陈孟东纪念文集〉序》，《陕西历史博物馆馆刊》第14辑，三秦出版社2007年版

《试论清代松潘藏区的"改土设弁"》，《民族研究》2007年第6期

《他山之石可以攻玉——冯承钧的〈西域南海史地考证译丛〉》，《20世纪中国史学名著提要》，北京师范大学出版社2007年版

《古西域风貌的精彩展示——马雍的〈西域史地文物丛

考〉》,《20 世纪中国史学名著提要》,北京师范大学出版社 2007 年版

《吉尔吉斯斯坦阿克别希姆遗址出土两件汉文碑铭考释——兼论唐朝经营西域中疆臣的作用》,《法国汉学》第 12 辑,中华书局 2007 年版

《中华文化与中华民族共有精神家园的建设》,《民族研究》2008 年第 4 期

《马长寿先生的学术思想和治学方法》,《西北民族论丛》第 6 辑,中国社会科学出版社 2008 年版

《试论杨增新、金树仁主政时期新疆的社会经济》,《西北民族论丛》第 6 辑,中国社会科学出版社 2008 年版

《关于 19 世纪西藏与森巴战争的几个问题》,《中国边疆史地研究》2008 年第 3 期

《公元前 2 世纪至 6 世纪新疆地区的民族及其变迁》,《"1—6 世纪中国北方边疆民族社会国际学术研讨会"论文集》,科学出版社 2008 年版

《唐代的昆仑奴与僧祇奴》,《乾陵文化研究——丝路胡人与唐代文化交流学术讨论会论文集》(四),三秦出版社 2008 年版

《甘青藏区藏族及其对当地的经济开发》,《青海民族学院学报》2009 年第 1 期、第 2 期

《清驻藏兵制考》,《清史研究》2009 年第 1 期

《驻藏大臣琦善改订西藏章程考》,《中国边疆史地研

究》2009年第1期，人大复印报刊资料《中国近代史》2009年第6期全文转载

《西部大开发与现代西北少数民族多元文化的建构》（第一作者），《陕西师范大学报》2009年第4期

《清代甘青藏区建制及社会研究》，《中国历史地理论丛》2009年第3期，人大复印报刊资料《明清史》2010年第6期全文转载

《万国来朝岁五服远朝王》，《中国文化遗产》2009年第1期

《唐蕃长庆会盟地与立碑考》，《燕京学报》第27期，北京大学出版社2009年版

《民国时期汉藏文化交流及其意义》，《藏学学刊》第5辑，四川大学出版社2009年版

《早期党项拓拔氏世系考辨》，《西夏研究》2010年第1期创刊号，人大复印报刊资料《宋辽金元史》2010年第3期全文转载

《吐蕃与突厥》，《吐鲁番学研究》，上海古籍出版社2010年版

《唐代吐蕃与北方游牧民族关系研究》，《西北民族论丛》第7辑，中国社会科学出版社2010年版

《十三世达赖喇嘛圆寂后西藏上层集团争夺权利的斗争》，《西北民族论丛》第7辑，中国社会科学出版社2010年版

《论吐蕃与南诏的关系》，《西南民族研究》第 1 辑，民族出版社 2010 年

《西夜、子合国考》（与王文利合作），《民族研究》2010 年第 6 期

《丝绸之路与古代民族》，《"草原丝绸之路"学术研讨会论文集》，甘肃人民出版社 2010 年版

《西宁办事大臣考》，《西北民族大学学报》2011 年第 1 期

《兰池州都督府与兰池州》，《中国历史地理论丛》2011 年第 1 期

《中国历史上"民族和谐"探索》，《清明感恩与社会和谐学术研讨会论文集》，陕西人民出版社 2011 年版

On the Relationshp and Border Demarcation Problem between Tibet and Ladakh in the 19th Century，Eurasian Studies Ⅰ，商务印书馆 2011 年版

《关于中国古代疆域理论若干问题的再探索》，《中国边疆史地研究》2011 年第 3 期

《西安等地出土唐代银铤、银板和银饼研究》，《陕西历史博物馆二十年文集》，三秦出版社 2011 年版

《试论民国时期西藏地方的法律制度》，《边疆民族发展论坛——新疆、西藏专题论文集》，中国社会科学出版社 2011 年版

《清代藏史杂考三则》，《清史研究》2012 年第 1 期

《五代冯晖墓出土文物考释》，《中华文史论丛》2012年第2期

三、译著与译文类

《武则天传》（日本原百代著，与他人合译），陕西人民出版社，1986—1989年连续四次再版

《吐谷浑遣使考》上下（日本松田寿男撰），《西北史地》1981年第2期、第3期

《唐之建国与匈奴费也头》（日本石见清裕撰），《西北史地》1984年第2期